中学生物实验教学研究

邓　可　主编

中国农业大学出版社
·北京·

内 容 简 介

本书立足于我国中学生物实验教学现状，概括分析了新课程的实验内容及其特点，对中学生物实验做了比较详细的描述；同时提出了适应新课程需要的自制教具及实验示例，低成本实验课程资源的开发和利用。为了让生物专业师范生不仅能上好实验课，还能充分利用好实验室，本书还从中学生物实验室设计、改造和布置，实验室的管理和安全问题等方面提出了建议方案；介绍了中学数字化实验仪器和设备，并且提供了一些实验方案。

本教材不仅能成为师范生走上教师岗位，贯彻新课程理念、开展新课程教学以及组织课外科技活动时的得力助手；还可作为学科教学教育硕士辅助教材，也能为中小学教师课程教学资源、中学生研究性学习提供参考。

图书在版编目(CIP)数据

中学生物实验教学研究 / 邓可主编. —北京：中国农业大学出版社，2018.12(2022.7 重印)
ISBN 978-7-5655-2155-3

Ⅰ.①中… Ⅱ.①邓… Ⅲ.①生物课-教学研究-中学 Ⅳ.①G633.912

中国版本图书馆 CIP 数据核字(2018)第 277304 号

书　名 中学生物实验教学研究
作　者 邓　可　主编

策划编辑 张　玉　张　蕊　　**责任编辑** 韩元凤
封面设计 郑　川
出版发行 中国农业大学出版社
社　址 北京市海淀区圆明园西路 2 号　　**邮政编码** 100193
电　话 发行部 010-62818525，8625　　读者服务部 010-62732336
编辑部 010-62732617，2618　　出　版　部 010-62733440
网　址 http://www.caupress.cn　　**E-mail** cbsszs @ cau.edu.cn
经　销 新华书店
印　刷 涿州市星河印刷有限公司
版　次 2018 年 12 月第 1 版　2022 年 7 月第 2 次印刷
规　格 787×1 092　16 开本　13.75 印张　340 千字
定　价 37.00 元

编写人员

主　编　邓　可（贵州师范学院）

参　编　聂冬梅（贵州师范学院）

冉启国（贵州省绥阳中学）

王自布（贵州师范学院）

王　溯（贵州师范学院）

张　渊（贵州省绥阳中学）

前言

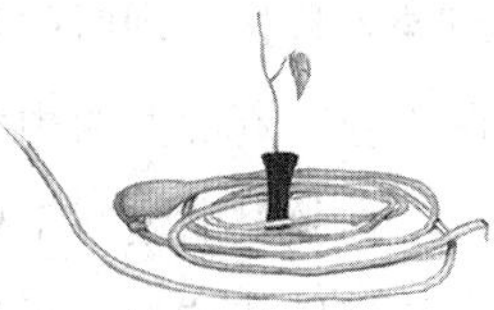

中学生物实验教学研究是高等师范生物科学专业的一门专业必修课，是在学习生物专业课程和教育理论课程的基础上，学习和研究中学生物学理论和实践的一门教育实践学科。课程主要目的是：培养师范生从事中学生物学实验教学工作所必备的实验专业素养与实验教学技能，尤其是强化高等师范院校生物科学专业的师范生对中学生物学实验室的规划与管理能力，提高师范生的中学生物学实验教学理论与方法修养，以及对实验教学的设计、组织、实施与评价的能力。通过对中学生物学新课程体系中代表性实验的亲自实践与操作，进一步训练和提升师范生的实验操作技能，最终实现提高生物科学专业师范生实验教学素养及实验教学能力的目的。本门课程的开设为高师学生将来独立从事生物学实验教学工作提供科学途径，为成为一个合格的中学生物学教师奠定基础。

作为将来从事基础教育的师范生，学好了生物学专业课程，知晓与掌握了生物科学专业知识，只能算作是生物科学的专业人才，但要由懂生物科学的专业人才转变成能教中学生物学的合格教师，把知晓的生物科学理论转变成能胜任中学生物学实验教学的语言与熟练的实验教学技能，这需要通过中学生物实验教学研究课程的学习和提升，才能有效地进行角色转换，由懂生物科学的专业人才转变成中学生物学的教育型和研究型教师。

一流课程建设要与精品教材建设有机结合，教材建设是课程建设的重要组成部分。本书立足于我国中学生物实验教学现状，依托中学生物实验教学研究课程，从中学生物实验教学实践入手，力图在中学生物实验、中学生物数字化实验、中学生物实验室建设和管理、自制教具和低成本实验等方面为生物专业师范生提供帮助，并对学生开展生物学探究性实践活动进行指导。本书围绕《中学生物课程标准》，概括分析了新课程的实验内容及其特点；系统介绍了适应新课程需要的生物学实验技术，对中学生物实验做了比较详细的描述；同时提出了适应新课程需要的自制教具及实验示例，低成本实验课程资源的开发和利用。为了让生物专业师范生不仅能上好实验课，还能充分利用好实验室，本书还从中学生物实验室设计、改造和布置，实验室的管理和安全问题等方面提出了建议方案；介绍了中学数字化实验仪器和设备，并且提供了一些实验方案。本书重点编排的实验案例，其中基础篇的实验案例大多源自教材，在材料用具和方法步骤方面写得详细、具体和明确，有些案例提供了不同于教材的实验材料和方法，对提高探究实验的可行性有直接的帮助。

希望本教材不仅能成为师范生走上教师岗位，贯彻新课程理念、开展新课程教学以及组织课外科技活动时的得力助手；还可作为学科教学教育硕士辅助教材；也能成为中小学教师课程教学资源并为中学生研究性学习提供参考。

本教材的编写工作是在贵州省双一流课程“中学生物实验教学研究”课程建设项目、贵州省教育厅高校教学质量工程“5E 教学模式在中学生物实验教学研究中的研究与应用”项目和贵州省教育规划课题“中学生物低成本实验的开发和研究”项目的资助下完成的。在撰写过程中还参阅了同行、专家的著作和论文，在此一并表示衷心的感谢。由于编者水平有限，时间仓促，书中不当及错误之处，恳请专家和同行们不吝赐教。

编　者

2018 年 9 月

目录

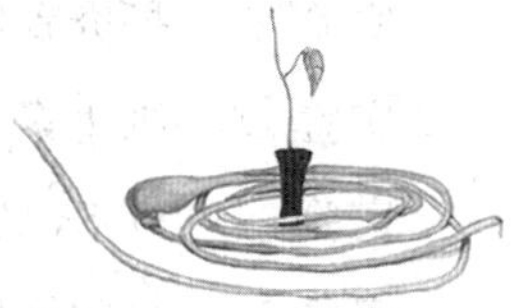

第一部分　中学生物实验

实验 1　植物的光合作用

光合作用通常是指绿色植物吸收光能，把二氧化碳和水合成有机物，同时释放氧气的过程。其本质上是一个氧化还原过程。其中 CO_2 是氧化剂，CO_2 中的碳是氧化态的，而 (CH_2O) 中的碳是相对还原态的，CO_2 被还原到糖的水平。

将局部遮光的叶片放在酒精里水浴加热使其脱色，可用碘液检验叶片中是否有淀粉存在；把叶片放在装有氢氧化钠溶液的密封透光装置中，造成空气中无二氧化碳的环境，使光合作用不能进行；根据沉水植物在水中进行光合作用的特性，用排水集气法收集植物光合作用产生的气体，然后用火柴的余烬来检验所收集的气体是否可以助燃，来证明这种气体是否是氧气。

一、材料用具

盆栽天竺葵、金鱼藻、钟罩或其他透光易密封的容器、回形针、大烧杯、小烧杯、培养皿、三脚架、石棉网、三角烧瓶、镊子、木制试管夹、橡皮塞、铁架、火柴、酒精、碘液或碘酒、凡士林、清水。

二、方法步骤

(一)绿色植物在光下制造淀粉

(1)把盆栽天竺葵放进暗处遮光约 2 d，使叶里原有的淀粉被运送到其他器官中去，然后从盆栽的天竺葵上选择几片幼嫩的叶子，再将不同形状的黑纸片，上下对准放在叶片两面，用回形针夹住，使叶片的一部分被遮光。将植物移至阳光或灯光下照光 3～4 h。

(2)把经过遮盖的叶片剪下，除去黑纸剪去叶柄，放在 95％酒精里，水浴加热(一定不要直接加热)，使叶绿素溶解在酒精里，这时可看到叶片变成了黄白色，然后用清水将叶片洗净。

(3)用镊子将洗净的叶片取出，平铺在培养皿里，加上碘酒，则见光部分变成了蓝色，不见光部分呈黄色(碘酒的颜色)。这证明在光照条件下，有淀粉生成。

也可在室外利用野生植物进行实验。傍晚时，选一株光照条件好的双子叶草本植物，在几片幼嫩叶子上夹上不透光的纸片，于第 2 天午后，分别摘下遮光的叶子和一些未遮光的叶子，拿回实验室立即进行实验。把经过遮盖的叶片和没有遮盖的叶片同时取下，分别放入 95％酒精里水浴加热，溶掉叶绿素，用碘液检验，观察哪片叶子有淀粉生成。

(二)光合作用需要CO_2

(1)先把一盆天竺葵放在黑纸罩内或暗室1～2 d,使叶内的淀粉转移。把植物体上的一片叶子,放入底部盛有25%氢氧化钠溶液的锥形瓶内,使叶柄朝向瓶口,另外,将一中间有孔的橡皮塞切成两半,夹住叶柄塞紧,并用凡士林密封瓶口。

(2)将植株移到阳光下。数小时后,取下瓶内的一片叶子和瓶外的一片叶子,都放在酒精里水浴加热,然后用水冲洗,加碘液检验,哪片叶子有淀粉生成?

(3)氢氧化钠溶液能吸收二氧化碳,放入氢氧化钠可造成瓶内缺乏二氧化碳的环境,使其中的叶片不能制造淀粉。

如果把25%氢氧化钠溶液放入薄的塑料袋内,将叶片伸入袋内并扎紧袋口,也可取得同样的结果。

也可以把遮光处理2 d的天竺葵植株,分别放在有和无氢氧化钠溶液的可密封的透光容器中(如玻璃钟罩放在玻璃块上用凡士林密封),置于光下数小时,用同样的方法检验淀粉的存在。

有条件的话,也可做以下实验,供参考:

准备3支试管,分别编号,在每支试管内装入大半试管呈现蓝色的0.1%溴代麝香草酚蓝溶液[该溶液pH变化范围是6.0(黄)至7.6(蓝)],待测物中如有CO_2会形成碳酸而使溶液变成黄色。在第2、3号试管内插入玻璃管,用口向试管里呼气,至溶液呈黄色。在第3号试管内放入金鱼藻,应使枝条伸展并全部浸没在溶液中。

把3支试管放在阳光下,使管内金鱼藻进行光合作用。观察3支试管的颜色变化,并记录结果。实验表明,1号试管由于没有经过处理,它的溶液仍呈蓝色,由此排除了光照可以使溴代麝香草酚蓝溶液变色的可能性。2号试管实验前曾呼气增加二氧化碳气体,致使溶液呈黄色,虽然经光照,但由于管内没有放入金鱼藻,所以溶液内二氧化碳仍存在,它的颜色依旧呈黄色。3号试管因呼入二氧化碳气体到溴代麝香草酚蓝溶液中,放入了金鱼藻,因光合作用不断吸收了溶解在溶液中的二氧化碳,使pH增加,溶液由黄色变为蓝色。

(三)光合作用产生氧气

取一个大烧杯,装入大半杯水,按每100 mL水加0.1 g碳酸氢钠的比例加入碳酸氢钠。分解后产生的二氧化碳增加了水中的二氧化碳含量,有利于光合作用的进行。在杯内放入适量的金鱼藻枝条幼嫩部分,用一大小合适的矮脚漏斗罩上,再将盛满水的试管倒置于漏斗上,勿使试管为水所充满。装完后,放在阳光下进行观察。不一会儿,可看到金鱼藻不断产生气泡,气泡上升,并集存在试管中,使管内的水排出。气体积聚到一定体积后(玻管的1/3以上),以火柴余烬插入玻管,可以看到火柴的暗红色余烬变为亮红色。证明金鱼藻释放的气体是氧气。

实验也可以这样进行:装置完毕,用温度计量水温,观察气泡产生情况,数1 min记下气泡数,然后放在阳光下5 min,再数气泡数目1 min,看气泡的数目是否增加。如果增加,说明为什么。

用冷水将水温调到10℃以下,仍然放在阳光下,数气泡数目1 min,记录数据;然后用温水调节水温到20℃时,数气泡数目1 min,记录数据;再用温水调水温至30℃左右,数气泡数目

1 min，看气泡是否增加。

更简便的方法是用玻璃管代替试管，在管上口加橡皮塞，并用凡士林密封。当管内积存足够的氧气时，将火柴的余烬放在管口，并打开橡皮塞，就可测试氧气。还可以取一段金鱼藻，系在玻璃棒上，插入试管内，放在阳光下，在茎的切口处有气泡放出。在以上试验的基础上，已知这种气泡就是氧气。这种方法，从出气泡的快慢可以比较在有光照和无光照的不同条件下，在水中加入碳酸氢钠和不加碳酸氢钠的不同情况下，光合作用进行的强弱程度。

三、分析与讨论

1. 盆栽天竺葵应放在黑暗处，二昼夜才能使叶片中的淀粉被消耗和运走。叶片局部遮光的黑纸片不要夹在主脉处，遮光应严密。把天竺葵放在阳光下曝晒，实验效果更好。如果是阴天，可用功率大的白炽灯照射。叶绿素易溶于酒精，使叶片褪色，以便用碘液检验淀粉是否存在。这里应特别强调的是一定要水浴加热酒精，若将酒精直接加热会引起火灾和爆炸！用完后的酒精不要丢弃，可作酒精灯的燃料。

2. 光合作用需要 CO_2 的实验中，应先将遮光 2 d 的植株或叶片放在盛有氢氧化钠溶液的密封透光装置中，可大大缩短实验所需的时间，注意不要让植物直接接触氢氧化钠溶液。本实验成功的关键是该装置一定要密封透光，只让光线进去，不让 CO_2 进入。

3. 在光合作用产生氧气的实验中，所用的金鱼藻等沉水植物，一定要是植物枝条的幼嫩部分，实验前应将附着在植物体上的污物洗干净。所用的漏斗若是长柄的，可用三角钢锉或专割玻璃的砂轮去掉一截漏斗柄，以便套住装满清水的试管。漏斗中的植物应适量，过少则实验时间延长，过多则中心部位的植物被遮光，只进行呼吸，影响实验结果。该装置放在强光下照射，提高产气率，使实验时间缩短，效果明显。如遇阴天，可用大功率白炽灯照射，但应间隔一定距离，以免水温过高伤害植物。隔夜产的气体不宜做助燃鉴定，因为在夜晚植物只进行呼吸，使收集的气体中有大量的 CO_2。往水里加碳酸氢钠的目的是增加水中的 CO_2 含量，有利于植物的光合作用。收集气体的试管或玻管若细而长，可在管壁上标上刻度，根据气体所排出的水量可计算出单位时间的产气量。

4. 植物光合作用消耗 CO_2 与呼吸作用放出 CO_2 相联系的实验：

(1)把金鱼藻放入盛满清水的试管中，滴入适量的溴甲酚紫指示剂，使水体呈淡紫色。

(2)用黑纸遮光，使植物只能进行呼吸作用。随着水体中二氧化碳浓度的增加，pH 下降。在 15～20℃条件下，20～30 min 后，水体变成淡黄色。由此验证植物的呼吸作用释放了二氧化碳，使水体 pH 降低。

(3)把水体变黄的试管放在阳光下，使植物的光合作用强于呼吸作用，在 15～20℃条件下，20～30 min 后，水体又恢复成淡紫色。由此验证植物的光合作用吸收了二氧化碳，使水体 pH 回升。

气温、光强、金鱼藻数量都可能影响本实验的反应速度，实验实际时间长短应具体掌握。如果先做光合作用实验，可以在实验前向紫色溶液中吹气，使水体先变成黄色。

如果选用其他 pH 指示剂，如溴代麝香草酚蓝，应该事先查明变色点的 pH，溴代麝香草酚蓝的 pH 变化范围是 6.0(黄)至 7.6(蓝)。可用 0.02 mol/L 氢氧化钠溶液调节 pH。

实验 2　根什么部位生长最快

通过对做有标记的根尖进行观察和比较，找出幼根生长最快的部位。

一、材料用具

量筒、烧杯、刻度尺、棉絮、滴管、小麦种子、清水、双面胶、白纸。

二、方法步骤

1. 适量棉絮放在烧杯内用清水浸湿。

2. 口径为 15 mm，测量体积为 10 mL 的量筒数支(根据具体情况而定)，清洗干净。

3. 滴管向每个量筒内滴入 3 mL 清水。

4. 大小适中、浸透水的棉团，内裹 2 颗籽粒饱满的小麦种子。

5. 棉团连同小麦粒塞入量筒。棉团下端与量筒的"10 mL"刻度线平齐，上端低于量筒口，棉团松紧以不会下滑为宜(太紧会影响幼根伸展)。

6. 胶头滴管向棉团滴 2～3 滴清水，以保证水分充足。

7. 量筒放在室内安全的地方培养。2 d 后，向棉团再滴 2 滴清水。

在室内培养(温度约 25℃，可避光)2 d 后，便会有幼根从棉团冒出。而且生长速度极快，24 h 长度可达 10 mm。根据实验需要，也可以几组同时做。

观察根尖：因为棉团下端与量筒的"10 mL"刻度线平齐，所以，根尖从棉团内伸出时就可以测量，而且每天增加的长度清晰可见(也可用刻度尺测量，并在量筒外壁标记)。由于根的向地性生长，很容易观察。观察记录表见表 1-1。

表 1-1　根尖生长记录表

	月　日上午 8:30	月　日下午 4:00		月　日上午 8:30	月　日下午 4:00
1 天			4 天		
2 天			5 天		
3 天			6 天		

三、分析与讨论

实验中发现，幼根从棉团伸出后，生长迅速，有的 3 d 长度可达数 10 mm(可用刻度尺从量筒外壁测量)。而且，根尖的非根毛区(包括根冠、分生区、伸长区)长度总是维持在 3 mm 左右，非根毛区以上的部分(直到棉团处)都长满了根毛(此时，根毛区长约 22 mm)。所以，小麦根尖结构中，根毛区占据根尖的主要部分。

实验3 植物细胞吸水和失水的条件

当胞液的浓度与外界溶液的浓度存在浓度差时，细胞就会发生吸水或失水现象。

一、材料用具

试管、天平、量筒、烧杯、小刀、食盐、萝卜、白菜、大豆。

二、方法步骤

方法一：取2支试管分别装入等量的清水和盐水，记录液面的高度；取等量的萝卜条分别放入上述2支试管中；放置10 min，观察萝卜条的软硬、重量的变化及液面高低的变化。

方法二：取2个量杯分别装入等量的清水和浓盐水；将一片白菜从底部纵向切成两等份，分别放入2个量杯中；放置10 min后观察白菜的软硬变化。

方法三：将3株幼苗分别插于盛有浓盐水、稀盐水和清水的细口瓶中。放置10 min后观察发现放入盐水的幼苗出现萎蔫现象，根变软，根尖下垂。

三、分析与讨论

当细胞液浓度大于外界溶液的浓度时，水分就透过原生质层进入细胞液中；细胞液浓度小于外界溶液的浓度时，细胞就失水。

当土壤溶液浓度高于植物根细胞内细胞液浓度时，会发生失水现象，这种现象称为“烧苗”。

实验4 观察根尖细胞有丝分裂

分生组织进行细胞有丝分裂，通过根尖的培养和制片可观察到。

一、材料用具

显微镜，烧杯，培养皿，载玻片，盖玻片，镊子，剪刀，刀片，滴管，洋葱，吸水纸，0.01 g/mL或0.02 g/mL龙胆紫溶液，95%酒精，15%盐酸，稀碘液，清水。

二、方法步骤

（一）洋葱根尖的培养

在实验前3～4 d，取洋葱一个，放在广口瓶上，装满清水，让洋葱的底部接触瓶内的水面，把广口瓶放在温暖的地方培养。待根长约5 cm时，取健壮的根尖制成临时装片。注意：应选择底盘大的洋葱做生根材料；剥去外层老皮，用刀削去老根，注意不要削掉四周的根芽；培养时注意每天换水1～2次，防止烂根。

(二)装片的制作

1.取材与解离。在上午10时或下午2时,剪取洋葱根尖2～3 mm,立即放入盛有盐酸和酒精混合液(1:1)的培养皿中,在室温下解离3～5 min,至根酥软为止。解离中,应注意时间的把握,不能太长也不能太短。解离时间太长使细胞的结构破坏,影响制片的效果,太短则不易使细胞分离,观察时细胞容易重叠。解离后细胞已被盐酸杀死,不具备活性。

2.漂洗。因染色剂是碱性染液,要进行漂洗,如不漂洗,酸碱发生反应,不利于着色;同时也是为了洗去药液,防止解离过度。用镊子把酥软的根取出,放入盛有清水的培养皿中漂洗约10 min。

3.染色。能被碱性染液染成深色的物质是染色体。染色时,染液的浓度和时间要把握好,否则染色过深,不易观察细胞中的染色体。将0.01 g/mL的龙胆紫溶液倒入干净的培养皿中,将漂洗后的洋葱根尖放到培养皿中染色。

4.压片。取干净的载玻片,在载玻片上滴一滴清水,将根尖放在载玻片上,先用镊子压碎,盖上盖玻片;再在盖玻片上加一片载玻片,用拇指轻压载玻片。压片时用力要适当,过重会将组织压烂,过轻则细胞不易分散。

(三)洋葱根尖细胞有丝分裂的观察

1.低倍镜观察:在低倍镜下,先找到分生区细胞,观察细胞的形态特点。

2.高倍镜观察:在一个视野中不能观察到一个细胞有丝分裂的连续过程,因细胞在解离时已经被杀死,不再进行细胞分裂了。因为在一个视野中只能找到某一时期的细胞图像,所以不能找全有丝分裂各时期的细胞,要想看全各时期的细胞,应移动装片,在不同的视野中寻找。

可观察到处于间期的细胞最多,因间期持续的时间最长。确认细胞周期中各时期的长短,要看在这一时期中观察到的细胞的多少。

实验5　酸雨对生物的影响

硫和氮是植物生长不可缺乏的养分元素,弱酸性降水可溶解地壳中的矿物质,供动、植物接收。但假如酸度过高,例如pH降到5以下,就可能使生态体系遭遇损坏。酸雨因pH太低,使非金属建筑物材料,如混凝土、砂浆和灰砂砖等的水泥溶解,也造成泥土及岩石中的有毒金属元素溶解。

一、材料用具

小麦种子若干、硫酸溶液、白醋。

二、方法步骤

(一)提出问题

你们知道什么是酸雨吗?让学生查找资料了解酸雨的形成。你们了解酸雨对生物的影响吗？酸雨对人的皮肤和呼吸道、植物的萌发和生长、建筑物等都有影响。探究酸雨对生物的生命活动是否有影响？

(二)做出假设

1. 酸雨对种子的萌发有影响。
2. 酸雨对金属建筑物有影响。
3. 酸雨对古建筑、雕塑有影响。

(三)探究活动实施前的准备

1. 探究实验要有对照组和实验组，要做好实验记录，并用时间顺序表格来记录。
2. 酸雨对人体有危害，要注意用手套并处理好酸雨垃圾。

(四)探究活动

探究活动一：首先选4份种子，每份20粒，3份酸雨（pH＝2、4、5.6），水，表面皿上有纱布，放在20℃恒温箱中。结果见表1-2。

表1-2　酸雨对种子萌发有不利的影响

pH	第2天	第4天	第6天	第8天
7	吸水膨胀	种子萌发，但根和芽较短	较好	较好
5.6	吸水膨胀	长出根和芽，最长	最好	依然最旺
4	吸水膨胀	种子萌发，但根和芽较短	较好	较好
2	吸水膨胀	种子未萌发	仍然未萌发	仍然未萌发

探究活动二：若用酸雨浇洒在金属建筑物上，金属建筑物被腐蚀。

探究活动三：用酸雨浇洒在非金属建筑材料、混凝土、砂浆和灰砂砖上，结果非金属建筑材料（混凝土、砂浆和灰砂砖）表面硬化水泥溶解，出现空洞和裂缝，导致强度降低，从而建筑物损坏。

科学家曾收集许多被酸雨毁坏的石灰石和大理石建筑材料，分析发现该样品的碳酸盐颗粒中总是嵌入硫酸钙晶体，硫从哪里来？认定与酸雨有关。砂浆混凝土墙面经酸雨侵蚀后出现“白霜”，经分析此种白霜就是石膏（硫酸钙）。

三、分析与讨论

1. 今天我们用的是硫酸配置的酸雨，那么它和真正的酸雨对生物的影响有差别吗？
2. 选择什么种子好？小麦、绿豆或者其他？
3. pH太低，种子为什么不能萌发？
4. 为什么酸雨对金属建筑、雕塑等会起腐蚀作用？

实验6　种子萌发的外界条件及过程

多数农作物种子，如水稻、小麦、大豆等，萌发不受有无光照的影响，称为中光种子。莴苣、胡萝卜及多数杂草种子,在有光条件下萌发良好,在黑暗中则不能发芽或发芽不好,称为需光种子。葱、韭菜、苋菜、番茄、茄子、南瓜等种子在光下萌发不好,在黑暗中反而发芽很好,称喜暗(或嫌光)种子。

种子开始萌发时,首先胚根突破种皮,向下生长,逐渐形成庞大的根系。继胚根伸出,胚芽露出土面,发育成幼苗的茎、叶系统。有些植物的子叶随胚芽一起出土,出土后的子叶可营光合作用。有些植物的子叶留在土中,子叶没有光合作用的功能,仅为幼体提供或转运来自母体的营养物质。

一、材料用具

蚕豆种子、大豆种子、番茄种子、水稻种子、莴苣种子、苋菜种子等中光、需光、嫌光种子;大烧杯、培养皿、试管、广口瓶、细砂、植物油、电炉。

二、方法步骤

(一)种子萌发需要水分和空气

(1)取 3 只玻璃瓶,分别编号 A、B、C,在 B、C 两只玻璃瓶内垫上吸水纸数层,各放种子 10 粒。在 B 瓶内加水,但是不要让水浸没种子,注意经常添水,不让种子干燥,在 C 瓶内不加水。

(2)在 A 玻璃瓶内,投下 10 粒种子,注入凉开水须完全浸没种子,再滴几滴植物油,让水面跟空气隔绝。数日后,观察种子的萌发情况。

(二)种子萌发需要适宜温度

(1)取 A、B、C 3 只培养皿盛满木屑或沙,各放 10 粒番茄种子,让种子半埋在木屑里。适当浇水,再在上面盖一块湿布。

(2)把 A 培养皿放在恒温箱内,温度保持在 40℃,如无恒温箱可以把培养皿放在 40 W 的白炽灯下面,要调节好间距使温度能保持在 40℃或稍高,注意经常洒水,不要让种子干燥。

(3)把 B 培养皿放在冰箱里,使温度保持在零度左右。如无冰箱可以用广口保温瓶,内盛冰块再洒些盐,把 B 培养皿放在里面,温度也能保持在 0℃左右。

(4)把 C 培养皿放在温暖的地方,温度在 20～30℃之间。

注意控制实验的变量,数日后观察种子萌发的情况。

(三)种子萌发与光照的关系

(1)取 6 个大培养皿,分别编号 A、A′、B、B′、C、C′。

(2)在每个培养皿内放置湿的细沙或木屑,在编号字母相同的培养皿内分别均匀地放入相同的水稻种子、莴苣种子、苋菜种子等中光、需光、嫌光种子各 20 粒。

(3)A、B、C 培养皿放在黑暗和温暖的地方;A′、B′、C′培养皿放在有光的条件下。

(4)几天后观察各培养皿里的种子萌发情况,并对实验结果进行分析。

也可以用餐具进行实验:取 1 只盘子,上面铺上黑色的湿巾,撒上 3 种类型干燥种子若干,粒数相同。取 1 只小碗,用碗口罩住中央一部分种子,使中央处于黑暗条件下,注意保温、保湿,几天后观察碗内外种子萌发的情况。

(四)种子萌发过程的观察(图 1-1)

(1)预先在盛木屑的培养皿内每隔 2 d 分别播下 4～5 粒菜豆和玉米种子,待其萌发。

(2)在玻璃缸内倒入木屑,加水润湿。每隔 2 d 在玻璃缸内播下已在培养皿内开始萌发的菜豆和玉米各 1 粒。深度为 3～4 cm,菜豆和玉米各播在玻璃缸的一边。要紧贴玻璃缸内壁,以便从缸外观察到种子的萌发状况。

(3)从 10 d 到 2 周内陆续播种的种子,各处在不同的生长时期,从缸外可以看到萌发的连续过程。注意幼苗的根、茎、叶分别是由种子的哪一部分形成的,比较菜豆、玉米种子的萌发过程。

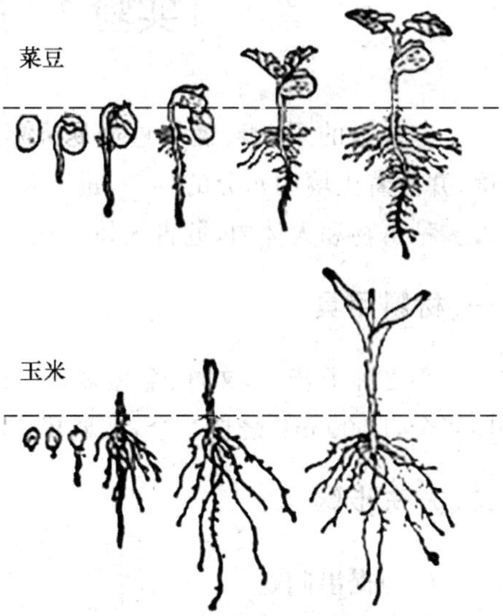

图 1-1　种子的萌发过程

三、分析与讨论

1. 几天后 B 瓶内种子萌发,A、C 均不能。这是因为 A 瓶缺空气,C 瓶缺水,种子都不能萌发,只有 B 瓶同时满足了种子萌发的条件,有水和空气,才能萌发。

2. 不同种子萌发的适宜温度是不相同的。一般说来春播种子适宜萌发的温度较秋播作物种子适宜萌发的温度为高。如小麦、豌豆在稍高于 0℃时就能萌发;而稻谷最低的萌发温度在 10～12℃之间。因此在不同的季节做实验,要注意材料的选择。如本实验在冬天做,选用豌豆、蚕豆和小麦较好。

3. 光照对某些种子有影响,对有些种子无影响,光照对种子的萌发虽非必要条件,但是它辐射的热量提高了温度,因此能间接地影响种子的萌发。

4. 做第一个实验时,一定要用冷开水,因其含氧量极少,有利于实验成功。加植物油的目的是为了隔绝氧气。如果水分蒸发较快,水面不能接触中间的种子,应及时添加冷开水。

5. 番茄种子萌发的适宜温度为 25～30℃,温度低于 10℃不能发芽,在近 40℃的温度下也不能萌发,因此 A 皿的种子放置处的温度不能低于 40℃,如果受实验条件限制不能使温度稳定在 40℃,不妨把温度略提高一些。A 皿如放在白炽灯下水分很容易蒸发,过夜时特别要及时添水。

6. 放种子的容器可以大一点,可以几天不浇水仍保持湿润,这样有利于黑暗组的种子严格保持黑暗的条件,中途不会因管理问题使种子曝光,从而使实验结果具有真实性。

7. 做种子萌发过程观察的实验时,每次播种 4～5 粒种子,是防止有的种子不能萌发,以免影响整个实验。如要求制作种子萌发过程的标本,根据需要,每次还可以多播。因萌发全过程需时较多,实验应在 2 周前准备。可以用向日葵或蓖麻种子代替大豆种子,用豌豆种子代替玉米种子,观察种子的萌发过程。

实验7 废电池对生物的影响

电池里的汞、银、镉等重金属元素在电池销蚀的过程中随着雨水渗漏到土壤中，污染土壤，并随着土壤中水分的移动，进一步污染河流、湖泊和海洋，通过食物链的富集作用，可以进入多种生物和人体内，危害人体健康。

一、材料用具

小麦种子若干，文竹，金鱼多条(每组8条)，废旧电池浸出液(浸泡2～3 d)纸，500 mL烧杯多个，1 000 mL烧杯2个，玻璃棒，漏斗25个，滤纸。

二、方法步骤

(一)提出问题

让学生说出电池的种类、组成，讨论废电池有无危害。收集资料(网上、图书馆、有关部门等等)，废电池浸出液对生物有影响吗?

(二)做出假设

1. 废电池浸出液对种子萌发有不利的影响。
2. 废电池浸出液对文竹生长有不利的影响。
3. 废电池浸出液对金鱼生活有不利的影响。
4. 废电池浸出液对蚯蚓生活有不利的影响。

(三)探究活动前的准备

1. 探究实验要有对照组和实验组，做好实验记录，并用时间顺序表格来记录。
2. 废电池浸出液对人体有危害，要注意用手套并处理好废电池浸出液垃圾。

(四)探究活动

探究活动一：废电池浸出液对种子萌发有不利的影响

处理方法	第1天	第2天	第3天	第4天	第5天
浇废电池浸出液的种子	吸水膨胀，但没有发芽。	没有胚根露出。	没有萌发迹象。	依旧没有萌发迹象。	仍旧没有萌发。
未浇废电池浸出液的种子	吸水膨胀，但没有发芽。	有很多开始萌发，胚根露出。	根、芽长了许多，有1 cm左右。	根、芽又长了很多，长的有3 cm左右，迟发的有1 cm左右。	根、芽长得更长，发芽率达到79%。

探究活动二：废电池浸出液对文竹生长有不利的影响

处理方法	第 1 天	第 10 天	第 20 大
浇废电池浸出液的文竹(隔 2 d 浇 1 次水)	文竹没有发生变化。	周围老叶枯黄，叶片出现软塌现象。	叶片大多数出现枯黄微烂，根腐烂死亡。
未浇废电池浸出液的文竹(隔 2 d 浇 1 次水)	文竹没有发生变化。	文竹没有发生变化，叶片还是矗立挺拔。	文竹没有发生变化，依旧保持原样。

探究活动三：废电池浸出液对金鱼生活有不利的影响

	10 min	20 min	30 min	40 min	50 min
废电池浸出液中的金鱼(8 条)	上蹿下跳，游动较快。	出现浮头现象。	2 条鱼腹部上翻。	4 条鱼腹部上翻。	全部死亡，浮在水面上。
清水中的金鱼(8 条)	没有变化。	没有变化。	没有变化。	没有变化。	依旧活动自如。

探究活动四：废电池浸出液对蚯蚓生活有不利的影响

处理方法	第 1 天	第 2 天	第 3 天	第 4 天	第 5 天
废电池浸出液浸泡土壤中的蚯蚓					
土壤中的蚯蚓					

三、分析与讨论

1. 电池浸泡的时间长短对结果的影响？
2. 为什么电池浸出液要进行稀释？
3. 探究电池浸出液对种子的发芽率影响和对幼苗生长的影响，哪个实验效果好？

实验 8　探究食物中的营养成分

食物中含有大量的水分、淀粉、脂肪、蛋白质和一些无机物，可以通过一定的方法进行鉴定。

一、材料用具

面粉、花生、玉米、鲜牛奶或豆浆、鸡蛋清、解剖器具(四件套)、试管、试管夹、大烧杯、小烧杯、酒精灯、天平、量筒、试管架、移液管、吸耳球、滴瓶、胶头滴管、刀片、白纸、碘液、纱布、浓硝酸、NaOH、$CuSO_4$。

二、方法步骤

(一)水分的鉴定

将 3～4 粒花生放入试管底部，用试管夹夹好，在酒精灯上烘烤，很快在试管内壁上出现明显的水珠。

(二)脂肪的鉴定

方法一:将花生放在干净的白纸上,用指甲挤压,然后移开花生,用手捂一下白纸,然后观察,纸上会出现透明的亮点。

方法二:将花生放入试管,用试管夹夹好,在酒精灯上烘烤,试管口向下,试管口下方放上装一定量水的小烧杯,持续烘烤一段时间,在试管内壁下侧,从管口滴下棕黄色的液体,滴入小烧杯内,在小烧杯水面上出现一层油膜。

(三)无机物的鉴定

将花生用镊子夹好,置于酒精灯上烧,直至烧到出现灰白色,用镊子敲击,灰白处呈粉末状。

(四)淀粉的鉴定

方法一:将玉米纵切成两半,在切面上滴上碘液,玉米的胚乳部分变蓝色。

方法二:将面粉放于烧杯中,加水搅拌均匀,取一定量的溶液,放入试管中,于酒精灯上加热煮沸,静置冷却,加入碘液,液体变蓝色。

(五)蛋白质的鉴定

方法一:将面粉包入纱布,在水中反复搓洗,直到无白色洗出为止,将纱布中的黏性胶状物质(面筋)取出,用镊子置于酒精灯上烧,有类似烧焦毛发的焦臭味。

方法二:将牛奶或豆浆或鸡蛋清稀释,取一定量的溶液放入试管中,先加入等量双缩脲试剂A液(10%NaOH溶液),摇匀,再滴加几滴双缩脲试剂B液(1%$CuSO_4$溶液),摇匀,溶液呈紫色。

方法三:将牛奶或豆浆或鸡蛋清稀释,取一定量的溶液放入试管中,滴加浓硝酸,溶液变黄色。

三、分析与讨论

1.淀粉遇碘液变蓝色。

2.面筋的主要成分是蛋白质。

3.蛋白质与双缩脲试剂反应呈紫色。

4.有机物燃烧后,分解为水和二氧化碳,散到空气中,余下的灰分为不能燃烧的无机物(矿物质)。

实验9　乙醇或香烟浸出液对水蚤心率的影响

香烟浸出液对水蚤心率有促进作用,低浓度乙醇对水蚤心率有促进作用,高浓度乙醇对水蚤心率有抑制作用。

一、材料用具

水蚤；显微镜，载玻片，吸管，广口瓶，计数器，铅笔，烧杯，温度计，冰箱，酒精灯，擦镜纸；5%、10%、15%、20%系列酒精溶液、系列浓度烟草浸出液。

二、方法步骤

1. 把擦镜纸的纤维撕开，在载玻片上铺成薄薄的一层。

2. 用吸管从装有水蚤的广口瓶里吸取几只水蚤，滴在纤维上。

3. 用低倍镜观察水蚤，可以看到：一对分枝的大触角，前端有眼，身体由两个透明的壳瓣包裹，并能明显地看到快速跳动的心脏。水蚤心跳快速，计数较难，可以用铅笔按心跳的节律在纸上打点，等 20 s 以后，数一数纸上的点数就可以得到水蚤每分钟的心跳数了。见图 1-2。

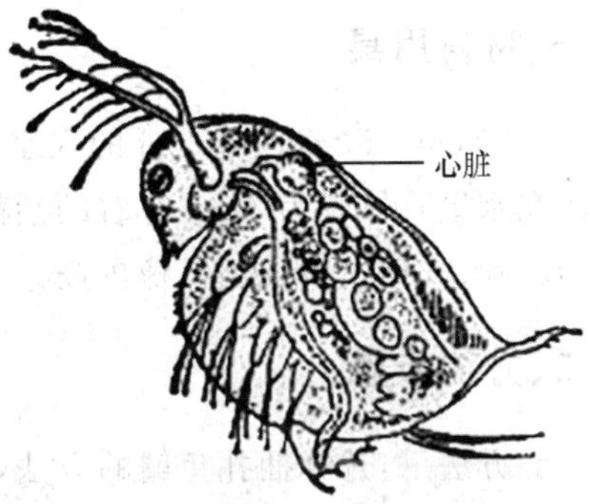

图 1-2　水蚤外形图及心脏位置

4. 把水蚤分别放在 5%、10%、15%、20%系列酒精溶液里，5 min 后，再制成临时装片，观察在不同酒精浓度下心跳并计数。

5. 向装有清水的烧杯中放入适量的碎冰块，使水温降低，待冰块融化后，用温度计测水温并记录下来。用吸管吸几只水蚤滴入烧杯里，5 min 后，制成临时装片，观察水蚤心跳并计数。

6. 把盛有清水的烧杯放在酒精灯下加热，用温度计测试，水温到 37℃时，放入水蚤。水温保持在 37℃，5 min 后，再制成临时装片，观察水蚤心跳并计数。

三、分析与讨论

1. 水温 20～25℃时，水蚤心跳一般为 260～280 次/min；0.5～1℃时水蚤心跳不规则，为 140～180 次/min；35～37℃时，水蚤心跳数一般为 320～360 次/min。如果温度上升至 40℃时，水蚤心跳由不规则至停止。在一定酒精浓度范围内，水蚤心率随酒精浓度的增大而增高。

2. 同上，可用系列烟草浸出液代替酒精溶液做实验，观察实验结果。

3. 若把水蚤置于缺氧的环境（如刚冷却的凉开水）或 CO_2 增多的环境（如向水蚤培养液中呼气或加入适量的碳酸氢钠）里，用同样的方法可了解水蚤心脏活动的变化情况。

4. 水蚤因个体的差异，心跳速度有差别，可能计数不够准确，应该观察 3 只水蚤，或重复 3 次，求它们的平均值较为准确。

5. 测定在冷水或热水中的水蚤心率时，所用的载玻片也应放在冷水或热水中进行同样的温度处理，这样测出的心率数据更可靠。

6. 水蚤的采集和培养：水蚤数量最多的时间是在春夏之交，水温 22～25℃。水蚤具有一种特别的趋光性，当种群达到一定的密度时，常呈粉红云雾状在水中缓慢地移动。用任何工具都可采到实验所需要的数量。为特殊实验要求，水蚤可以进行个体培养。泥土 1 000 g，马粪 200 g，池水 1 000 mL，混合后放置 2～3 d，使细菌繁殖，水质稳定后即可接种水蚤 10 余只。

在 20℃温度下,约一周就可以达到很大数量。若需继续培养,将种群中大部分个体取出,再增加新鲜培养液约 1/5,一周后再重复一次,这样培养可以延续很长时间。

实验 10　鲫鱼各种鳍的作用

在自然状态下,鱼游泳时各种鳍往往同时运动,直接观察很难分辨出它们分别起什么作用,怎么办呢? 用模拟实验探究鱼鳍的作用。

一、材料用具

50 cm×50 cm×50 cm 的大水槽一个、双面不干胶带一卷、剪刀、捕鱼漏斗、清水一桶(鱼放在水里)、体长为 8 cm 左右的活鲫鱼 20 条、玻璃缸或盛水的容器、清水、细绳、轻的木片或塑料片、气球、饮料吸管、橡皮筋。

二、方法步骤

方法一:选择捆扎鱼鳍的方法,可参考以下提示设计实验。

1. 分别对不同种类的鳍选用不同的捆扎方法,可尝试采用不同的材料用具和不同的捆扎方法。捆扎时不要过于用力,动作要轻缓,以免使鱼受伤。

2. 由于影响鱼运动的鳍有多种,因此,实验时应采用单一变量原则进行实验观察,并且用 2 条鱼交替做实验组和对照组。

3. 可参考的实验器材:活鲫鱼 2 条(长 8 cm 左右)、玻璃缸或盛水的容器、清水、细绳、轻的木片或塑料片。

4. 实验步骤

(1)向水槽里倒入大半槽水,取 2 条小鲫鱼放入水槽。

(2)另取出 2 条同等大小的鲫鱼,用不干胶带将鱼的胸鳍连同鱼体一同绑上(此时除胸鳍外,其他鱼鳍的活动都不受影响)后,将这 2 条鲫鱼放入水槽,观察并记录鲫鱼的活动特点和它们的差异。

(3)从水桶里另取 2 条鲫鱼,用不干胶带绑住腹鳍后放入水槽,做观察并记录。

(4)将第(2)、(3)步骤绑了鱼鳍的鲫鱼捞出,去掉胶带,放回水桶。

(5)从水桶里另取 2 条鲫鱼,用不干胶带绑住臀鳍后放入水槽,观察并记录。

(6)从水桶里另取 2 条鲫鱼,用胶带绑住背鳍后放入水槽,观察并记录。

(7)将(5)、(6)步骤绑了鱼鳍的鲫鱼捞出,去掉胶带,放回水桶里。

(8)从水桶里另取 2 条鲫鱼,用胶带绑住尾鳍后放入水槽,观察并记录鱼的活动特点。

5. 预期结果:用胶带绑住鱼鳍后,鱼的游泳状态出现了各种不同的明显改变。

方法二:选择模拟实验的方法,可参考以下提示设计实验探究尾鳍的作用。

1. 取一个气球,往里灌进少量的水,将饮料吸管插进气球口,用手压扁吸管,然后用橡皮筋扎紧气球颈部。

2.将饮料吸管折过来后，用另一根橡皮筋扎紧。

3.把剪成尾鳍形状的两块硬塑料片放在气球颈部两侧，用一根橡皮筋扎好后，用订书器(回形针)把两片“尾鳍”的边沿订(夹)在一起。然后，将塑料刀从下向上插入两片“尾鳍”之间的图 1-3 中的第 5 步，把自己做的这条鱼放进一盆水中。

4.用一个手指轻轻按住“鱼”的“尾鳍”左右摆动，观察这条“鱼”能否前进。

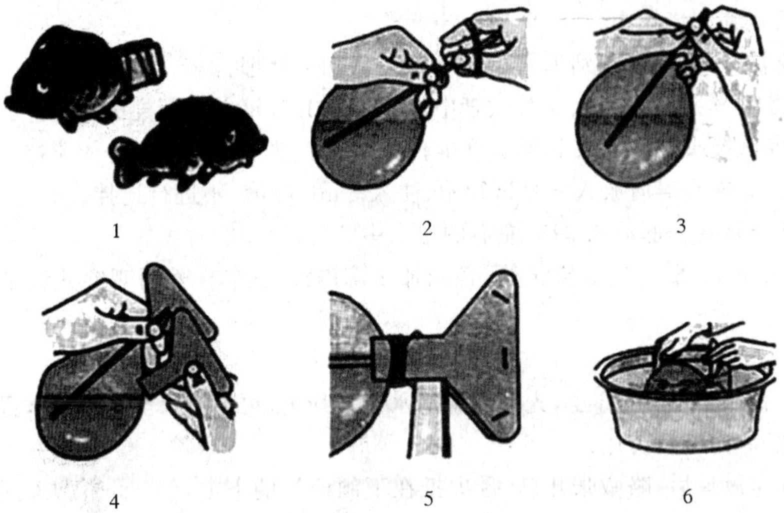

图 1-3　模拟鱼鳍的制作

三、分析与讨论

1.鱼鳍在鱼的游泳过程中都有非常重要的作用，其作用都是不能替代的。

2.各种鱼鳍的作用：

背鳍——防止侧翻，维持鱼体平衡。

胸鳍——维持鱼体平衡，协助转向(作用明显)。

臀鳍、腹鳍——维持鱼体运动的平衡，能协助转向。

尾鳍——产生前进动力，控制运动方向。

实验 11　观察唾液淀粉酶对淀粉的消化作用

唾液里含有唾液淀粉酶，它能把淀粉分解成麦芽糖。利用淀粉遇碘变蓝这一特性，可用碘液来检测淀粉是否被唾液淀粉酶所消化。

一、材料用具

唾液，干淀粉或面粉、浓粥汤、生面条等；大、小烧杯，试管，酒精灯，三角架，石棉网，试管夹，火柴，碘液或稀释的碘酒(1 滴碘酒加在 4～5 滴水中)。

二、方法步骤

方法一：

1. 取新鲜的馒头，切成大小相同的 A、B、C 3 小块。将 A 块和 B 块分别用刀细细地切碎、拌匀(模拟牙齿的咀嚼和舌的搅拌)；C 块不做任何处理。

2. 用凉开水将口漱净，口内含一块消毒棉絮。约 1 min 后，用干净的镊子取出棉絮，将棉絮中的唾液挤压到小烧杯中。

3. 取 3 支洁净的试管，分别编号 a、b、c，然后做如下处理：

处理 1：将 A 馒头碎屑放入 a 号试管中，注入 2 mL 唾液并进行充分的搅拌。

处理 2：将 B 馒头碎屑放入 b 号试管中，注入 2 mL 清水并进行充分的搅拌。

处理 3：将 C 馒头碎屑放入 c 号试管中，注入 2 mL 唾液，不进行搅拌。

4. 将这 3 支试管一起放入 37℃左右的温水中。

5. 5～10 min 后，取出这 3 支试管，各滴加 2 滴碘液，摇匀。然后观察并记录各试管中的颜色变化。

方法二：

1. 取 1 g 干淀粉放在烧杯里，先用少量清水调和均匀，再加清水至 100 mL，置于三角架上加热，搅拌，煮沸，冷却后待用。

2. 用凉开水漱口后，略微张开口，舌尖抵在下颌门齿的下方，约 3 min，头稍稍前倾，将下唇搁在另一个小烧杯口上，唾液就沿着下唇流入杯中。

3. 取 2 支试管，编号，然后各注入 2 mL 淀粉溶液。

4. 向 1 号试管加 2 mL 清水，2 号试管加 2 mL 唾液。加完各物后，振荡各试管，这时试管里的液体都很浑浊。

5. 把这 2 支试管放在盛有 37℃左右温水(用温度计测得)的烧杯里。约过 10 min 后，同时取出各试管，仔细观察，只有第 2 号试管里的液体变得透明了，其余试管里的液体依旧很浑浊。为什么？

6. 向每支试管内滴入两滴碘液，摇匀。结果只有 2 号试管里的液体不显蓝色，这是因为试管里的淀粉已被唾液淀粉酶水解掉了。1 号试管因无唾液，淀粉依然存在，遇碘呈蓝色反应。

方法三：

1. 将 2 支试管分别编为 1、2 号。在 2 支试管中都放入 1 cm 长的生面条和 1 滴碘液，这时可看到 2 支试管内的生面条外表均呈现蓝色。

2. 向 1 号试管内加入 1 mL 清水，2 号试管内加入 1 mL 唾液，并轻轻振荡。同时将 1 号和 2 号试管放入 37℃的水浴中，5～30 min 后，取出试管观察，看到 1 号试管中的生面条仍呈现蓝色，而 2 号试管中生面条外表的蓝色已消退。

三、分析与讨论

1. 方法一中，多大的馒头块做实验最适宜？怎样才能尽快获得较多的纯净唾液？

2. 保温一段时间后，若溶液变得清澈透明，说明淀粉已被分解，保温时间最适宜，可加碘液检验。

3. 用烧杯加热制淀粉溶液时，必须时时用玻璃棒搅动，免得结成小块。搅动时玻璃棒转动的方向必须跟烧杯底部平行，否则撞击了底部，烧杯就容易破碎。

4. 取唾液时，如果唾液分泌不多，可以嗅一下醋，促进唾液分泌。

5. 试管在 37℃左右温水中保温时，在水里插一支温度计，水温下降时，马上加开水调节，但无论如何不能超过 40℃。或者把试管握在温暖的手中，也可得到所需的温度。建议本实验可以不用加热装置，老师在实验前准备好开水。淀粉溶液用开水冲调，水浴用的水可预先调成 40℃的温水再由学生在实验中调成所需的水温，这样可以节约酒精和时间，减少室内空气污染。

6. 用方法二做实验时，淀粉溶液不要弄到液面以上的试管内壁，因为溶液中的唾液难以消化它，这样会影响实验结果。用方法二做实验，可根据实际情况选择含淀粉多的材料，例如 1%食用淀粉或面粉溶液 1 mL、熟面条 1 mm、馒头、熟马铃薯、去皮面包小块，生甘薯、生马铃薯小片，米饭粒等。

实验 12　皮肤感受冷温觉刺激的实验

人类感知外界环境温度的变化，主要是通过皮肤温觉感受器来完成的。皮肤温觉感受器分冷感受器和热感受器（简称“冷点”和“热点”），分别对冷和热的刺激反应敏感。它们在皮肤的不同部位有不同的分布密度，并且相互交叉。

一、材料用具

试管、橡皮塞（直径 0.8 cm）、铜丝（15 cm）、纸、笔、碎冰、细砂纸、纱布、温度计。

二、方法步骤

1. 制作冷点测定器和热点测定器各一个。制作时，先在试管中加满冰水混合物（测冷觉）或 50℃的热水（测热觉），再塞上橡皮塞（直径 0.8 cm），在橡皮塞中央插上铜丝，铜丝一端浸入试管，另一端外露约 2.5 cm，为铜丝测定头，测定头应用细砂纸打磨光滑。

2. 在受试者的前臂下表面画 1 个 2.5 cm 见方的正方形区域，蒙住受试者双眼。测试者用上述冷点测定器的铜丝头轻触该区域的皮肤，以受试者不感到有压力但感到冷的反应为准，这点就是冷点，逐点改变位置试验，就能画出冷点分布图，计算出每平方厘米冷点分布密度。

3. 用热点测定器在同样区域内按步骤 2 进行测定，画出热点分布图，计算出每平方厘米热点分布密度。

4. 在体表不同部位，用冷点和热点测定器测定冷点和热点，比较体表不同部位温度感受器分布的差异状况。

三、分析与讨论

1. 测试者动作要轻柔，环境应安静，以避免对受试者的干扰。

2. 测试时间长短影响如何？测试时间不宜过长，避免受试者因疲劳导致敏感性下降。

3. 在试管缺少的情况下用什么代替？怎么保温？

实验 13　茎的运输作用

植物茎中的导管由下向上输送水分。如将一段茎的切口端插入水中，茎势必会从切口吸入水分并将水分和溶解在水里的无机盐向上输送。如果水是染色的，能显示导管的位置、水分上升的高度和速度。

一、材料用具

凤仙花或草本植物带叶的茎，黄豆芽；柳树枝条，悬铃木或枫杨、杨等木本植物；显微镜、载玻片、培养皿、小刀、刀片、玻璃瓶、软木塞、棉絮、稀释的红墨水、土壤浸出液或清水。

二、方法步骤

（一）植物茎内运输水分的途径

方法一：

1. 在水里切取略呈萎蔫状态的双子叶草本植物嫩茎，插入盛有稀释红墨水的玻璃瓶里，然后移到日光下照射。

2. 不久就能看到茎里隐隐有红色线条在缓慢地向上移动。1～2 h 后茎、叶柄和叶脉都会被染上红色。

3. 切取一段茎，然后纵切成两半。从茎的横断面上可以看见维管束内呈红色小点，纵切面上可以看见一条条红色细线，这是导管被染成红色的缘故。

方法二：用黄豆芽幼茎染色

1. 取新鲜黄豆芽，把幼茎下部浸入红墨水中 0.5～1 h。

2. 取出幼茎，用水冲洗茎外面的红墨水。

3. 把黄豆芽幼茎部分切下约 2 cm，再用双面刀片把幼茎纵切为两半，取其中的一半徒手纵切成薄片，但不必切得太薄。

4. 把薄片放入盛有少许水的培养皿内。取一较为完整的薄片，放在载玻片上，用镊子展平，盖上盖玻片。在低倍镜下就可以观察，也可以再转动高倍物镜把导管放大后观察。可见到黄豆芽茎内被染上红色的各种导管。

（二）植物茎运输有机物的途径

方法一：

1. 在 2 个玻璃瓶内各盛半瓶土壤浸出液或清水，配上 2 个中间有孔并一剖为二的软木塞。

2. 从柳树上剪 2 根长约 25 cm、粗细和长势相似的带叶枝条。

3. 把 1 根柳枝离下端 10 cm 处作上下 2 个环状切痕。切痕相距约 1 cm，剥去切痕中间的树皮，并用小刀刮清残留在木材上的形成层和韧皮部。摘去切痕下部的叶。另一枝条不作切痕，作为对照。

4. 把 2 根枝条下端浸在水里，剪去 5 cm，使环剥带距切断处 4～5 cm，然后迅速插入预先准备好的玻璃瓶里，环剥的一枝要使环剥带离开水面 2 cm。配上两个软木塞，用棉花填塞洞孔的空处。

5. 每隔 2 d 换 1 次清水。如用土壤浸出液也以常换为宜。

6. 2～3 周后柳枝能从环剥带上方长出不定根来，环剥带下方不见有根长出。对照的柳枝是从切断处长出不定根的。

方法二：

在悬铃木或枫杨、杨上选择上一个直径 1.5～2 cm 粗的枝条，要求上部叶片生长茂盛。用刀在枝条近分枝处环剥树皮，刮去形成层和残余的韧皮部，以后留心观察环剥带的变化。

三、分析与讨论

1. 略呈萎蔫的茎作输送水分的实验材料，体内水势低，膨压小，水分的输送也较快。

2. 黄豆芽取材容易，徒手操作简便，不仅可以验证茎的运输功能外，还可以在显微镜下对各种导管进行观察和比较。

3. 幼茎从红墨水内取出来后，必须用水冲洗，以免手和载玻片都染上红色。

4. 如果实验材料茎在红墨水中浸泡时间过长，整个茎的切面都会染成红色，这说明茎有横向运输作用。

实验 14　蒸腾作用散失水分

蒸腾作用是指植物体内的水分以气态散失到大气中去的过程，蒸腾作用是一个生理过程，受到植物体结构和气孔行为的调节。

一、材料用具

植物枝条；250 mL 广口瓶、橡胶塞、T 形管、1 mL 吸量管、小漏斗、橡皮管及夹子。

二、方法步骤

(一)蒸腾计制作

取广口瓶 1 个，用 1 个钻有 2 个孔的橡皮塞，胶塞的 1 个孔插入 T 形玻璃管，管口一端向上，一端向右，向上的管口接上一段约 5 cm 长的胶管，连一小漏斗，胶管中间装一软管夹，以便开闭加水。右端的管口，用胶管连接 1 支 1 mL 或 2 mL 的吸量管，这便成一套简易的蒸腾计。

(二)安装测定

将制好的瓶塞打开,在瓶内灌满煮沸过的冷开水,然后选取1支生长正常的带叶枝条(枝条的粗细最好与橡皮孔的大小吻合),放入盛水的干燥瓶中(水经过煮沸),静置10 min,使枝条吸水与蒸腾速度达到平衡,然后把枝条小心插入胶塞孔,枝条下端穿过塞孔约5 cm,装好后把塞压紧,使不漏气,瓶内勿留气泡,打开T形管的管夹,从漏斗加入冷开水,直到水从吸量管中漏水,这时迅速夹紧胶管(检查装置是否漏气,如果漏气,可用凡士林封好枝条与塞孔的连接处,或查看软管夹是否夹紧)。

(三)测量及计算

将蒸腾计放在通风良好、光线充足的环境下进行。由于叶面蒸腾,瓶内水分渐减,吸量管内的水在管内移动,当水移动到第一刻度时,开始记录,根据水消耗的毫升数和所需时间,便可计算植物的蒸腾强度。

计算蒸腾强度还需求得枝条的叶面积,叶面积还可用称量法计算。从一厚度均匀的纸上剪下一定面积的正方形,称其重量,可知单位面积纸重(此值可预先测得),然后用同样的纸精确地描出枝条上叶片的轮廓,仔细地将图形剪下,称其重量,按下列公式计算所测实际面积。

叶面积=全部叶片图样的纸重/单位面积的纸重

蒸腾强度=水分蒸腾量(mL)/[时间(h)×叶面积(dm^2)]

三、分析与讨论

验证植物蒸腾作用的方法还有:

1.刻度对比法:取2个同样大小的玻璃瓶,装上一样多的清水,在瓶壁上画好刻度,甲瓶用带孔并切开的瓶塞塞住瓶口,乙瓶只用一般瓶塞。取一根带有几张较大叶片的嫩枝,插入甲瓶内,并用瓶塞固定好。乙瓶内不插枝条。瓶口都用凡士林封闭。将2个瓶都放在阳光下,结果甲瓶的水分减少得比乙瓶多,可见水分主要是由叶面蒸腾散失的。

2.称重对比法:在种有天竺葵的花盆中和只盛土壤的花盆中浇上充足的水,然后分别用塑料袋包扎花盆。包扎有天竺葵的花盆时,应该在茎的基部扎紧,以免漏气。分别称取两盆的重量,并记录。一周后再称取两盆的重量,并记录,分析两盆重量的变化,结果表明,有植物的一只花盆重量减轻,没有植物的一只花盆重量几乎没有什么变化。这说明重量变化的原因是植物蒸腾失水。

3.瓶罩检验法:把插在瓶内枝条侧枝上的几张叶片装进干燥的玻璃瓶内,瓶口用棉花塞紧。将玻璃瓶夹牢在铁架上。不久,玻璃瓶的内壁上逐渐出现了许多小水珠。这证明水是由叶子散发出来的。

4.叶片表皮涂凡士林法:取两段天竺葵的枝条,或其他带叶的枝条,叶片的大小多少要大致相同。在一个枝条叶的上表皮涂凡士林,在另一个枝条叶的下表皮涂凡士林。把它们分别插入水杯或试管里,分别称好重量并做记录。然后把2份装置放在相同条件下,经过1~2 h后,再称量2套装置的重量。各为多少?看有什么区别?为什么?

实验 15　观察种子的结构

植物的种类不同，其种子的形状、大小、颜色差异很大，但它们的基本结构都是相同的，即种子一般由胚和种皮两部分组成的，有的种子还有胚乳。

一、材料用具

菜豆（或大豆）种子、蓖麻种子、玉米（或小麦）种子；大烧杯、小烧杯、培养皿、吸水纸、刀片、放大镜、滴瓶、碘液或稀释的碘酒。

二、方法步骤

（一）菜豆（或大豆）种子的观察

（1）把菜豆（或大豆）种子泡在水里直到浸软为止。仔细地观察种子的构造（图 1-4），先看到的是覆盖在种子外面的种皮。种皮上有一条眉状的斑痕，这是种脐，是种子与豆荚脱离后留下的痕迹。用力捏紧种子，水从种脐附近的小孔里冒出来，这个小孔叫作脐孔，是水进入种子的门户（为了证实这一点，可以取干燥的种子，用熔蜡封住脐孔后浸入水里，种子不会膨胀变软）。脐孔较小，可用放大镜观察。

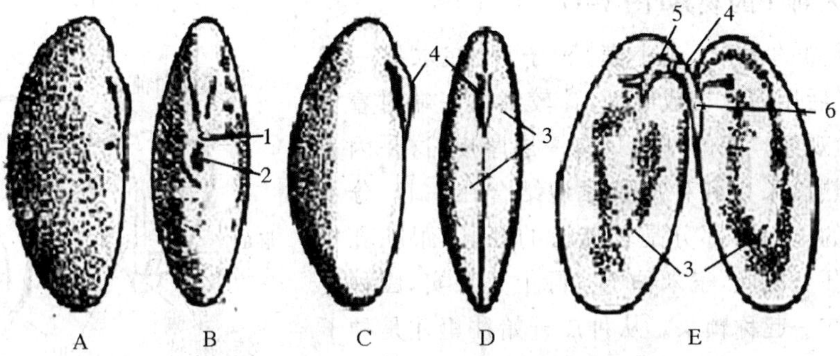

图 1-4　菜豆种子结构图

A，B. 种子的正面和侧面　C，D. 除去种皮后的种子的正面和侧面　E. 2 片张开的子叶

1. 种孔　2. 种脐　3. 子叶　4. 胚轴　5. 胚芽　6. 胚根

（2）剥去浸软了的种子的种皮，可以看到胚。用肉眼和放大镜仔细观察胚的各个部分：子叶、胚芽、胚轴、胚根。子叶是 2 片肥大的豆瓣。分开这 2 片子叶，中间有带 2 片小叶的胚芽，胚芽下面的主轴是胚轴，胚轴向下延长的部分是胚根。

（3）菜豆（或大豆）种子包括种皮和胚两部分，胚上有 2 片子叶。凡是有 2 片子叶的植物，叫作双子叶植物。除个别的双子叶植物，如蓖麻、胡萝卜、石竹、荞麦、苋菜、柿子等的种子有胚乳外，一般双子叶植物的种子都没有胚乳。

(二)蓖麻种子的观察(图 1-5)

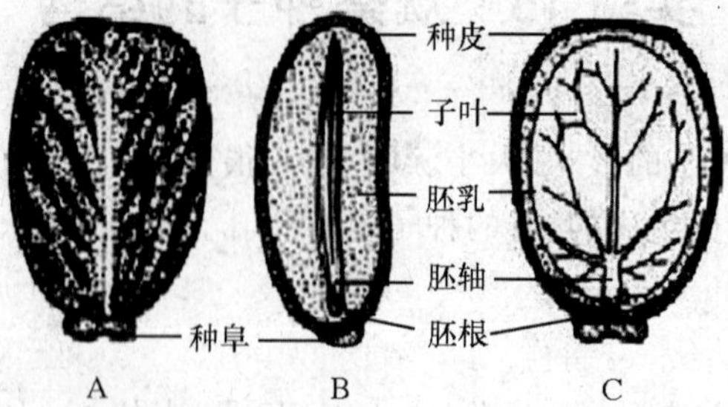

图 1-5 蓖麻种子结构

A. 表面观 B. 与宽面垂直的纵切面 C. 与宽面平行的纵切面

(1)蓖麻种子的外形为扁椭圆形,在种子的一端可见海绵状突起的种阜。背面条纹状隆起的即为种脊。种脊与种阜的交界点处是种脐。

(2)种皮:有内、外种皮之分。外种皮坚硬具花纹。用镊子剥去外种皮,里面有一层白色膜质的内种皮。

(3)胚乳:用刀片沿蓖麻种子宽面正中纵剖(即与子叶面垂直的正中纵切),可以看到在膜质的内种皮里面,有一层肥厚的并含有丰富脂肪的乳白色的胚乳。

(4)胚:埋藏在胚乳之中。用放大镜观察,可见在胚乳中央有二线形物,即子叶。在 2 片子叶的基部有一小突起,即是胚,包括胚根、胚轴和胚芽 3 部分,是植物体的雏形。

(三)玉米种子的观察(图 1-6)

(1)取成熟的玉米(或小麦)种子,浸在水里一昼夜,等它膨胀后用刀片切成纵面,让较细的一端对着自己,用放大镜观察。它的外面只有一层厚皮,这是因为玉米种子成熟后果皮和种皮紧紧地结合在一起,分不开了。种皮的里面大部分是较疏松的胚乳,跟胚乳相对的一面是胚。因此,玉米种子实际上是果实,因种皮和果皮愈合在一起称颖果。从种皮开始往里才是种子的各部分。

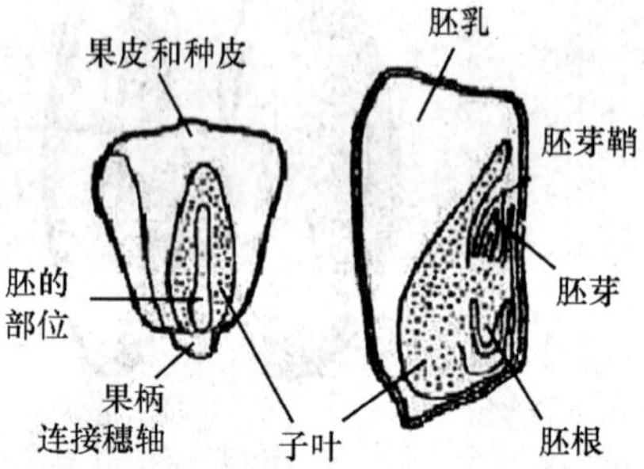

图 1-6 玉米种子的外形和内部结构

(2)加一滴碘液或稀释的碘酒(一滴碘酒加 4～5 滴水)在玉米种子的纵切面上,胚乳马上变成蓝紫色,子叶变成浅蓝紫色,胚芽、胚轴、胚根变成黄色。胚的各部分就分得格外清楚了。胚乳遇碘变成蓝紫色,说明它里面储藏着大量淀粉。

(3)玉米(或小麦)种子的胚可以分成子叶、胚芽、胚轴和胚根 4 部分。胚根在胚的下方,靠近种子较细的一端。胚芽在胚的上方,靠近种子较宽的一端。胚轴在胚芽和胚根的当中。子叶 1 片,里面不储藏养料,所以不肥厚。

三、分析与讨论

1. 一般单子叶植物的种子都有胚乳,但少数单子叶植物种子缺少胚乳,如慈姑、兰花和黑藻等。

2. 被子植物种子与裸子植物种子在发育上有什么不同？

实验 16　种子的呼吸作用

含水量很低的风干种子呼吸微弱，如果播种过深或植物长期淹水缺氧，则会影响正常的有氧呼吸，对物质转化和器官的形成都不利，特别是根的生长和分化会受到明显的抑制。油料种子萌发时，耗氧多，所以更需要保证 O_2 的供应。

一、实验材料

萌发的种子或豆芽、煮熟的种子或豆芽；橡胶塞或泡沫塞、广口瓶、黑色塑料袋、塑料吸管、橡皮筋、温度计、烧杯、保温杯或自制泡沫盒、试管、烧杯、石灰水、燃烧匙、小蜡烛、火柴、尼龙窗纱、培养皿、“U”形玻管、三通管、乳胶管；浓氢氧化钾溶液。

二、方法步骤

(一)种子萌发时吸收氧气

方法一：取 2 个具塞的广口玻璃瓶，一瓶装有萌发的种子或豆芽，另一瓶装有等量的煮熟的种子，都加上橡皮塞。把这两个瓶放在温暖的地方，24 h 后，观察蜡烛在两瓶中的燃烧情况。

方法二：取 2 支试管，分别装近 1/3 正在萌发的种子和干燥的种子，上面用尼龙网片塞紧，并将盛有种子的试管倒置于盛有少量浓氢氧化钾溶液的小烧杯中，放于温暖处，1 d 后看氢氧化钾液面是否会上升，请对实验现象做出解释。

(二)种子萌发时放出二氧化碳

方法一：配置好石灰水(澄清液)备用，课前一天按教材图示做好实验装置，放置于温暖处。过一段时间后，往瓶子里注入清水，打开阀门，瓶内的气体进入试管，观察澄清的石灰水发生了什么变化。

方法二：配置好石灰水(澄清液)备用。前一天用黑色的塑料袋将萌发的种子或豆芽放在里面，在袋口插上一根塑料吸管，用橡皮筋扎紧，并将吸管弯曲同样用橡皮筋扎紧，不能让吸管漏气。第 2 天将吸管口插入有石灰水的小试管中，缓缓挤压塑料袋观察石灰水的变化。

(三)种子萌发时释放能量

方法一：前一天把浸泡后的种子和干燥的种子分别放入小保温瓶或保温杯内，分别插上温度计。过一段时间后观察温度计显示的温度有什么不同。

方法二：将方法一的温度计换成三通玻管，用塞固定在瓶口，二玻管之间用胶管连一盛有红墨水的“U”形玻管，调平，过一段时间观察红墨水的升降情况。

三、分析与讨论

1. 本实验为对照实验，注意实验变量的控制。

2. 用温度计测量萌发种子放热的实验中，注意保温，使实验结果对比更明显。

3. 设计对照实验，通过实验证明，本实验装置是否需要密封，是否可以用塑料袋等配套装置代替书中的装置以简化实验。

实验 17　叶片正、背面气孔是否一样多

气孔的分布因植物种类和生长环境而异。一般单子叶植物叶的上下表皮都有气孔分布，而双子叶植物主要分布在下表皮，浮水植物气孔都分布在上表皮。

一、材料用具

空心莲子草、植物叶片；20 mL 注射器、自行车气门芯的橡皮管 15～20 cm、150 mL 烧杯、酒精灯、三角架、火柴。

二、方法步骤

方法一：

1. 取一株空心莲子草，将茎切口端插入气门芯橡皮管内，皮管的另一端，插进较大的注射器装针头的管内，插入得要深一些。

2. 将叶片浸入水中，然后用注射器慢慢向叶内打入空气。

3. 过一段时间，在叶子的背面可以看到许多小气泡出现，即为气孔所在。

4. 如果采用荷叶，其叶柄粗，可用小型打气筒向叶柄内打气，可见叶子的正面有许多小气泡出现，说明叶正面分布有气孔。

方法二：用 150 mL 烧杯盛 2/3 杯自来水，将烧杯置于酒精灯上加热，待温度为 60～70℃时将植物叶片放入烧杯中，继续加热，根据观察到的叶片上下表皮冒出的气泡的情况，判断叶片正、背面气孔是否一样多。

三、分析与讨论

1. 方法一中各部分的连接出现漏气会不会影响实验结果？

2. 方法二烧杯中的水烧开会不会影响实验结果？

3. 提出其他的方法验证叶片正、背面气孔是否一样多。

实验 18　观察叶片的结构

叶一般呈扁平形，表面积大，有利于和周围环境进行气体交换。不同的植物，叶的变化很大，即使在同一种植物的不同植株上，或者同一植株的不同枝条上，叶形也不会绝对一样，但同一种植物的叶形总体上是相似的。

一、材料用具

双子叶植物叶的横切面制片，玉米或小麦叶的横切面制片，松或其他针叶的横切面制片，新鲜蚕豆叶或白茶或菠菜叶或迎春或小叶女贞、黑麦草或早熟禾或小麦新鲜叶片、胡萝卜根或萝卜根或马铃薯块茎；显微镜、擦镜纸、载玻片、盖玻片、刀片、毛笔、镊子、盛有清水的玻璃皿、滴管；5%番红染液。

二、方法步骤

（一）徒手切片练习

方法一：

（1）选切叶片：选一片新鲜菠菜叶或迎春或小叶女贞叶片，平放在玻璃板上，用刀片切去叶片基部、叶片尖端以及叶片两侧的边缘。留下部分为宽约 0.5 cm、中央带有主脉的长方形小块叶片。

（2）切取材料：用左手食指指尖压住材料一端，右手捏紧并排的两个刀片（之间夹一小段头发），从另一端沿和主叶脉垂直方向多次切割材料，每切一次刀片要沾水一次，以便将切下的叶片薄片放入盛有清水的玻璃皿中。

（3）选材制片：用毛笔从水中选取最薄的叶片切片，放在洁净的载玻片上，制成临时切片。

方法二：

（1）取胡萝卜的圆锥根（或马铃薯块茎），切成长 3～5 cm，宽 1～1.5 cm 的长方体。从中间沿长轴方向纵切一刀，但不要切成两块。然后沿叶片中脉两侧将叶片切成与长方体大小接近的一块，夹在胡萝卜的缝里，一定要放正摆平。

（2）用左手的拇指、食指、中指夹住材料，使材料高出手指，以免刀片割伤手指，右手平稳地拿着小刀进行切片。切片时刀要沾水，两只手臂应该自由活动，不要使肘臂紧靠身体或压在桌子上。

（3）第一刀应将长方体和叶片上端切成水平，然后再连续地拉切。拉切的方向是向着实验者自己，拉切速度要快一些。

（4）拉切数次后，将切好的切片，连同刀片一起放进盛有清水的培养皿里，再用毛笔从中挑出最薄（最透明）的一片，做成临时装片。切片不一定要求完整，只要有一部分很薄，就可以用来观察。

（5）把制成的临时装片，放在显微镜下观察。

（二）双子叶植物叶的结构

取蚕豆叶的横切面制片，先在低倍显微镜下找到下列各组织的位置，然后用高倍显微镜仔细观察它们的结构，见图 1-7。

（1）表皮：为一层排列紧密、整齐的长方形细胞。外有角质层，上有气孔分布。注意表皮细胞与保卫细胞的区别，见图 1-8。

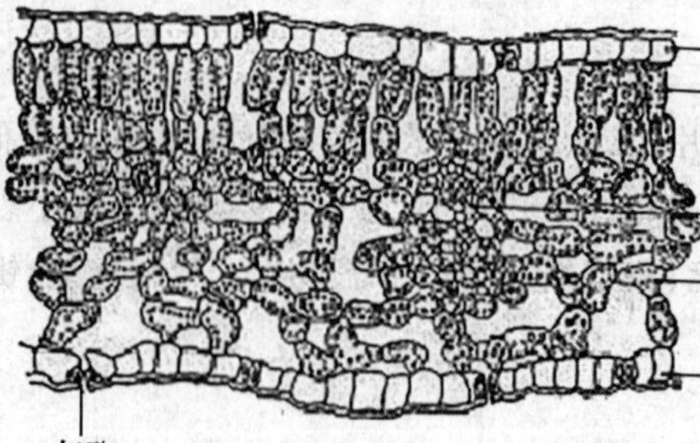

图 1-7　蚕豆叶横切面

(2)叶肉:位于上下表皮之间的一些薄壁细胞,明显地分成栅栏组织与海绵组织两部分,是两面叶的特征。栅栏组织:在上表皮之下,细胞圆柱状,排列整齐,细胞间隙小,细胞内含有许多叶绿体。海绵组织:位于栅栏组织和下表皮之间,细胞形状不规则,排列疏松,细胞间隙大。

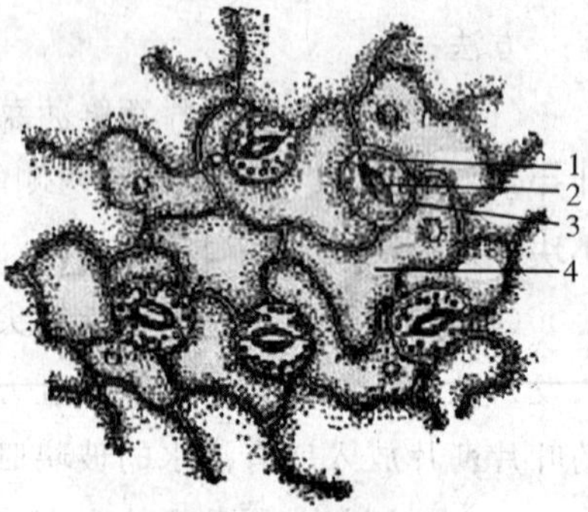

图 1-8　蚕豆叶下表皮

1.保卫细胞　2.气孔
3.叶绿体　4.表皮细胞

(3)叶脉:先在低倍显微镜下观察叶脉分布的情况,再选择一个清晰的合适部位,用高倍显微镜仔细观察。可以看到木质部和韧皮部,注意这些组织的位置和组成分子。在细小的叶脉中,其结构不易看清楚。

(4)观察新鲜蚕豆叶的表皮:从蚕豆植株取下一小叶片,用刀片在叶背面轻轻地划一长宽各 3～5 mm 的方形,用镊子轻轻地夹取方形的一边,撕下表皮(不要夹得太深,以免将叶肉组织带出来),放在滴有水的载玻片上,加盖玻片,在低倍物镜下观察。叶的表皮细胞排列不规则,侧壁凹凸不平,互相嵌合,紧密连接,没有细胞间隙,表皮细胞无色透明,原生质体中不含有叶绿体,气孔是由 2 个肾形保卫细胞组成的,保卫细胞内有明显的叶绿体。

(三)禾本科植物叶的结构

取小麦叶的横切面制片,在低倍和高倍显微镜下观察以下各部分,见图 1-9。

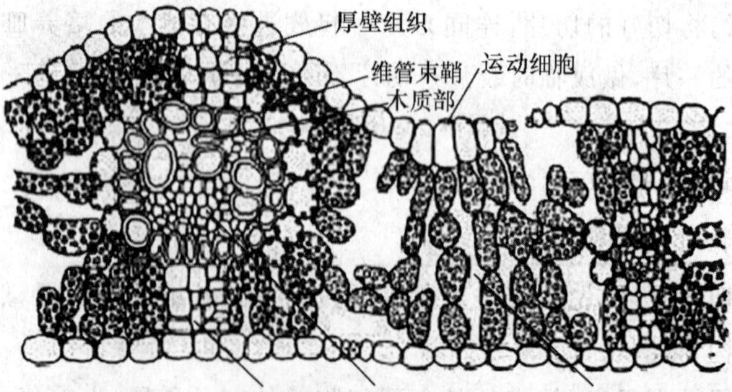

图 1-9　小麦叶横切面

(1)表皮:一层长方形和方形细胞相间排列,外壁角质化,并有向外突起的附属物。上表皮有一些壁薄的大型细胞,即运动细胞。上、下表皮均有气孔,气孔内方具孔下室。

(2)叶肉:其薄壁细胞无明显的栅栏组织和海绵组织的区分,细胞间隙小,是等面叶的特征。

(3)叶脉:叶脉平行,由维管束鞘、维管束及机械组织构成。维管束作平行排列,由木质部和韧皮部组成,机械组织在维管束上、下表皮之间,为发达的厚壁组织(纤维)。在维管束的外围有一层(或两层)细胞紧紧包围着,此即维管束鞘。仔细观察维管束鞘的结构。

(4)观察新鲜小麦叶片的表皮:取新鲜小麦叶,放在载玻片上,一手拿住或压住叶片的一端,另一手用刀片轻轻地刮,把一面的表皮、内部的叶肉组织和叶脉刮掉,只剩下另一面的表皮,看去透明无色。然后用刀片截取刮好的一段放在另一张有一滴水的载玻片上,再滴一滴 5%番红染液,加盖玻片,3~5 min 后,用吸水纸吸去多余的染液,再滴加一滴水,在显微镜下观察。表皮细胞是长方形的,侧壁与叶片的长轴平行,细胞核被染成红色。表皮上还有许多表皮毛,且上表皮毛较多。在两个大的表皮细胞之间,有两个较小的细胞,其中一个略大些的为栓质细胞,另一个为硅质细胞。表皮上的气孔成一纵行排列,两个保卫细胞呈哑铃状,旁边有两个副卫细胞呈三角状,保卫细胞比副卫细胞小。见图 1-10。

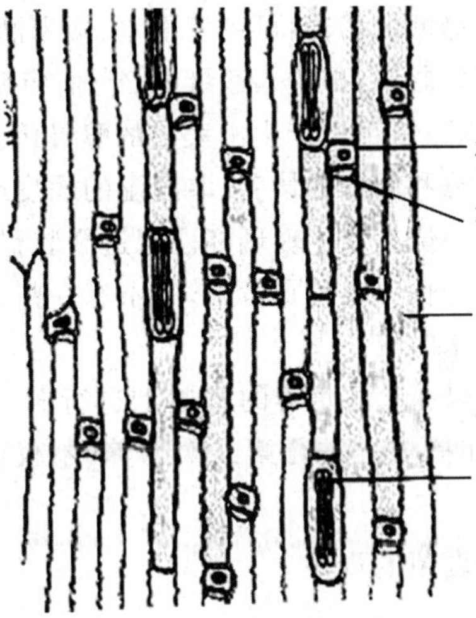

图 1-10　小麦叶表皮

三、分析与讨论

1. 叶片的上表面和下表面都有由一层细胞组成的表皮,表皮细胞的颜色和排列状况如何?

2. 叶肉位于上下表皮之间,接近上表皮的叶肉细胞与接近下表皮的叶肉细胞在形状、排列方式和内部绿色颗粒数目等方面有什么不同?

3. 叶脉贯穿于叶肉组织中,叶脉细胞的颜色、形状和排列方式如何?

实验 19　培养和观察真菌

绝大多数的真菌是由菌丝构成的,菌丝是纤细的管状体,分为无隔菌丝和有隔菌丝。组成一个菌体的全部菌丝称为菌丝体。霉菌的菌丝体为疏松、绒毛状。高等大型的真菌有定形的子实体,是由大量菌丝紧密结合形成的。酵母菌是单细胞的真菌。

真菌的繁殖方式多种多样,酵母菌可行出芽生殖,曲霉和青霉气生菌丝顶端的分生孢子梗的末端细胞可分化成分生孢子,蘑菇子实体上可产生担孢子。

一、材料用具

酵母菌培养液，青霉、曲霉、伞菌子实体；显微镜、载玻片、盖玻片、培养皿、小烧杯、玻璃棒、解剖针、镊子、纱布；吕氏美蓝染液、0.05 g/mL NaOH 溶液、碘液、0.02 g/mL 蔗糖溶液。

二、方法步骤

(一)真菌的培养

1.酵母菌的培养：可用发面水、糯米酒以及已有酒精味的苹果皮或葡萄皮，将材料放入小烧杯或广口瓶中，再放入适量的2%葡萄糖溶液(因酵母菌不能利用蔗糖)，置于温暖黑暗的地方，24 h 以后就可以产生出大量的酵母菌。

2.青霉和曲霉的培养：取潮湿的橘皮或一小块面包(馒头)，放在一块洁净的玻璃上，上面扣上一个小烧杯或小玻璃杯。把这个装置放在温度略高于 20℃的暗处培养。几天后，馒头或橘皮上就会长出各种霉菌来，其中有一些带有青绿色的，就是青霉(用橘皮培养效果更好)，带有黑色的是曲霉。

3.可以在上述培养的基础上进行第二次人工接种培养，即挑取第一次培养的青霉或曲霉，接种在橘皮上进行第二次培养，不仅菌种比较纯净，而且生长得快，1～2 d 就可供观察使用。

(二)真菌的观察

1.酵母菌的观察(图 1-11)

(1)在干净的载玻片上，滴一滴酵母菌培养液，用针摊开，盖上盖玻片，在低倍镜下就能清楚地看到很多酵母菌。再换高倍镜仔细观察一个酵母菌，可以看到酵母菌是椭圆形的单个细胞，细胞中有许多小颗粒，也有几个大的液泡。有的酵母菌的一端长出大小不同的突起，这是酵母菌的芽体。

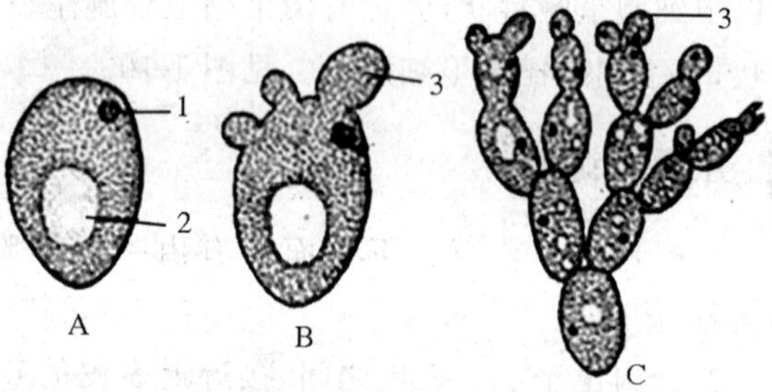

图 1-11 酵母菌属

A.单个细胞 B.出芽 C.芽细胞相连，形成假菌丝
1.核 2.液泡 3.芽孢

(2)在盖玻片一侧加一滴稀碘液，另一侧用吸水纸把染液引入盖玻片下。在高倍镜下观察，可看到酵母菌的被染成棕褐色的细胞核和蓝紫色的淀粉粒。

2.青霉和曲霉的观察

(1)取材、制作临时装片：用接种针在生霉的面包或生霉的水果表面菌落处挑取少量霉菌，轻轻放在干的载玻片中央，注意制作临时装片时不要加水，也不要盖上盖玻片。为了看清楚菌丝、分生孢子梗以及生长在其上成串的分生孢子，在取材时应挑取少量的、颜色较浅的部分制作临时装片。如果挑取颜色较深的部分，在视野里看到的只是大量的深色孢子；如果挑取浅色部分，在视野里看到的只是大量无色的菌丝。

(2)低倍镜观察：将有霉菌的载玻片放在载物台上，先在低倍镜下观察。注意寻找所取材料边缘部分，容易找到较为完整的孢子梗。青霉和曲霉的菌丝有横隔，每个细胞只有一个细胞核。

青霉的菌丝上产生长而直立的分生孢子梗，其顶端分支数次，呈扫帚状；最末一级分支为小梗，小梗上生出一串分生孢子。分生孢子幼嫩时为白色，成熟时为青绿色。

曲霉的菌丝体上长出的直立菌丝，即为分生孢子梗。其顶端膨大成球状，在膨大部分的表面，布满了放射状排列的小梗，小梗上长出成串的分生孢子。离小梗越远的孢子，越大越成熟，颜色也越深。见图 1-12。

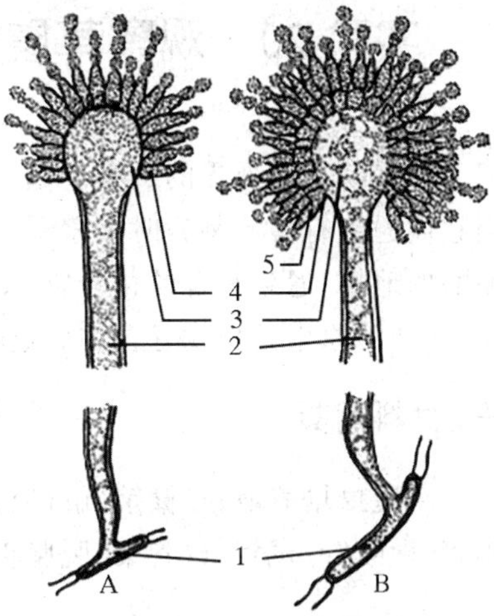

图 1-12　曲霉

A. 分生孢子梗具有单层小梗

B. 分生孢子梗具有双层小梗

1. 足细胞　2. 分子孢子梗　3. 泡囊

4. 初生小梗　5. 次生小梗

3. 伞菌的观察

(1)子实体外形：子实体由菌盖和菌柄构成。菌盖隆起，表面光滑，伞肉很厚。把蘑菇翻过来，使菌柄向上，可以看到菌盖的下面长着许多排列成放射状的薄片，紫褐色，这是菌褶。菌柄坚硬，着生在菌盖下面的中央，支撑着菌盖。

(2)菌褶显微结构：用刀片通过菌褶作纵切片，选择较薄的片子放在载玻片的水滴中，盖上盖玻片。先在低倍镜下找到切片的最薄处，然后换用高倍镜观察，可以看到菌褶的中央也都是缠绕紧密的菌丝，菌褶的两侧是子实层(图 1-13)。子实层的细胞呈长圆筒形，叫担子。在每个成熟担子末端产生 2 个或 4 个(多数为 4 个)微小的突起，叫作担子柄，每个担子柄的顶端着生一个椭圆形的孢子。

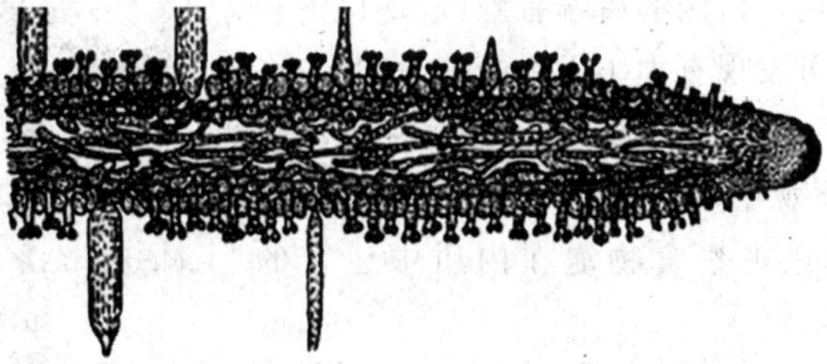

图 1-13　伞菌菌褶的纵剖面

(3)孢子印制作：用刀片从伞菌柄上割下即将裂开的菌盖，平放在白纸上，让菌褶向下，盖上倒扣的玻璃杯，以免散落的孢子被风吹走。隔 2～3 d 揭开玻璃杯，拿起菌盖，就看到从菌褶落下来的孢子，在白纸上留下放射状的粉末图案，即孢子印。孢子排列的形状，也就是菌褶排列的形状。可用放大镜观察孢子的大小和颜色。

三、分析与讨论

1. 孢子有哪些特性，与配子有什么区别？

2. 青霉和曲霉有什么区别？又有什么相同点？

3. 真菌分类的主要依据是什么？有性孢子有哪些类型？

实验 20　观察草履虫的形态、运动方式和对刺激的反应

原生动物对外界的刺激会起一定的反应。当它们遇到可食的东西时，会走近这些食物，当它们遇到有害的刺激时会避开。对化学药品也会有一定的反应，草履虫会趋集到有 0.2% 醋酸的地方，遇到有害的化合物（如高浓度的盐水）会避开。这种对于各种物质、光线等的趋避，能帮助原生动物找寻食物和逃避毒害，对于原生动物的生存是有很大意义的。

一、材料用具

草履虫培养液；显微镜、解剖镜、放大镜、玻璃棒、载玻片、盖玻片、培养缸、烧杯、表面皿、滴管、微吸管、试管、试管架、脱脂棉花、墨汁；0.01%～0.02%乙酸溶液、5%蔗糖溶液。

二、方法步骤

（一）草履虫的运动、消化、排泄细胞器的观察（图 1-14）

取少许擦镜纸纤维，放在载玻片上，滴上草履虫培养液，盖上盖玻片在低倍镜下观察，可见在纤维间运动的草履虫，进行旋转运动，穿过纤维时，体形可改变，将光线调暗一些，可以看到纤毛的摆动。

在低倍镜下选择一个不太活动的草履虫，将它移至视野中央转换高倍镜进行观察，可以看到虫体呈倒草鞋状，有一个斜向后行直达体中部的口沟，注意口沟处是否生有纤毛？有何作用？口沟的后端有胞口，胞口下有胞咽。观察细胞内质可发现有大小不一的亮泡，其中许多为食物泡。盖玻片一侧滴加少许墨汁，在另一侧用吸水纸引流，在高倍镜下观察，可见在草履虫体内出现染上黑色的食物泡，注意观察食物泡在内质中运行的路线。

选择一个结构比较清晰的草履虫，放在高倍镜下观察，可看虫体前、后端各有一个圆的亮泡，即为伸缩泡。当伸缩泡缩小时，可见周围有 5～6 个放射状小管，即为收集管。注意观察前、后伸缩泡交替收缩。

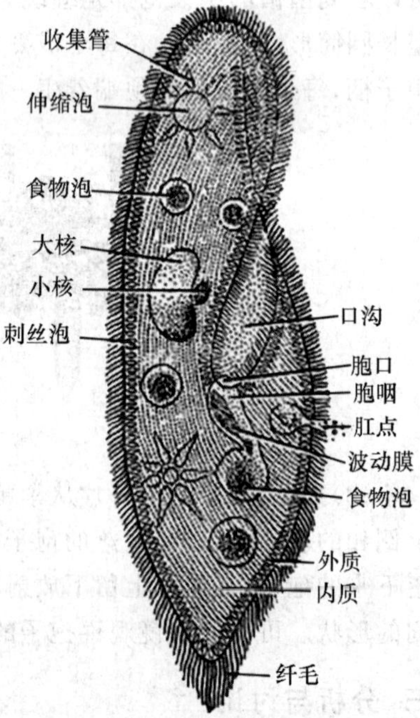

图 1-14　草履虫的结构

（二）观察草履虫对化学物质的反应

把草履虫密度较高的培养液滴在载玻片上，使水滴的直径略小于载玻片的宽度。取一小团脱脂棉，蘸少量 0.01%～0.02%乙酸溶液，把它放在载玻片水滴的一

侧，然后用低倍镜观察草履虫的反应。

也可在放盐粒的一侧先放少许棉纤维，然后在棉纤维外面再放食盐粒，3 min 后观察现象。

同上，把盐换成糖，或把盐换成冰，观察现象。

三、分析与讨论

1. 草履虫对水内许多化学因素表现出正的或负的趋性，以对酸碱度的趋性表现较明显。草履虫对乙酸为负趋性，对蔗糖则为正趋性。

2. 制成一个好的草履虫装片，其要求是装片中无气泡，并且草履虫的密度要大。

3. 减缓草履虫在装片中的游动速度：一种方法是减少载玻片上培养液中的水分。可用吸水纸吸去装片上盖片周围的水分。另一种方法是增加装片中草履虫培养液的黏稠度。一般常用唾液、稀释的蛋清等黏稠物放入载片上的草履虫培养液中起阻滞游动的作用。还有一种方法是设置路障阻碍草履虫的游动。如用擦镜纸纤维。

4. 提高操作显微镜的技术：根据观察对象和要求不同，应灵活运用显微镜。如观察较透明的结构时，要把视野调暗些。应按需要随时调节光线的强弱。在观察过程中还要不断调节焦距，由于草履虫各部结构透明程度不同，如用同一焦距观察，就不可能看清所有结构。因此要求在观察过程中不断转动细准焦螺旋，调整焦距，才能看清物体的原貌。

5. 草履虫的培养有可能失败，其原因主要有两点：一是接种草履虫的数量过少，个体质量又较差，它们进入新环境后，遇有不适，可能很快死去。二是稻草之类材料，本身发霉或残留农药过多，接种后的草履虫中毒致死。所以，在培养液中，一旦发现混浊、有特异臭味、镜检无草履虫，就要弃之，重新培养草履虫。

6. 观察草履虫时，勿使纤维过于稠密，否则有碍观察，若草履虫活动范围过大，不易观察，可用吸水纸吸去少许水分，但不可完全吸干，以免造成草履虫失水死亡。

7. 观察草履虫时，要注意培养液中虫体密度，当过少不易观察时，可再次接种，在适宜温度下培养 3～4 d 后再进行观察。

8. 观察草履虫趋性时用的酸溶液，配置时不能用自来水或蒸馏水，建议用原培养液。因为其他溶剂混入的离子浓度和草履虫培养液不同时，会干扰实验结果。

实验 21　观察蚯蚓

观察蚯蚓的外部形态，建立对蚯蚓体节的直观认识并了解蚯蚓对土壤生活的适应。比较蚯蚓在玻璃板和糙纸（或木板）上的运动方式。

一、材料用具

活蚯蚓、蚯蚓横切片；玻璃板、糙纸（或木板）、棉球、放大镜、清水、可乐瓶、剪刀、玻璃缸、大烧杯、显微镜。

二、方法步骤

(一)观察蚯蚓的外形(图 1-15)

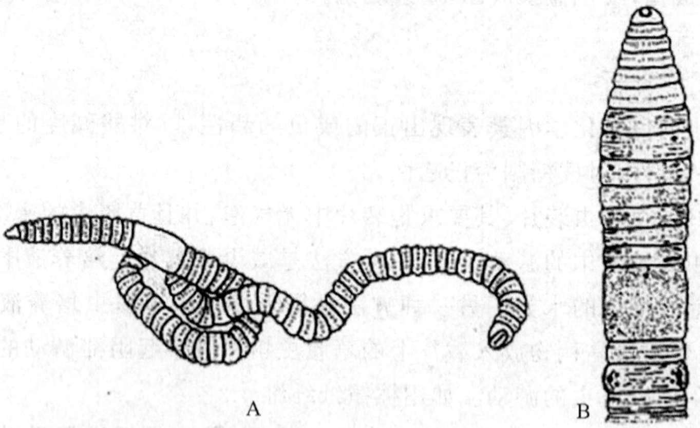

图 1-15　环毛蚓的外形(A)和体前部分腹面观(B)

(1)取一条活的蚯蚓放在玻璃板上,观察它的外形,注意身体是否分节,数一数从蚯蚓的头部到环带共有多少节。

(2)用手触摸蚯蚓的体壁,感觉体表是否有黏液。再用手触摸蚯蚓体节近腹面处,有什么感觉?用放大镜观察,看到的许多小突起是刚毛。

(二)观察蚯蚓的运动

(1)将蚯蚓放在糙纸(或木板)上,观察它的运动及身体粗细长短的变化。思考这些变化是怎么发生的。

(2)将蚯蚓放在玻璃板上,观察它的运动和身体变化,并与它在糙纸上的运动比较。

(3)在观察的过程中要经常用湿棉球轻擦蚯蚓的体壁,使体表保持湿润。

用手摸蚯蚓体表时要轻,避免损伤其身体。为了保证蚯蚓用湿润的体壁进行呼吸,实验中要不时用湿棉球擦拭蚯蚓体壁。

(三)观察蚯蚓对土壤生活的适应

(1)体表有黏液腺,可以分泌黏液,同时还可由背孔分泌体腔液来湿润皮肤,使其在土壤中钻动时有润滑作用,同时不易损伤皮肤并利于呼吸。

(2)头部退化。因为土壤钻动时用不着感觉敏锐的头部,同时,灵敏的感觉器官如触须、触手、眼点在土壤中摩擦时反易受损伤。

(3)刚毛着生在体壁上,使身体向前钻动时得到有力的支撑。

(4)口前叶可以伸缩。它受到体腔液的压力,可以向前伸张,吞食土壤。通过消化吸收,剩余的泥土由肛门排出。这样既可摄食又利于钻动。

(5)眼点退化,感光细胞在后部最多。因为蚯蚓夜间出来行动,并常把后部露出土面拉“蚓粪”,天亮时后部受光刺激便使蚯蚓钻入土壤中。

（6）蚯蚓有某些体节为环节（生殖带），可以分泌戒指状的蛋白质管，保证在陆地上的受精作用，同时又可使胚胎在干燥的陆地上发育。

三、分析与讨论

诱捕蚯蚓：做一个捕捉器，打上小孔，小孔的大小根据所需蚯蚓直径大小来确定，在容器中放置蚯蚓喜欢吃的食物，如香蕉、苹果、菜叶、厨房下脚料和少量的米糠之类的饲料，也可以掺些啤酒饮料等，在蚯蚓多的地方挖一个小坑，放入捕捉器，用土覆盖，容器口高过地面 1～3 cm，一段时间后，容器中就有大量的蚯蚓。

实验 22　观察血液流动

根据血管口径的粗细、管壁的厚薄、血管的分枝和血管中血流情况，区别动、静脉及毛细血管。毛细血管沟通于小动脉和小静脉之间，互相吻合成网状。其特点是管径小，管壁极薄，构造简单，仅由一层扁平上皮细胞构成。本实验利用小鱼尾鳍能透光、无色素细胞干扰的特点，在显微镜下观察血液在不同血管内的流动情况。

一、材料用具

尾鳍色素少的活的鲫鱼或其他替代材料；有孔蛙板、小鱼网、显微镜、载玻片、小培养皿、滴管、滴管、纱布或棉花。

二、方法步骤

（一）观察小鱼尾鳍血液流动

（1）用浸湿的纱布将小鱼头部的鳃盖和躯干部包裹起来，露出口和尾部。

（2）将小鱼平放在培养皿中，使尾鳍平贴在培养皿上。

（3）将培养皿放在显微镜的载物台上，用低倍显微镜观察尾鳍部血管内的血液流动情况。观察时，从小鱼尾鳍最薄的地方开始寻找毛细血管。

（4）在低倍镜下，按表 1-3 所述各点区分小动脉、毛细血管、小静脉。

表 1-3　三种不同血管比较表

项目	小动脉	毛细血管	小静脉
血管壁	薄，有平滑肌纤维	极薄，透明或不见	薄，膜状
血管口径	小	极小，血细胞单个通过	小
血流方向	由主干向分枝	由小动脉向小静脉	由分枝向主干
血液颜色	鲜红	红黄透亮	暗红
血流速度	快，有搏动	慢，可见血细胞形态	较慢，均匀

(5)观察过程中，应时常用滴管往纱布上滴水，使小鱼保持鲜活。实验后，将小鱼放回鱼缸。

(二)观察蛙舌血液流动

将脊蛙俯卧于有孔蛙板上，固定，用小镊子将蛙舌自口腔内拉出，放在蛙头部前方的圆孔上展开，越薄越好，但不要拉得太紧，以免阻碍血液循环。用同样的方法将舌头用大头针固定，镜检，观察时，随时滴加任氏液。

(三)观察蛙蹼血液流动

用上述方法拉开蛙趾，展蹼，选择最薄处固定于圆孔上，镜检时随时滴加两栖类用生理盐水。

(四)观察蝌蚪尾部血液流动

取蝌蚪于载玻片上，用吸水纸吸去多余的水分，于是蝌蚪尾部慢慢贴在载玻片上，蝌蚪不太活动时，将载玻片连同蝌蚪尾部于低倍镜下观察血流，效果很好。

三、分析与讨论

1.观察小鱼尾鳍血液流动实验，在中学生物学教学中占有重要的地位。学生通过这个实验，既熟练了显微镜的正确使用，又可以尝试区分动脉、静脉和毛细血管这3种血管以及血液在这3种血管内流动的情况，从而使学生获得有关血管和血流的知识，并提高观察能力。

2.许多学生往往从管腔的大小上判断一条血管是动脉、静脉还是毛细血管，这种判断方法是不准确的，而本实验主要是通过血流速度，血流方向来判断是动脉还是静脉的血管，所以很好地纠正了这一误区。

3.实验的成功与否，关键在实验课的准备上。一定要仔细透彻地分析好实验原理，选择较理想的实验材料。本实验的材料较多，如蛙、蝌蚪、小鱼等，可根据实际情况采用，但从实验效果看，小鱼取材方便，不受季节限制，可重复使用。泽蛙(*Rana limnocharis*)个体小，叫声洪亮，取材容易。

4.在高倍镜下观察红细胞通过毛细血管时，必须注意避免沾污物镜镜头。

5.在实验课前准备一张微循环的模式图，可以更好地帮助学生理解所观察到的现象。

实验23　观察小肠内部结构

小肠是消化管中最长的一段，也是消化吸收能力的主要部位。通过观察动物小肠内部结构，理解环形皱襞和小肠绒毛的概念、结构以及功能。

一、材料用具

猪(或鸡、羊)的新鲜小肠、大肠，小肠横切片；镊子，解剖剪，培养皿，清水，放大镜，显微镜。

二、方法步骤

(一)观察新鲜小肠

从市场上购买家畜小肠若干，冲洗干净后先用清水浸泡0.5 h以上，实验前剪成4～5 cm长的肠段。用解剖剪纵向剪开小肠，翻转其内表面使之外露出小肠内表面，用肉眼观察小肠的内表面，将小肠内表面朝上，放在盛有清水的培养皿中。用肉眼观察，可见小肠内壁形成的皱襞，皱襞表面可以看到一层绒毛状结构，用手抚摸小肠内表面，感到柔滑而不平坦。用放大镜仔细观察小肠的内表面，可以清晰地看到密集而彼此独立的绒毛状突起，每个突起就是一个小肠绒毛。在水中观察比较同种动物大肠与小肠的不同。

(二)观察小肠绒毛的结构

取小肠横切片，重点观察小肠绒毛的结构。在低倍镜下，先粗略地观察一下小肠壁的分层，然后找到小肠内壁的黏膜层，换高倍镜观察，找一条纵切得比较直的绒毛观察其结构。绒毛表面为单层柱状上皮细胞，柱状上皮细胞之间散布有杯状细胞。此层深部是固有结缔组织，在其中散布有纵行的平滑肌纤维。绒毛固有膜中心可见到一条由一层细胞构成的中空管道即中央乳糜管，在切片中多被切成各种切面。由于制作切片取材的关系，有时甚至整张切片上都看不到中央乳糜管。在中央乳糜管周围可以看见很多毛细血管的各种切面。中央乳糜管吸收脂溶性物质，毛细血管吸收水溶性的物质。

三、分析与讨论

1. 要清楚环形皱襞是小肠黏膜和黏膜下层向小肠腔内突出而成，与食管和胃的皱襞不同，小肠环形皱襞是固定的构造，不因肠腔的扩张而消失；而小肠绒毛是环形皱襞表面的细小突起，是由黏膜和固有层向肠腔内突出形成的，长度0.5～1.5 mm。用显微镜可进一步观察微绒毛的结构。由于有环形皱襞和小肠绒毛的存在使肠腔的表面积扩大了20～30倍，故其吸收面积大大增加。

2. 热天做这个实验时，剪开的小肠段最好用什么浸泡？为什么？

3. 观察小肠绒毛时，为什么要把小肠放在清水中观察？

4. 如果观察小肠内部结构时没有放大镜，还可以有哪些方法观察？

实验24 血液涂片的制作与观察

白细胞必须经过染色，才易于区分其类别。常用瑞特(Wright)氏染色法，其染色原理如下：瑞氏染料是碱性美蓝(亚甲基蓝)与酸性伊红钠盐混合而成的染色粉，当溶于甲醇后，即发生解离，分成酸性染料和碱性染料两种。染色时，细胞中的嗜酸性物质即与酸性染料伊红结合而染成红色；嗜碱性物质即与碱性美蓝结合而染成蓝色；嗜中性物质则同时吸附酸碱两种染料而成红蓝混合的紫红色。

一、材料用具

人血永久涂片,显微镜,载玻片,盖玻片,家兔,注射器,吸水纸,瑞氏染液。

二、方法步骤

(一)血液涂片的制作(图1-16)

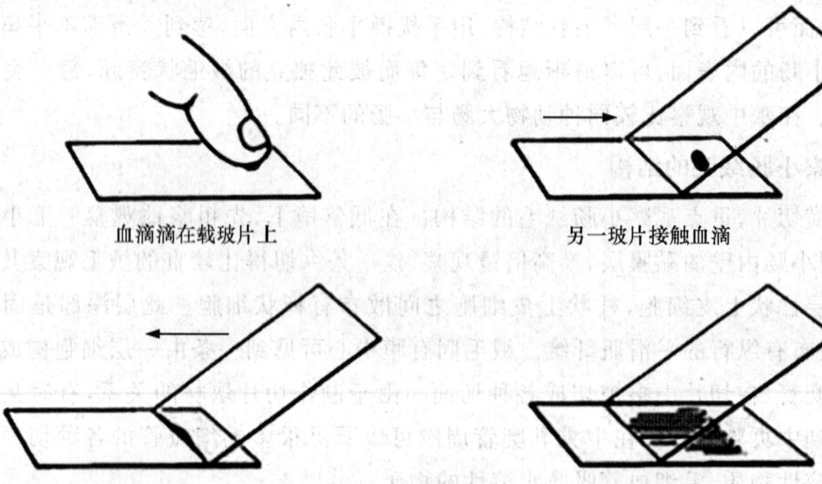

图1-16　血液临时装片制作

(1)家兔耳沿静脉采血一滴置于载玻片的一端,左手持载玻片,右手以边缘平滑的推片的一端从血滴前方后移接触血滴,血滴即沿推片散开。然后使推片与载玻片夹角保持30°～45°平稳地向前移动,载玻片上留下一薄层血膜。

(2)血涂片制成后可手持载玻片在空气中挥动,使血膜迅速干燥,以免血细胞皱缩。

(3)将血膜平放在染色架上,加瑞氏染液2～3滴,使其覆盖整个血膜,固定0.5～1.0 min。滴加等量或稍多的新鲜蒸馏水,与染料混匀染色5～10 min。

(4)用清水冲去染液,待自然干燥或用吸水纸吸干后,即可置血涂片于显微镜下进行镜检。

(二)观察人血永久涂片(图1-17)

先在低倍镜下观察,可见大量无核圆形的细胞,为红细胞;少量有核的细胞,为白细胞;有些呈碎片状的为血小板。找到某种细胞,然后换高倍镜仔细观察,比较它们的形态、数量和大小。

(1)红细胞:呈双凹圆盘状,无核,细胞的中央部分比边缘部分透明。

(2)白细胞:根据其细胞内有无颗粒,分为有粒细胞与无粒细胞2类。

有粒细胞又因颗粒着色不同分为3种。

①嗜中性粒细胞:数目多,占白细胞的65%～70%。胞质内颗粒细而密,呈浅紫红色。核紫色,通常分为4～5叶,叶间有细丝相连。

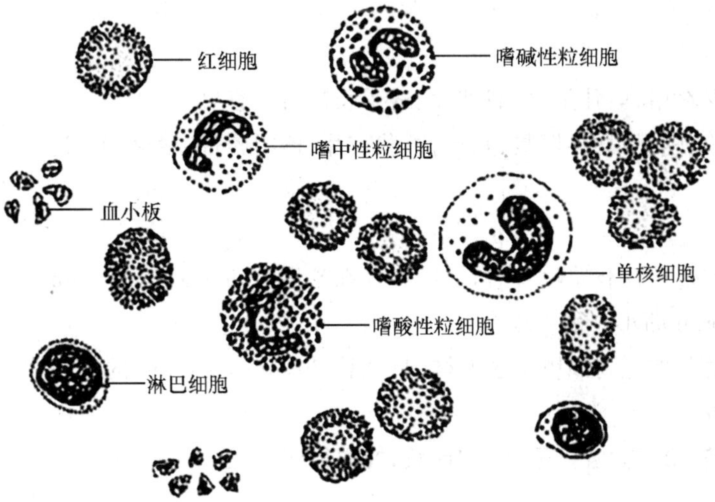

图 1-17　人血涂片

②嗜酸性粒细胞：数目少，占白细胞的 2%～4%。胞质内充满粗大圆形、鲜红色的颗粒。核通常也分叶，呈淡紫色。

③嗜碱性粒细胞：数目极少，仅占白细胞的 0%～1%，很难观察到。胞质内颗粒呈紫色，数量少，大小均匀。核分叶不明显。

无粒细胞包括单核细胞和淋巴细胞 2 种。

①单核细胞：占白细胞的 5%～8%，体积大。胞质呈淡蓝色。核有圆形、肾形或马蹄形，核质呈灰蓝色。

②淋巴细胞：占白细胞的 25%，细胞大小不一。核呈紫色，很大，有时能见到核仁。胞质少，呈淡蓝色。

(3)血小板：为碎片状颗粒，体积很小。中央有小的嗜碱性颗粒，染成紫色。血小板在涂片上常成堆聚在一起。

三、分析与讨论

1. 制片所用的载玻片必须十分干净，无油污。
2. 如染色太浅，可按照原来步骤重染；染色太深或有沉淀物则可用甲醇脱色后重染。
3. 取血滴不宜过多，以免涂片过厚，影响观察。
4. 要使涂片厚薄均匀、拿片角度和速度都要适中，用力要均匀。
5. 涂片一般在后半部为好，白细胞在边缘和尾端较多。

实验 25　采集和测算空气中的尘埃粒子

尝试用所学的方法探究有关空气中尘埃粒子的问题。探究有关空气中尘埃粒子的问题，学会抽样计数的方法。

一、材料用具

最初选取材料用具：凡士林、载玻片、透明胶带、针、直尺。

经过实践改进后的材料用具：凡士林、载玻片、透明胶带、纱窗、剪刀。

二、方法步骤

1. 将透明胶带贴在载玻片背后，用缝衣针在透明胶带上画出 20 mm×20 mm 的方格，再分成 2 mm×2 mm 的小方格 100 个。

2. 用这样的载玻片到环境中去取样，只计算 20 mm×20 mm 的方格内的尘埃数，可以采用抽样检测的方法。

3. 在显微镜下采用“五点取样法”计数，抽样检测，如图 1-18 所示。

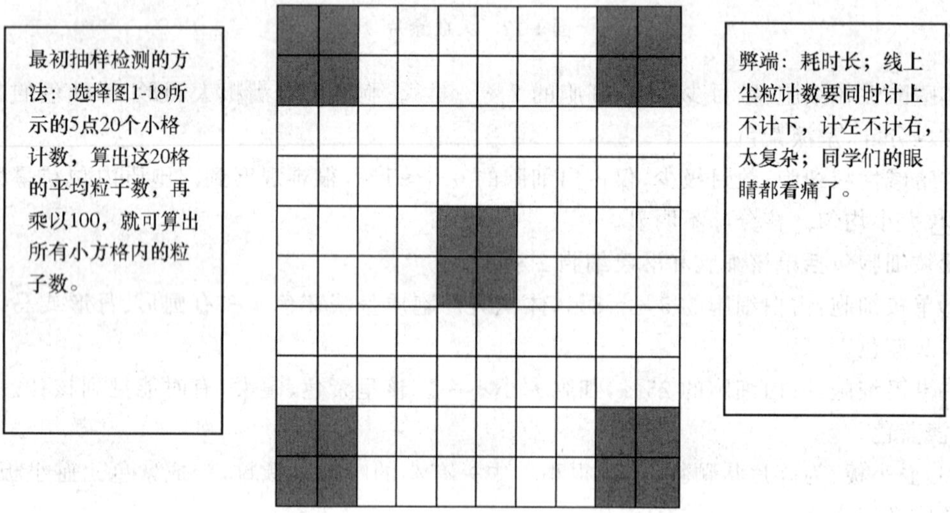

图 1-18　五点取样法计数

4. 将纱窗剪成 10 格×10 格（20 mm×20 mm 的方格）的小方块，纱窗刚好每个小格是 2 mm×2 mm。将剪好的纱窗用透明胶带贴在载玻片背后。在载玻片正面均匀地涂上薄薄的一层凡士林。

5. 将载玻片置于实验设计选取的地点，以同等耗时采样，尘埃粒子可以黏附在载玻片的凡士林上，设重复组。

6. 改进后的选择方法：在对角线上选择 5 点，可稍有随意，但要注意对称并且不要离得太近。

第一种选择图 1-19 所示的 5 点 10 小格计数（比书本介绍的少 10 个计数格），算出这 10 格的平均粒子数，再乘以 100，就可算出所有小方格内的粒子数。

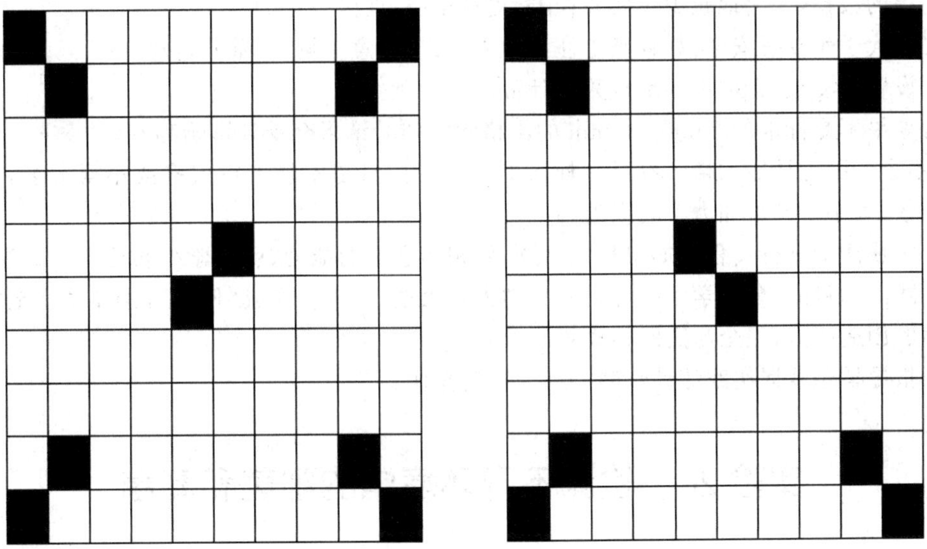

图 1-19　五点取样法计数改进方法一

第二种选择图 1-20 所示的 5 点 5 个小格计数(比书本介绍的少 15 个计数格),算出这 5 格的平均粒子数,再乘以 100,就可算出所有小方格内的粒子数。

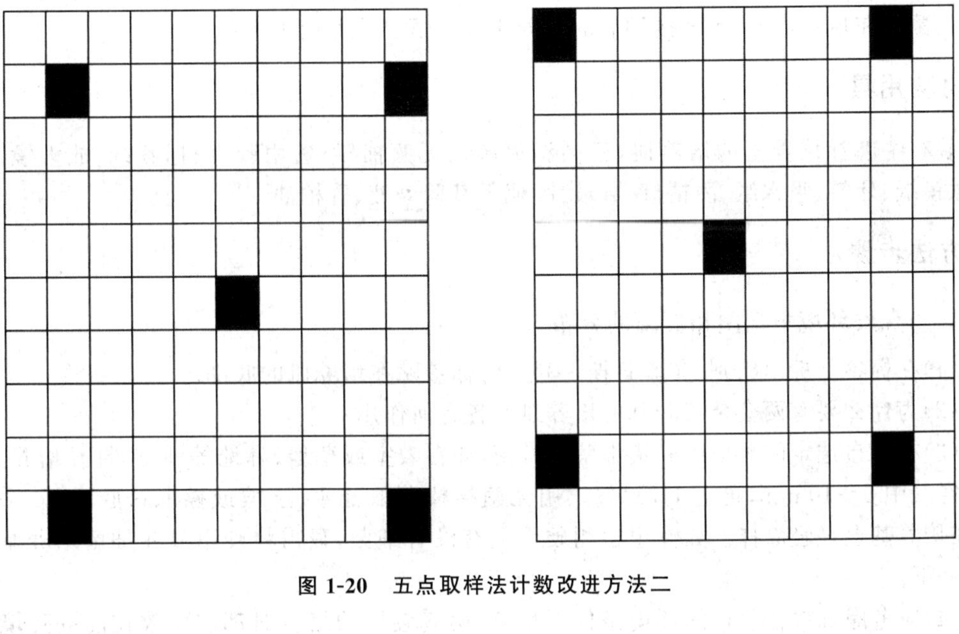

图 1-20　五点取样法计数改进方法二

三、分析与讨论

1. 两种改进方法的优点:提高了效率;将计数的压力分散给了重复组;这样只记录格子内的尘粒数,清楚易数,而不必将线上的尘粒"计上不计下,计左不计右",虽然"损失"了线上的数据,但每个样本都同时"损失",作对照时便不存在"损失"了。而且选取的每个实验地点都设了 5 个重复组,并且每一组要取"五点"算出平均值,再用 5 个重复组的数据算出平均值。

这样所得的数据，大大地减少了实验误差，更科学、更准确。

2.交代学生注意安全：如在路上注意走人行道，注意车辆；不单独行动。

3.设置重复组，选取不同地点采样计数。

4.如果不是标准的 2 mm×2 mm 的小格呢？实验结果会受到影响吗？

（不会。因为计数的格子都是一样大的就行了。只是不能大得太多或小得太多，太大了不好计数；太小了又会加大实验误差。）

5.实践活动进行过程中如出现了问题，要相信学生的能力，引导学生自己寻求方法解决。明确实践活动目的，激发学生学习动机。别大包大揽，让学生变成"傀儡"，这样做甚至"扼杀"了学生的创造能力，完全与实践初衷背道而驰。

6.指导学生掌握实践活动步骤、方法，规范操作。

实验 26　检测不同环境中的细菌和真菌

细菌的菌落比较小，表面或光滑黏稠，或粗糙干燥。真菌的菌落一般比细菌菌落大几倍到几十倍。霉菌形成的菌落常呈绒毛状、絮状或蜘蛛网状，有时还能呈现红、褐、绿、黑、黄等不同的颜色。通过制片染色可以在显微镜下观察到细菌。

培养细菌或真菌的一般方法：①配制（固体）培养基；②高温灭菌、冷却；③接种：将少量细菌或真菌放在培养基上；④将接种后的培养皿放在恒温培养箱中培养。

一、材料用具

装有牛肉汁培养基的培养皿（已高温灭菌）、无菌棉棒、透明胶带、标签纸、放大镜、显微镜、擦镜纸、牙签、吸水纸、酒精灯、载玻片、亚甲基蓝染液、香柏油。

二、方法步骤

（一）观察环境中细菌和真菌的分布

（1）在标签上标出组别、实验日期、编号，将标签贴在培养皿的底部。

（2）为什么要有两套装培养基的培养皿？各有何作用？

（3）在各自选定的环境中采集细菌和真菌，如在教室或草地、林地等地方，打开培养皿，暴露在空气中 5～10 min，再盖上，封好。用无菌棉棒蘸取池水、土壤或擦取口腔内部、手心等处，在培养基上轻轻涂抹。如你想检测硬币上有没有细菌，只需将硬币放在细菌培养基上轻轻按一下。

（4）应考虑好放在怎样的环境条件下培养，两套装置的培养皿都需要放在同一环境下培养吗？

（5）设计好观察记录的表格，计划好观察的时间、次数。

（6）在没有想好如何工作之前，是否可以随便打开培养皿盖子？

（二）细菌涂片的制作

（1）涂片。在洁净无脂的载玻片中央滴一滴无菌水，用消毒牙签在自己牙齿缝里挑下一些呈嚼烂状的碎屑，与载玻片水滴充分混匀，涂成薄膜，涂布面积 1～1.5 cm^2。

(2)干燥。将涂片置于室温中自然干燥。

(3)固定。手执载玻片一端，使涂菌的一面向上，将载玻片上通过微火 2～3 次。在火上固定时，用手摸涂片反面，以不烫手为宜。不能将载玻片在火上烤，否则细菌形态毁坏。

(4)染色。将涂片置于水平位置，加一滴亚甲基蓝溶液覆盖于涂菌处，染色约 2 min。

(5)水洗。倾去染色液，斜置载玻片，用自来水的细水流由载玻片上端流下，不得直接冲在涂菌处。直洗至从载玻片上流下的水中无染色液的颜色为止。

(6)干燥。自然晾干或用吸水纸轻轻地吸干，注意不要擦掉菌体。

(7)镜检。待标本完全干燥后，先用低倍镜和高倍镜观察，将典型的部位移至视野中央，再用油镜观察。

三、分析与讨论

1. 为什么培养用的培养皿和培养基，在接种前必须高温处理？为什么要用无菌棉棒？

2. 细菌涂片制作步骤 3 中相当于细菌、真菌一般培养方法中的哪一个步骤？

3. 通过各组的交流，你认为细菌和真菌的分布情况怎样？

4. 不用显微镜，你能辨别培养基上生长的微生物是真菌还是细菌吗？从菌落上挑一点细菌于载玻片上就可以直接看到细菌吗？

5. 载玻片应洁净无脂，否则菌液涂不开，涂片时，滴水不要过多，挑菌量宜少，菌膜宜薄。

6. 许多细菌体外有胶质荚膜，烘载玻片时细菌就被牢固地粘在载玻片上，用流水冲洗不致脱落。但水流过急，时间稍长也会被水冲去。

7. 有的细菌体外长有鞭毛，如显微镜放大倍率不高，很难观察到。

8. 油镜使用后要随即用擦镜纸轻轻揩去留在透镜周围的香柏油，再用擦镜纸蘸少许二甲苯清除残余油迹。如任其干涸，会损害透镜。

实验 27 探究食物中的能量

食物含的营养物质可以为生物体提供能量，不同的食物含的营养成分不同，因而所含的能量也不同。实验通过燃烧的方法将食物中的能量以热量的形式释放出来，使一定量的水的温度升高，计算出食物中的能量。

一、材料用具

花生，薯片；易拉罐或空牛奶盒(饮料盒)，温度计，大试管，单孔胶塞，天平，量筒，解剖器具(四件套)，石棉网，铁架台(带铁圈)，锥形瓶，火柴。

二、方法步骤

1. 用易拉罐或空牛奶盒制作简易量热器。

2. 称取一定量的花生与薯片，用解剖针或镊子固定。

3. 称取一定量的水加入大试管中，用带温度计的胶塞塞好，记录水温。

4. 点燃食物，放入量热器试管下面加热，待食物完全燃烧后，立即记录水温。

5. 每种食物重复实验若干次，求出水温升高的平均值。

6. 计算每种食物每克所产生的热量。

三、分析与讨论

使 1 g 水升高 1℃的热量为 1 卡，1 卡＝4.187 J。实验证明，在食物中，脂肪类含有的能量最多，蛋白质类和糖类含有能量相近。查食物能量表，可知实验所测数值低于实际值，主要为实验中食物燃烧放出的热量并没有全部被水吸收，相当一部分散失掉了。

实验 28　维生素 C 含量测定

维生素 C 是一种强还原剂，能够将碘还原成碘离子，碘具有遇淀粉变蓝的特性，而碘离子没有。利用淀粉作为指示剂，可以采用“碘滴定法”测定维生素 C 含量。如果在含有维生素 C 的溶液中，加入淀粉溶液，就可以用碘溶液来滴定被检测样品中的维生素 C 含量。只要记录滴定用去的碘溶液量，再根据已知的每毫升碘溶液可以与多少毫克维生素 C 发生反应，就能够计算出被检测样品中的维生素 C 的含量。由于维生素 C 在碱性或中性环境下，很不稳定，易被氧化，而在酸性环境下则相对比较稳定，所以在测定维生素 C 时，一定要尽快将被测样品调节为酸性。

在教学实践中，采用高锰酸钾溶液和氯化铁溶液代替淀粉碘溶液也取得了较好的实验效果。用 5% 的高锰酸钾溶液可与维生素 C 发生氧化还原反应，因为维生素 C 有还原性，高锰酸钾溶液有强氧化性，呈紫红色，反应完成变为无色。根据这一特性，就能够用高锰酸钾比较测定蔬菜或水果中的维生素 C 含量。

氯化铁溶液也有强氧化性，呈黄色，反应后变为氯化亚铁，溶液呈无色，据此可判断反应的完成情况。

一、材料用具

维生素 C 药物片剂，0.02 mol/L 碘溶液，质量分数为 2% 的可溶性淀粉溶液，质量分数为 2% 的盐酸溶液，高锰酸钾或氯化铁颗粒，蒸馏水；浅色蔬菜或水果（如白菜、萝卜、马铃薯、梨、苹果、香蕉等）；50 mL 酸式滴定管，250 mL 容量瓶，锥形瓶，烧杯，量筒，漏斗，试管，玻璃棒、研钵、多功能食品粉碎机，纱布，天平，pH 试纸。

二、方法步骤

方法一：

1. 每人一组，将 6 种不同蔬菜、水果分别放入研钵磨出汁液。

2. 在 200 mL 的清水中加入几粒固体的高锰酸钾或氯化铁，用玻璃棒搅拌至水变成紫色溶液，并将其分别倒入多个试管中，注意溶液量均少于试管的 1/3。

3. 将 5 片维生素 C 片剂放在研钵中磨碎后，取磨碎后的粉末加入有清水的试管中使其变成溶液待用，用滴管吸取维生素 C 溶液放入盛有高锰酸钾溶液的试管中，晃动试管观察颜色的变化。

4. 再分别用洁净的滴管将蔬菜汁或水果汁滴入不同的试管中，观察颜色的变化。

5. 根据试管中颜色深浅的不同、每种汁液滴数的不同来比较检测各样品维生素 C 的含量。

方法二：

(一)制备样品

(1)配制淀粉溶液，分装入试管 2～5 mL，滴加碘液数滴，摇匀。将蔬菜或水果洗净后擦干水分，从中称取 50 g，放入多功能食品粉碎机中，加入 50 mL 蒸馏水，充分粉碎成浆状。

(2)将尼龙纱布垫在漏斗中，将粉碎后的蔬菜或水果液汁进行过滤，用蒸馏水定容，然后取出一半滤液，放入清洁的锥形瓶中。

(3)向锥形瓶中加入 2 mL 淀粉溶液，然后滴入盐酸溶液将 pH 调至 3。

(二)滴定

(1)标准维生素 C 溶液滴定　准确量取含 50 g 维生素 C 的标准液 2 份(pH 已调至 3)，分别加入 2 mL 淀粉溶液，用碘液滴定标准溶液至蓝色并保持 30 s 记录所耗碘溶液的平均值。

(2)样品滴定　将 2 份制备好的样品溶液用碘液滴定至蓝色并保持 30 s 记录所耗碘溶液平均值。

(三)计算

100 g 材料中含维生素 C 质量数(mg)＝样品所耗碘溶液平均值/标准液所耗碘溶液平均值×50×4(注：50 为标准液中每份含 50 mg 维生素 C，4 为 100 g 材料可以制成 4 份样品液)

三、分析与讨论

1. 将实验测得的数值与食物成分表中所列数值相比较，往往会偏低，原因主要有：①滴定标准液时过量或滴定样品溶液时不足，关于这一点，从计算式中就可以看出来。②称取样品时没有将样品上的水擦干，这样会造成所称取样品的实际量不足。③样品不新鲜，或材料的研磨、过滤等操作时间过长，或制备的样液没有立即滴入盐酸溶液调节 pH。由于维生素 C 在空气中非酸性环境下不稳定，很容易被氧化分解，因而样品放置过久，会造成材料中的维生素 C 量减少。④材料组织太老，或含水量过高或材料粉碎不充分都会造成结果偏低。

2. 尽量选择新鲜、颜色较浅，汁液较多的样品，否则会造成样液颜色过深而使滴定时颜色反应不明显和滤液不容易过滤。若确实颜色太深影响滴定，可以用白陶土进行脱色。

3. 高锰酸钾溶液遇到阳光会挥发，所以实验要在阴凉的地方做。高锰酸钾溶液的用量一定要均衡，否则会影响实验效果。蔬菜汁、水果汁的用量也要均衡。

4. 如果榨汁加水的话会影响实验效果，所以榨果汁时不能加水。在用清水将蔬菜或水果清洗干净时，蔬菜或水果表面会沾上许多水分。因此，在称取材料前一定要将蔬菜或水果表面的水分擦干。因为在滴定时，常常要重复测定取平均值，所以，在称取材料时，最好一次称取相同的两份，或在每份的滤液中分别取一半滴定。

5. 在调节样液的 pH 时，首先要用 pH 试纸测量加入了淀粉溶液的蔬菜或水果提取液的 pH，再逐渐滴加盐酸，要边加边进行充分搅拌，并随时用 pH 试纸检测，直到 pH 达到 3 为止。同时也不能够滴加过量。

6. 每磨一次汁就要洗一次研钵，以免果汁混合而影响效果。由于维生素 C 存在于植物细胞内，而且容易被氧化分解，粉碎时动作要快，同时粉碎要充分。

7. 配制标准溶液时可以用 100 mg/片的维生素 C 药片加入 100 mL 蒸馏水溶解后取其中一半进行滴定。

8. 滴定时，一定注意边滴边不断晃动锥形瓶，不要滴定过量或滴定不足。在读数时要注意看液面凹面的底端。由于标准液内维生素 C 含量较大，一定要有耐性，开始时可以稍快一点，待看到有红棕色出现时，要放慢滴定的速度。

9. 一般来说，滴定溶液变蓝时，不容易确定是否达到反应的终点，可先记录滴入碘液的量，再继续缓滴，直到溶液颜色不再比前一次更蓝，并能够保持 30 s 不褪色，就取前一次所用去的碘液量。

10. 不要将各种试剂混淆，要注意各种试剂的加入顺序，即加淀粉溶液在前，滴加盐酸在后，最后是用碘溶液滴定。

11. 碘滴定法的误差来源：一是 I_2 易挥发；二是在酸性溶液中 I^- 容易被空气中的 O_2 氧化。为此应采取适当的措施，以保证分析结果的准确度。防止 I_2 挥发的方法有：①加入过量的 KI（一般比理论值大 2～3 倍），由于生成 I^-，可减少 I_2 的挥发；②反应时溶液温度不能高，一般在室温下进行；③最好使用带有玻塞的锥形瓶（即碘瓶或碘量瓶）。防止 I^- 被空气氧化的方法有：①在酸性溶液中，用 I^- 还原氧化剂时，应避免阳光照射（可用棕色瓶储存碘液）；②滴定速度应适当快些，不要剧烈摇动溶液。若滴定至终点后，经过 5 min 以上，溶液又出现蓝色，这是由于空气氧化 I^- 所引起的，不影响实验结果。

12. 淀粉溶液要在水中煮沸配制，这样使淀粉易溶于水中，溶液稳定，有利于显色，冷却后，按 100 mL 淀粉溶液加入 0.1 g 水杨酸或 0.4 g 氯化锌防腐，使其能放置较长时间。

13. 用淀粉作指示剂时，须注意其使用的介质条件。它在弱酸性溶液中灵敏度很高，显蓝色。pH<2 时，淀粉水解成糊精，遇 I_2 显红色；pH>9 时，I_2 变成 IO^- 而不显色。若有醇类存在，显色灵敏度会降低，在 50%乙醇中则不显色，溶液中大量电解质与淀粉结合，或溶液温度升高等均会使指示剂的灵敏度降低。

14. 滴定时，碘液最好装入棕色酸式滴定管中，储存时也需注意不能接触橡皮之类的有机物质，试剂瓶应用玻璃塞。

实验 29　DNA 的粗提取

DNA 在氯化钠溶液中的溶解度，是随着氯化钠的浓度的变化而改变的。当氯化钠的物质的量浓度为 0.14 mol/L 时，DNA 的溶解度最低。洗涤剂中含有 SDS（十二烷基磺酸钠）能使蛋白质变性。DNA 不溶于酒精溶液，但细胞中的某些物质则可以溶于酒精，利用这一原理，可以进一步提取出含杂质较少的 DNA。DNA 遇二苯胺（沸水浴）会染成蓝色，因此，二苯胺可以作为鉴定 DNA 的试剂。

一、材料用具

研钵、三角架、玻璃棒、滴管、量筒、烧杯（不同大小）、漏斗、试管夹、纱布；香蕉、冷冻的 75％的酒精溶液、洗涤剂、蒸馏水、氯化钠。

二、方法步骤

1. 制取香蕉研磨液：取一段长约 2 cm 的去皮香蕉，加入 3～4 mL 的温水和少量食盐进行研磨，研磨均匀后再加入 20 mL 温水，用一层纱布过滤研磨液到小烧杯。

2. 粗提取 DNA：向小烧杯中加入 2 mL 洗涤剂，按一个方向轻摇 3 min，洗涤剂中含有 SDS（十二烷基磺酸钠）能使蛋白质变性，破坏膜的通透性，大部分 DNA 就能从细胞内流到细胞外有利于提取。沿玻璃棒从小烧杯壁慢慢加入 75％（95％）冷冻酒精 40 mL，然后轻轻晃动均匀，静置几分钟后观察，会出现大量絮状物，可用玻璃棒或牙签缓缓卷起，絮状物会缠在玻璃棒上。

三、分析与讨论

1. 实验的优点：实验材料易得，价格低廉；实验仪器、药品大量减少；课前准备时间大大缩短；减少操作步骤，与用鸡血对比本实验只过滤一次；成功率高。

2. 选材：从核 DNA 数目来看，猪 38 条，鸡 78 条，哺乳动物血 0 条，猕猴桃 58 条，洋葱 16 条，豌豆 14 条，菠菜 12 条，大肠杆菌 1 条。凡是含有 DNA 的生物材料都可以考虑，但选用 DNA 含量相对较高的生物组织，成功的可能性更大。

3. 动物细胞的破碎较易，例如在鸡血细胞液中加入一定量的蒸馏水，同时用玻璃棒搅拌过滤后收集滤液即可。为什么加入蒸馏水能使鸡血细胞破裂？蒸馏水对于鸡血细胞来说是一种低渗液体，水分可以大量进入血细胞内使血细胞胀裂，再加上搅拌的机械作用，就加速了鸡血细胞的破裂，从而释放出 DNA。

4. 加入洗涤剂和食盐的作用分别是什么？洗涤剂是一些离子去污剂，能溶解细胞膜，有利于 DNA 的释放；食盐的主要成分是 NaCl，有利于 DNA 的释放。

5. 如果研磨不充分，会对实验结果产生怎样的影响？导致看不到絮状沉淀物，用二苯胺鉴定不显示蓝色等。

6. 为什么反复地溶解与析出 DNA 能够去除杂质？用高盐浓度的溶液溶解 DNA，能除去在高盐中不能溶解的杂质，用低盐浓度使 DNA 析出，能除去溶解在低盐溶液中的杂质。通过反复溶解与析出 DNA，就能够除去与 DNA 溶解度不同的多种杂质。

7. DNA 的析出与鉴定：DNA 的析出用的是与滤液体积相等的冷却的酒精溶液（体积分数为 95％），静置 2～3 min，溶液中会出现白色絮状物，就是粗提 DNA。用玻璃棒沿一个方向搅拌，卷起絮状物，并用滤纸吸取上面的水。

8.二苯胺试剂的配制

A液：15 g 二苯胺溶于 100 mL 冰醋酸中，再加 15 mL 浓硫酸，用棕色瓶保存。如冰醋酸呈结晶状态，则需加温后待其熔化再使用。

B液：乙醛的体积分数为 0.2%的溶液。

将 0.1 mL B液加入 10 mL A液中，现配现用。

实验30 触觉敏感程度的测定

如果皮肤上有一定距离的两个点同时受到接触，引起的感觉是"两个点"；当受到刺激的两个点之间的距离减少到一定值时，引起的感觉会是"一个点"。我们将触觉所能分辨的两点刺激之间的最小距离，称为触觉的"两点阈"。两点阈值的大小可以说明触觉的敏感程度，两点阈的存在也能反映出触觉感受器在皮肤上呈点式分布的情况。

一、材料用具

大头针两个，毫米直尺一把，记录用纸和笔等。

二、方法步骤

测试者用两个大头针的针尖同时轻轻刺激皮肤上的两个邻近的点，被试者说出是否为"两个点"刺激；每次测试都先确定好两个针尖的距离，当被试者不能明确判断为"两点"时，此即为该部位的两点阈值。选择不同测试部位，比较测试结果。

注意：避免被试者看见测试部位；每次刺激作用的时间不要持续 1 s 以上。两个人一组，互相轮换做测试者和被试者。选择 3～5 个不同敏感性的测试部位，如中指尖、手掌基部、手背基部等。测试时先使两点距离由近及远，再由远及近，分别得出阈值后取其平均值，记为该部位阈值。整理实验数据，将测试结果填入表格。

触觉两点阈值测试结果　　　被试者：______　　测试者：______

测试部位					
两点阈值					

三、分析与讨论

1.根据你的实验结果，你得到怎样的结论？

2.你的实验结果是否支持"触觉感受器在皮肤上呈点式分布"的说法？

3.你所测试的部位中，两点阈值最低的是否就是触觉敏感度最高的？用你的实验来验证。

4.测试中为什么每次刺激作用的时间不要持续 1 s 以上？

实验31　手的感觉功能

人体皮肤的感觉具有冷觉、热觉、痛觉、压觉，感觉的灵敏性取决于感受器分布的多少。

一、材料用具

乒乓球、橡皮、象棋、硬币、冷水、温水、热水、皮肤中的感受器挂图。

二、方法步骤

方法一：研究皮肤的冷觉、热觉产生的原因。

1. 一学生先将一手指浸入冷水中，取出后迅速浸入温水中，说出手指的感觉。

2. 另一学生先将一手指浸入热水中，取出后迅速浸入同一杯温水中，说出手指的感觉。

方法二：一位学生闭上眼睛，用毛巾遮住双眼；另一位学生拿出暗箱中物体，让闭上眼睛的同学通过触摸说出这些物体的形状、大小、冷热、软硬以及粗糙还是光滑。

方法三：将一支铅笔用同样大小的力分别轻轻试触自己的手背、手指的指尖、手掌等处，感觉各部位对铅笔感觉的敏感度的差异。

方法四：请分别用手心和手背来接触额头，感觉是哪一部位对热较敏感。

方法五：用一支铅笔，分别用较轻或较重的力试触手背的同一地方，有什么感觉？

总结：皮肤主要具有冷觉、热觉、痛觉以及能区分物体表面光滑或粗糙的触觉和区分物体轻重的压觉。

三、分析与讨论

1. 冬天的晚上，脚能感觉到热水袋很烫。

2. 左右手分别摸书本和铁制铅笔盒，有什么感觉？

3. 手的哪个部位对触觉最敏感？

4. 父母测试小孩额上的温度看其是否发烧时，一般用哪个部位，为什么？

5. 感觉器官与感受器有什么不同？

实验32　测定反应速度

人体神经调节的基本方式是反射，反射需要反射弧来完成，反射弧由感受器、传入神经、神经中枢、传出神经、效应器组成。反射弧示意图见图1-21。在感受器接收到刺激后，通过传入神经、神经中枢、传出神经，最后由效应器做出反应，这个过程所经历的时间为反应速度。

一、材料用具

每2人配备15 cm、30 cm的直尺各1把。全班需要两种规格的直尺各13把。

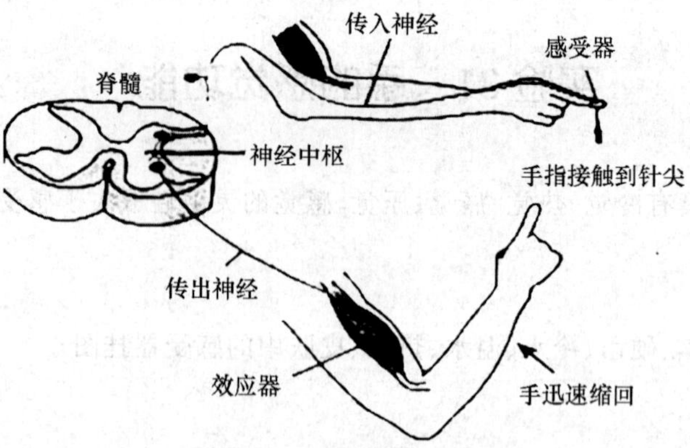

图 1-21　缩手反射示意图

二、方法步骤

2 人一组，让其中一人手握一把尺子上刻度值大的一端。另一人（被测试者）将拇指和食指对准这把尺子上刻度值为 0 的一端，但不要接触尺子。被测试者的眼睛要看着同学的这只手，准备好一旦该同学松开手，就要尽快用拇指和食指夹住这把尺子。记录下自己夹住尺子处的刻度。这样刻度值的大小就可以反映被测试者的反应速度了。

三、分析与讨论

1. 做出的假设应与提出的问题具有相关性。

2. 制定计划的要求：①操作性强；②能控制可变因素（设置对照实验）；③能注意设置重复实验；④所获取数值的方法应一致。

3. 抓住尺子时，手指与尺子接触的部分大约有 1 cm 长，你准备怎样读取尺子上的刻度值？每次测量时，读取数值的方法应当一样吗？

4. 记录结果是否设计表格？你准备怎样设计表格？

四、参考案例

（一）提出问题

人的反应速度与测试器械有关吗？

（二）做出假设

人的反应速度与测量用的尺子的长短有关。

（三）制定计划

（1）用书中提供的测量方法测试。

（2）用仅是长度不同（一把长 15 cm，一把长 30 cm）的两把同类型尺子测试。

（3）在所有的测量中，受试者的拇指、食指都要距尺子刻度值为 0 的一端同样远。

（4）读取尺子刻度值时均以拇指上缘为准。

（5）用长的和短的尺子各测 5 次，将数据填入下表并计算平均值。

	尺长 15 cm	尺长 30 cm
第 1 次		
第 2 次		
第 3 次		
第 4 次		
第 5 次		
平均值		

(四)实施计划、得出结论

按照计划严谨操作,根据数据得出结论。

(五)分析与讨论

1. 测一个人在同一种状态下的反应速度时,有没有必要重复测几次?如果有必要,测一个人在不同状态下的反应速度,或比较不同人的反应速度时,重复的次数要一样多吗?

2. 你们小组得出的结论与假设一致吗?如果不一致,请分析原因。

3. 探究活动是否都需要做对照实验?为什么?

4. 做同一项运动时,反应速度会不会随着练习次数的增加而提高?

5. 这项活动是否属于反射?

实验 33 光线强弱对瞳孔大小的影响

学生 2～4 人一组,提出相关假设,并利用教室内桌面作弱光源,室内阳光下白墙作强光源,先在室内观察,再转为室外,观察光线强弱对瞳孔大小的影响。

一、材料用具

手电、不透光的硬纸片。

二、方法步骤

在光线较暗处进行。主试者仔细观察受试者双眼瞳孔的大小,然后用手电筒照射受试者的一只眼,观察该瞳孔的变化就可以发现该瞳孔缩小。如关掉手电筒光,静候 30 s,该瞳孔又恢复到开始时的水平。如用不透光的硬纸并将左右眼隔开,再用手电照射一只眼,观察另一眼瞳孔的变化,就可以发现这只眼的瞳孔同时也会缩小。这称为互感性对光反射,表示调节两眼虹膜环行肌的两侧中枢部位是相互联系的。

结论:弱光下,瞳孔放大,使尽可能多的光线进入眼,从而看得更清楚;强光下,瞳孔缩小,使较少的光线进入眼,保护视网膜不受强光线的刺激。

观察瞳孔的互感性对光反射时,应在两眼之间用遮光板隔开,防止照射一侧眼球的光线进入另一只眼。受试者两眼须直视远方,不可以注视灯光,否则即引起瞳孔调节。

三、分析与讨论

正常人瞳孔直径 2.5～4.5 mm。凡瞳孔直径在 6 mm 以上者，可以叫作瞳孔扩大；在 2 mm 以下者，可以叫作瞳孔缩小。出现上述两种情况多属于病理现象。二氧化碳蓄积、缺氧、头疼和情绪过分激动，瞳孔可能扩大；吗啡用量过大、有机磷农药中毒等，可能导致瞳孔缩小；瞳孔调节中枢受损，瞳孔反射可能表现迟钝或消失。

实验 34　生理盲点的测定

视网膜在视神经离开视网膜的部位（即视神经乳头所在的部位）没有视觉感受细胞，外来光线成像于此不能引起视觉，故称该部位为生理性盲点。由于生理性盲点的存在，所以视野中也存在生理性盲点的投射区。根据物体成像规律，通过测定生理性盲点投射区域的位置和范围，可以根据相似三角形各对应边成正比的定理，计算出生理盲点所在的位置和范围。

一、材料用具

白纸、铅笔、塑料尺。

二、方法步骤

方法一：

1. 主试者取一张白纸，贴于墙上，在纸的左边与眼相平处用黑墨水作一“＋”号。

2. 受试者站在距纸 30 cm 处，用手遮蔽左眼，右眼注视“＋”号。主试者取一支用白纸包裹只露黑色笔尖的铅笔，将此笔尖自“＋”号向右缓缓移动。此时，受试者的右眼始终注视“＋”号不应随笔尖移动。当笔尖移动到某一距离时，受试者忽然看不见笔尖，主试者即在该处作一记号，然后将笔尖继续向右移动，当受试者又看到笔尖时，再作一记号。上述两记号就是盲点投射在这一线上的起点与终点，这两点间的距离就是水平方向的右眼盲点的投射直径。

3. 然后，再将笔尖向右边从各种不同角度移动，同样测得各线上盲点的起点和终点。最后以曲线连接各点，得出一个不规则的圆圈，此图即为受试者右眼盲点的投射区。

4. 同上法，测定左眼盲点的投射区。

5. 根据相似三角形各对应边成正比定理，用下列公式，计算盲点的大小。

$$\frac{\text{实际盲点的直径（未知）}}{\text{测得盲点投射区的直径（已知）}}=\frac{\text{调节点到视网膜的距离（15 mm）}}{\text{调节点到白纸的距离（300 mm）}}$$

方法二：

1. 注视。被检查者遮蔽左眼，用右眼注视图中的“＋”符号。

2. 移动。将图从正前方 30 cm 处开始向眼前移动，当缓缓移至眼前 18 cm 左右时，被检查者视野中原有的白色圆点形符号忽然消失了；若将图继续前移，白点又会出现。注意移动检查图形时，眼睛一定要注视“＋”，不能有意或无意去注意圆形图案。

三、分析与讨论

1. 一般人的盲点大小为 1.5 mm 左右。

2. 两眼正常视物时，两侧盲点可以相互补偿，并且由于高级视觉中枢的作用，人在主观上并不感觉到盲点的存在，即使单眼视物时也是如此。

3. 不论在测定左眼盲点还是右眼盲点，笔尖都应向眼的外侧（颞侧）方向移动，才能发现盲点。因为视神经乳头位于中央凹内侧，注视时，颞侧物体成像于视网膜内侧（鼻侧），这时才有可能在视神经乳头处感觉到盲点的存在。

实验 35　人的视力测定

视敏度指的是眼睛分辨物体细节的能力。测定视敏度最简单的方法就是辨别距离非常远的两点或两线。临床规定：正常眼分辨两点之间的最小距离，此时的视角大约等于 1 分度，则认为此眼具有正常视力。在标准对数视力表上 5.0 行的“E”字符号，在相距 5 m 处看，其每 1 笔画的宽度和每两笔画间空隙的宽度各形成 1 分度视角。所以，能正确辨认这一行的字符，就表明此时能分辨的视角等于 1 分度，具有正常视力。

一、材料用具

国际标准视力表、指示棒、遮眼板、米尺。

二、方法步骤

1. 将视力表挂在光线充足、均匀的墙上，受试者在距离视力表 5 m 的地方测试。视力表上第 10 行（1.0）与受试者的眼在同一高度。

2. 受试者用遮眼板遮住一只眼，用另一眼看视力表，按实验者的指点说出表上的字或图形，由上端的大字或图形开始下试，每指一字，令受试者说出或以手指表示字符缺口的方向。直至受试者能辨认清楚的最小字符行为止。依照表旁所注的数字来确定其视力。若受试者对最上一行字也不能辨认清楚，则需令受试者向前移动，直至辨清最上一行字为止。

3. 受试者在规定的 5 m 距离注视某行视标，若看不清则向前移动，直到看清为止，测量受试者与视力表的距离，再按下面公式计算视力。

$$视力=\frac{受试者看清某视标的距离}{视力表上规定的距离 5\ m}\times 视标值$$

如某人左眼在 3 m 远才能看清第 10 行视标 E（视标值 1.0），则此人左眼的视力为 3/5×1.0=0.6。

4. 同样的方法检查另一眼的视力。

5. 视力较差的戴眼镜的需测量矫正后的视力。视力等于 1，为正常眼；大于 1，则视敏度高；小于 1，则为近视眼。

三、分析与讨论

1. 人是如何通过调节折射率来使看到的物像更清晰?

2. 将视力检查表挂在光线充足而均匀的墙壁上,光线应由被测者的后方向前投射。

3. 测定过程中,必须避免由侧方射来的较强光线的干扰。

4. 两眼视力需分别测定,用遮光板先将一眼遮住(不可用手遮)。

实验 36 人体某些遗传性状的调查与分析

本实验所观察的性状主要是由一对基因的差异所决定的,其变异是不连续的,为质量性状,遵循孟德尔遗传规律或X-连锁遗传规律,变异具有普遍性。

一、方法步骤

检查人体的12种性状,一一写在记录纸上。

1. 观察前额发突。人类有前额发际线向前呈三角形突出或前额发根较平整两种,用小镜子观察自己属于哪一类。

2. 观察耳垂。人类有游离耳垂和附着耳垂两种,用小镜子观察自己属于哪一类。

3. 观察干、湿耳垢。人类有干耳垢和湿耳垢的区分,用棉签在外耳道处转几下,区分自己属于哪一类。

4. 观察卷舌。人类分能卷成"U"形的舌和不会卷起的舌。用小镜子观察自己属于哪一类。

5. 观察上眼睑。人类的上眼睑有双眼皮和单眼皮之分。对照镜子自行检查,自己属于哪一类。

6. 观察酒窝。对镜子观察自己有无酒窝。

7. 观察拇指末节弯曲。有的人拇指末节会向手背方向弯曲,而有的人则不会弯曲,检查自己拇指,观察属于哪一类。

8. 观察小指末节弯曲。有的人小指末节向无名指侧弯曲,而有的人则不弯,伸直手掌,观察自己小指特征,观察属于哪一类。

9. 观察食指和无名指长短。有的人食指长于无名指,有的人无名指长于食指,手掌摊平,放在桌上,观察自己属于哪一类。

10. 观察手的惯用。有的人惯用左手,有的人惯用右手。记下自己的性状。

11. 观察足弓。人体站立时,有的人脚底高高拱起,有的人脚底平坦,没有弧度即扁平足,观察自己属于哪一类。

12. 观察手指相嵌。两手掌相对,使两手手指相互嵌合推紧,有的人左手拇指在上,有的人右手拇指在上,观察自己属于哪一类?

二、分析与讨论

人体身上的显性性状和隐性性状(下面这些相对性状中,前者对后者为显性):肤色非白化与白化；黑色毛与浅色毛；头发硬与软；黑色发与黄色或浅色发；卷发与直发；秃顶与非秃顶；发际突出与平齐；头发左旋与右旋；有耳垂与无耳垂；大耳朵与小耳朵；耳垢湿性与干性；无耳聋与先天性耳聋；大眼睛与小眼睛；双眼皮与单眼皮；近视、远视与非近视、非远视；无色盲与色盲；褐眼与蓝眼；长睫毛与短睫毛；钩状鼻与直状鼻；宽鼻孔与窄鼻孔；高而窄的鼻梁与短而宽的鼻梁；有雀斑与无雀斑；有酒窝与无酒窝；厚嘴唇与薄嘴唇；卷舌与非卷舌；漏斗胸与非漏斗胸；无足弓与有足弓；多汗与非多汗；多指(趾)与非多(趾)；并指(趾)与非并指(趾)；食指长于无名指与食指短于无名指；大拇指末节能向背侧弯曲与不能向背侧弯曲；小指末节向无名指弯曲与不向无名指弯曲；两掌相对手指相嵌时，左手拇指在上与在下；红细胞圆盘形与镰刀形；A、B、AB 型血与 O 型血；高血压与无高血压；非苯酮尿与苯酮尿；尝味与味盲；Rh 因子阳性与阴性；对苯硫脲有苦味反应与无苦味反应。

实验 37　临时装片制作

在观察和研究生物体特征和结构的过程中，有时只需要获取生物体的局部材料就能简单快捷地制作成可供临时观察的玻片标本，这样的方法称为临时制片法。

一、材料用具

洋葱鳞茎、人口腔上皮细胞；显微镜、解剖器、清毒牙签、载玻片、盖玻片、滴管、滴瓶、纱布、吸水纸；碘液、0.1％亚甲蓝染液、0.9％氯化钠溶液、2％～3％蓝墨水或红墨水(或 1％曙红、2％紫药水、1％～5％高锰酸钾溶液、0.4％碘酒溶液、0.25％美蓝溶液)。

二、方法步骤(一擦二滴三取四浸五盖六染七吸)

(一)制作洋葱表皮细胞临时装片

取洋葱鳞片叶(或大葱叶鞘)，纵向切取一窄条(宽 0.5 cm)，然后用刀片在鳞片叶内表皮处沿着与窄条垂直的方向轻切两刀(划断表皮即可)。两刀距离不可太宽，否则制片时材料容易卷曲。制装片时先在洁净的载玻片中央加一滴清水，用镊子将两个切缝间的表皮轻轻地撕下来，放在水滴中。如果表皮有卷曲现象，可用镊子或解剖针舒展开来，使各部分都在一个平面上。

用镊子夹起盖玻片的一边接触水滴的边缘，慢慢地放下盖玻片，这样盖玻片下的空气被水排挤掉，可以避免气泡产生。

(二)制作人体口腔上皮细胞临时装片

用纱布擦净载玻片，滴一滴生理盐水于载玻片中央。用消毒牙签的粗端，在漱净的口腔任意一侧的颊部，轻轻刮几下，把牙签上附有口腔壁碎屑的一端，放在载玻片上的生理盐水滴中涂几下，盖上盖玻片。在盖玻片的一侧加染液 1～2 滴(2％～3％美蓝或红墨水、1％伊红溶液、2％紫药水、1％～5％高锰酸钾溶液、0.4％碘酒溶液、0.25％美蓝水溶液、0.1％亚甲基蓝染液等，以上任一溶液均可)，用滤纸从盖玻片的另一侧吸引染液使染液浸润到标本的全部。

三、分析与讨论

1.制作洋葱表皮细胞临时装片时，给学生分发的洋葱鳞片应放在事先盛有清水的烧杯中，以免材料失水；还可以用成熟番茄、西瓜、苹果果肉细胞，鸭跖草叶表皮、花瓣表皮等作材料制成临时装片用于观察。

2.制作人体口腔上皮细胞临时装片时，取材前口腔一定要用清水漱净，所用的牙签一定是灭菌过的，牙签的尖端用牙齿轻轻地咬，使之变得柔软，似一个小刷子，便于取材，不易使学生受伤。给学生做取材示范时，应告诉学生怎样操作才不会刮破口腔黏膜，取材部位以口腔两侧颊部为好，因为在这一部位能取到较多的口腔上皮细胞。由于制片关系，在视野中可能出现多个口腔上皮细胞重叠在一起、模糊不清，或细胞折边等现象。因此，需寻找分离的、完整的细胞进行观察。

实验38　自制酸奶

将乳酸菌接入牛奶，采用恒温发酵法，通过乳酸菌发酵牛奶中的乳糖产生乳酸，乳酸使牛奶中酪蛋白（约占全乳的2.9%，占乳蛋白的85%）变性凝固而使整个奶液呈凝乳状态。

酸奶的发酵条件：①将原料奶及容器作灭菌处理；②原料奶中不能含有抗生素等抑制细菌生长的成分；③足够数量的乳酸活菌发酵剂；④温度恒定（最佳发酵温度为40～45℃）；⑤一定的发酵时间（一般发酵时间为6～8 h）。

一、材料用具

酸奶机、一次性汤匙、一次性水杯、保鲜膜。

二、方法步骤

1.选购原料。购买无菌鲜牛奶（最好是蒙牛、伊利等盒装鲜牛奶，或其他袋装鲜牛奶）及瓶装酸奶。

2.调和。将酸奶桶从酸奶机中取出，再将鲜奶及酸奶按10∶1的比例倒入酸奶桶并调和，并用汤匙调匀。

3.保温。盖好酸奶桶的盖子，放入机中，盖上盖（注意：按酸奶机中使用说明操作，温度调到40～45℃），保温时间6～8 h。

4.储藏和饮用。将酸奶桶（连桶盖）从酸奶机中取出放入冰箱的储藏室内储藏，并可随时食用。

三、分析与讨论

1.所用菌种酸奶最好用原味酸奶而不是果味的。

2.把牛奶放入酸奶机中时，夏天时不用加热牛奶。如果冬天制作，可以对牛奶进行稍许加热，但也不能太热，否则牛奶加热的温度如过高，会杀死酸奶中的乳酸菌造成发酵失败，如温度过低又会造成发酵缓慢，以摸着不烫手为宜。

3. 含有抗生素的牛奶或用奶粉调成的牛奶都不适合作酸奶的原料。

4. 成功的酸奶呈半凝固状，表面洁白光滑，没有乳清（淡黄色透明液体）析出。

5. 可在吃前加糖，不可在发酵前放糖。

6. 自制酸奶保质期为 2～3 d。

7. 比较牛奶与酸奶的营养价值。

8. 为什么含有抗生素的牛奶不适合作酸奶的原料？

9. 影响制作酸奶的主要因素有哪些？

实验 39　自制泡菜

利用乳酸菌在无氧的环境下大量繁殖制作泡菜。蔬菜上或老盐水中带有乳酸菌、酵母菌等微生物，可以利用蔬菜、盐水中的糖进行乳酸发酵、酒精发酵等，不仅咸酸适度，味美嫩脆，增进食欲帮助消化，而且可以抑制各种病原菌及有害菌的生长发育，延长保存期。

由于腌制采用密闭的泡菜坛，用坛子口外围水槽里的水隔绝空气，使坛子外面的气体和细菌无法直接进入坛子内部，可以使残留的寄生虫卵窒息而死，不能干扰腌菜。

一、材料用具

泡菜坛、洗菜篮、洗菜盆、竹筷。

二、方法步骤

1. 选购原料。购买卷心菜、盐、白酒、花椒。

2. 洗、晾。蔬菜大多直接来源于土壤，带菌量高，洗涤可以除去其表面泥沙、尘土、微生物及残留农药。在洗涤时要用符合卫生标准的流动清水。为了除去农药，在可能的情况下，还可在洗涤水中加入 0.05%～0.1%高锰酸钾，先浸泡 10 min 左右（以淹没原料为宜），再用清水洗净原料。新鲜蔬菜经过充分洗涤后，应进行整理，凡不适用的部分均应一一剔除干净。之后，用手将其掰成小块，放入洗菜篮滴水晾干使失水 20%（至表面没有水珠）。

3. 盐水配制。在洗菜盆中配制。选用矿泉水等含矿物质较多的硬水，若水质较软，配制盐水时酌加少量钙盐，以增加成品脆性。如无条件，可用冷却后的开水。

配制比例：最初配制时精盐宜按冷开水量的 3%～5%、白酒按 2%左右的浓度加入，并用筷子搅匀。如有条件的话，也可以在新盐水中加入 25%～30%的老盐水，以调味接种。

4. 装坛。将卷心菜放入已经清洗、消毒好沥干的泡菜坛，装至一半时，再加入一些花椒及其他调味料如糖、蒜等，用量多少，可根据适口的要求而定，卷心菜放至距离泡菜坛顶部 6 cm 处，加入调制好的盐水将卷心菜完全淹住，然后加盖加水密封。

5. 储藏和食用。将泡菜坛放到阴凉通风的地方储藏，此时泡菜坛内蔬菜、盐水中的糖进行乳酸发酵、酒精发酵，常温下，腌制一周左右便可食用了。

三、分析与讨论

1.全部过程一定要保持清洁、卫生,不能沾上油污;天气热时,老卤可能会发酸,此时可在其中适当补加一些白酒;为防止卤汁受污染而变质,在取食或加料时,切忌使用不清洁尤其是带油的筷子进坛搅动;加入新料时,应将原料充分晾干,不使生水带入坛中,否则将会使卤汁生霉;遇卤汁生霉时,可适当加入些精盐,然后去盖将泡菜坛放在阴凉地方晾几小时,连续处理两三次后,一般可控制霉变现象。

2.泡菜泡好后要及时吃,否则时间过久就会变得太酸,为此,制作泡菜时需有计划,不要一次泡得太多。

3.观察泡制用水的硬度对成品质量的影响。

4.泡菜制作时,常出现的问题是什么?如何进行预防?

5.试述泡菜发酵机理,腌制时是如何抑制杂菌的?

实验40　自制葡萄酒

葡萄酒是以新鲜葡萄或葡萄汁为原料经酵母菌酒精发酵而成的低度酒。在酿造过程中,葡萄浆果里的糖,经酵母菌的作用,分解为酒精及其副产物,而葡萄浆果里的其他成分,如丹宁、色素、芳香物质、矿物质及部分有机酸,以不变化的形式转移到葡萄酒中,因而葡萄酒像新鲜葡萄一样,是一种营养丰富的酿造酒。

其中酒精发酵是酿造的主要阶段,是经由酵母菌的微生物作用,将葡萄中的糖转变为酒精的进程。这个进程中,被酵母菌分解的除酒精外的其他物质和葡萄中原有的成分,对葡萄酒的质量和风味是很重要的。

一、材料用具

矿泉水瓶、塑料菜篮、塑料盆、纱布、烧杯、竹筷。

二、方法步骤

1.选购原料。葡萄原料的质量控制着葡萄酒的质量。购买葡萄要选择那些成熟、饱满、没有病害的,这样的葡萄容易发酵。常见的葡萄、提子、马奶子等,都是可以用来制作葡萄酒。

2.洗、晾葡萄。由于葡萄表皮很可能残留农药,清洗葡萄的环节就相当重要,最好能够逐颗清洗,再用自来水反复冲洗,同时剔除烂葡萄。并将洗净的葡萄盛在塑料菜篮中滴水晾干至葡萄表面没有水珠。

3.破碎装瓶。将洗、晾后的葡萄放入洗净的塑料盆中用手捏碎至皮肉分离后装入矿泉水瓶(注意:装瓶量达到2/3时停止,因为在发酵过程中会产生大量的二氧化碳气体,装得过满会使葡萄汁溢出)。接着往瓶中加入白糖(注意:葡萄与糖的比例一般按10:3配比,不喜欢吃甜的话,按10:2配比,但是不能不放糖,因为糖是葡萄发酵的重要因素)。之后,用竹筷搅匀,然后盖上瓶盖(注意:盖子不要拧得过紧,否则瓶子可能会爆炸;另外葡萄发酵也需要微量氧气)。将瓶子放在阴凉通风处让其自然发酵(其间可以及时观察,务必保持清洁,不能污染)。红葡萄酒的发酵温度为26～30℃,白葡萄酒的发酵温度为14～18℃。

一般说来,装瓶后24 h即可观察到瓶内有气泡出现,以后便发现葡萄里的汁液析出,葡萄皮浮起,泡沫逐渐增多。这时每天用竹筷搅动两次,把露出来的葡萄皮压进,让葡萄皮得到葡萄汁液的充分浸泡。

4.渣、液分离,二次发酵。经过5～7 d,发酵逐渐转为平缓,葡萄皮浮在上面,颜色由深变浅,葡萄籽和大部分葡萄肉的残渣沉在瓶底,此时就应该把残渣和酒液分离。具体办法是将瓶中的酒倒入烧杯,然后用纱布将残渣包裹住,用手由轻到重的挤压,再像拧衣服一样拧,使残渣中的酒液基本流净,最后把所有的酒液混合在一起,装进矿泉水瓶继续发酵。此时酒液很混浊,但不必介意。

5.过滤澄清。第二次发酵时间大约为一周,此时酒液已经澄清,也不再升起气泡。这时可对瓶内酒液进行一次过滤:将含有残渣和酒泥的部分过滤,装进瓶中静置(方法与步骤4一样)。

6.储藏和饮用。装入瓶中经过静置澄清后的葡萄酒,放到阴凉通风的地方(也可放入冰箱的储藏室内)储藏,并可随时饮用。

三、分析与讨论

1.全部过程一定要保持清洁、卫生,不能沾上油污;由于制作过程的环境、气温的不同,发酵成酒的时间长短也有区别,不能心急。注意观察,不断总结经验,逐步形成自己的制作方法。

2.比较葡萄与葡萄酒的营养价值。

3.在葡萄酒的酿造过程中有可能生产出来的是果醋,其原因是什么?

4.影响葡萄酒酿造的主要因素有哪些?

实验41　酵母菌乙醇发酵现象

糖酵解形成丙酮酸后,在缺氧条件下,酵母菌可以进行乙醇发酵,产生酒精并释放二氧化碳,其总反应式为:葡萄糖$+2P_i+2ADP+2H^+ \rightarrow 2$乙醇$+2CO_2+2ATP+2H_2O$。利用二氧化碳跟石灰水反应生成沉淀物的特点以及二氧化碳能被藻类利用,使藻类数目增多的现象,来证实乙醇发酵过程中产生二氧化碳的现象。在密闭情况下,发酵产生的二氧化碳能使连接发酵容器的气球变大。酵母菌乙醇装置见图1-22。

一、材料用具

鲜酵母粉,绿色池水(含单细胞藻类);250 mL玻璃瓶,试管,橡皮塞,玻管,量筒,玻棒,饮料瓶,气球,糖浆或10%葡萄糖液。

二、方法步骤

方法一:证明乙醇发酵产物之一是CO_2。

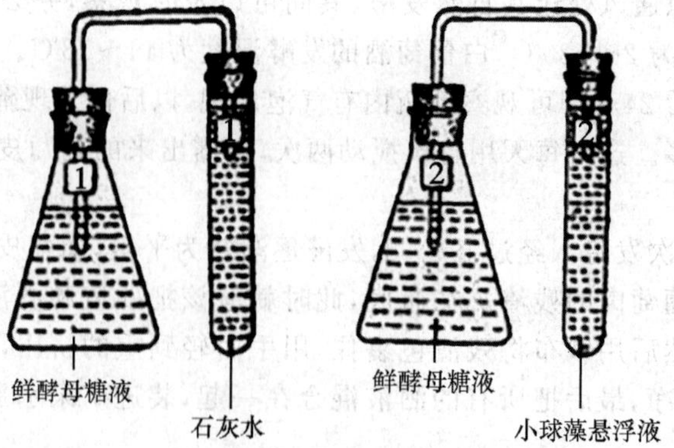

图 1-22 酵母菌乙醇装置图

1. 准备 3 只玻璃瓶，分别编号。在第 1、2 号瓶内各放入市售鲜酵母一小包，倒入少量糖浆，用玻棒把鲜酵母粉搅拌成糊状后，再加入糖浆至瓶容积的 4/5 处。在第 3 号瓶内加入同量的糖浆，作为对照。3 只瓶的瓶口分别塞上已钻孔的橡皮塞。

2. 准备 3 支试管，分别编号。在第 1 号试管内加入澄清的石灰水 10 mL，在第 2、3 号试管内放入 10 mL 呈微绿色的池水，3 支试管口分别塞上已钻孔的橡皮塞。

3. 准备 3 根长玻管，加热弯曲呈"U"形，分别把它的一端插入瓶的橡皮塞下，另一端插入相同编号试管的液体内。把上述实验装置放在光照下，一天后观察 3 支试管内液体的变化，并记录它们的结果。

方法二：观察酵母菌产气。

在一杯温开水中加入适量的糖液和一小包酵母粉，一起搅拌。将混匀的液体倒入饮料瓶内，再往瓶内加一杯温开水。将气球内部的空气挤出之后套在瓶口上，将瓶子放在暖和、阴暗的地方，每天观察瓶中的情况，看看瓶中的液体会不会冒出气泡，气球会不会胀大。

三、分析与讨论

1. 请解释气球胀大这一现象，气球和矿泉水瓶的连接要注意哪些问题？当环境温度过低时，该如何处理？

2. 若实验一段时间后气球没有胀大，请判断可能的原因有哪些？

实验 42 植物嫁接技术

植物嫁接就是将一个优良品种的芽或枝，移接到另一个生长健壮并且对当地自然条件适应性更强的植株上，使之成为一个新的优良植株品种的实用方法。植物嫁接已普遍应用于果木、蔬菜、花卉、风景植物等。嫁接方法按索取的材料不同分为枝接、芽接和根接。

一、材料用具

劈接刀、手锯、枝剪、芽接刀、单面刀片、水罐和湿布、绑扎材料（塑料条）、蜡。

二、方法步骤

(一) 枝接

枝接用于嫁接较粗的砧木或在大树上改换品种，一般在树木休眠期进行，特别是在春季砧木树液开始流动，接穗尚未萌芽时最好。

1. 切接法：切接法一般用于直径 2 cm 左右的小砧木，是枝接中常用的方法。

(1)将砧木距地面 5 cm 左右处剪断、削平，选择较平滑的一面，用切接刀在砧木一侧(略带木质部，在横断面上为直径的 1/5～1/4)垂直向下切，深 2～3 cm。

(2)削接穗，保留 2～3 个完整饱满的芽，将接穗从距下切口最近的芽背面，用切接刀向内切达木质部(不超过髓心)，然后向下平行切削到底部，切面长 2～3 cm，再从背面削成 0.8～1 cm 的小斜面。

(3)将削好的接穗长削面向里插入砧木切口，使双方形成层对准密接。接穗插入的深度以接穗削面上端露出 0.2～0.3 cm 为宜。如果砧木切口过宽，可对准一边形成层。

(4)用塑料条由下向上捆扎紧密，使形成层密接和保湿。必要时可在接口处涂接蜡或封泥。

2. 劈接法：适用于大部分落叶树种，在砧木较粗、接穗较小时使用。

(1)将砧木距地面 5～10 cm 处锯断，用劈接刀从其横切面的中心直向下劈，切口长约 3 cm。

(2)削接穗成楔形，保留 2～3 个完整饱满的芽，削面长约 3 cm，外侧比内侧稍厚。

(3)把砧木劈口撬开，将接穗厚的一侧向外，薄的一侧向里插入劈口中，使两者的形成层对齐，接穗削面上端高出砧木切口 0.2～0.3 cm 为宜。当砧木较粗时，可同时插入 2 个或 4 个接穗，一般不必绑扎切口，如果砧木过细，夹力不够，可用塑料条绑扎。

3. 插皮接：在砧木较粗，易剥皮的情况下采用。

(1)将砧木距地面 5～8 cm 处剪断、削平，选择较平滑处，将砧木皮层划一纵切口，长度为接穗的 1/2～2/3。

(2)将接穗削成 3～4 cm 的单斜面，削面平直并超过髓心，厚 0.3～0.5 cm，接穗背面末端削成 0.5～0.8 cm 的小削面。

(3)将接穗从砧木切口沿木质部与韧皮部中间插入，长削面朝向木质部，并使接穗背面对准砧木切口正中，接穗削面上端稍留白，用塑料条绑扎好。如果砧木较粗或皮层韧性较好，砧木也可不切口，直接将削好的接穗插入皮层。

4. 舌接：舌接适用于砧木和接穗 1～2 cm 粗，且大小粗细相差不多的嫁接。

(1)将砧木削成 3 cm 长的削面，然后从削面由上向下 1/3 处，顺砧木往下切 1 cm 左右的纵切口，呈舌状。

(2)在接穗平滑处顺势削 3 cm 长的斜切面，然后在斜切面由下往上 1/3 处，同样切 1 cm 左右的纵切口，和砧木斜面部位纵切口相对应。

(3)将接穗的内舌(短舌)插入砧木的纵切口内，使彼此的舌部交叉起来，互相插紧，绑扎好。

5. 插皮舌接：适用于树液流动、易剥皮而不适宜劈接的树种。

(1)将砧木在离地面 5～10 cm 处锯断，选砧木平直部位，削去粗老皮，露出嫩皮。

(2)将接穗削成 5～7 cm 单面马耳形，捏开削面皮层，把接穗的木质部轻轻插入砧木的木质部与韧皮部之间，要微露出接穗削面，绑扎好。

6. 腹接：包括普通腹接和皮下腹接，是在砧木腹部进行的枝接。用于针叶树种的嫁接，砧木不去头，或仅剪去顶梢，待成活后再剪去接口以上的砧木枝干。

普通腹接：①将接穗削成偏楔形，长削面 3 cm 左右，削面要平而渐斜，背面削成长 2.5 cm 左右的短削面。②在砧木适当高度，选取平滑的一面，自上而下深切一切口，切口深达木质部，切口下端部超过髓心，切口长度与接穗长削面相当。③将接穗长削面朝里插入切口，形成层对齐，绑扎好。

皮下腹接：①皮下腹接即砧木切口不伤及木质部。将砧木横切一刀，再竖切一刀，成 T 字形切口。②将接穗长削面平直斜削，背面下部两侧向尖端各削一刀，以露白为宜。③撬开皮层插入接穗，绑扎好。

(二)芽接

芽接是用生长充实的当年生发育枝上的饱满芽做接芽，于春、夏、秋三季容易剥时嫁接。其中秋季是主要时期，根据取芽的形状和结合方式不同，分为嵌芽接、丁字形芽接、方块芽接、套芽接。

1. 嵌芽接：嵌芽接不受树木离皮与否的限制，且嫁接后结合牢固，利于成活，在生产中广泛应用。

(1)自上而下切取芽片，在芽的上部 1～1.5 cm 处稍带木质部往下切一刀，再在芽的下部 1.5 cm 处横向斜切一刀，取下芽片，一般长 2～3 cm。

(2)在砧木上选取平滑的部位，自上向下稍带木质部削一与芽片长宽均相等的切面，将此切开的稍带木质部的树皮上部切去，下部留 0.5 cm 左右。

(3)将芽片插入切口使二者形成层对齐，把留下部分贴到芽片上，绑扎好。

2. 丁字形芽接：又叫盾状芽接和 T 字形芽接，砧木一般选用一二年生的小苗。

(1)采取当生新鲜枝条为接穗，立即去掉叶片，留有叶柄，然后从接穗的芽上方 0.5 cm 左右横切一刀，刀口长 0.8～1 cm，深达木质部，再从芽片下方 1 cm 左右连同木质部向上切削到横切口处取下芽，芽片一般不带木质部，芽居芽片正中或稍偏上一点。

(2)将砧木在距地面 0.5 cm 左右，选取光滑的部位横切一刀，以切断皮层为宜，然后从横切口中央切一垂直口，呈 T 字形。

(3)把芽片插入砧木切口，使芽片上端与 T 字形切口的横切口对齐，然后用塑料条自下而上绑扎好，注意将芽和叶柄留在外面。

3. 方块芽接：芽片与砧木形成层接触面积大，成活率高，多用于柿树、核桃等较难成活的树种，因操作较复杂，功效较低，一般树种多不采用。

(1)在接穗上取长方形芽片，留有叶柄。

(2)按长方形芽片的大小在砧木上切开皮层,嵌入芽片,注意使四周至少有两面与砧木切口皮层密接,用塑料条绑扎好。

4.套芽接:又叫环状芽接,接触面积大,容易成活,主要用于皮部易于剥离的树种,在春季树液流动后进行。

(1)从接穗枝条芽的上方 1 cm 左右处剪断,再从芽下方 1 cm 左右处用刀环切,深达木质部,然后用手轻轻扭动,使树皮与木质部脱离,抽出管状牙套。

(2)选粗细与牙套相同的砧木,剪去上部,呈条状剥离树皮。

(3)把牙套套在砧木的木质部上,对齐砧木切口,再将砧木上的皮向上包合,盖住砧木与接芽的结合部,用塑料条绑扎好。

(三)根接

用树根做砧木,将接穗直接接在根上,各种枝接法均可采用,根据接穗与根砧的粗度不同,可以正接,即在根砧上切接口;也可倒接,即将根砧按接穗的削法切削,在接穗上进行嫁接。

实验 43　凸透镜成像实验与视觉调节

人眼所看到的物体和眼距离的变化,可反射性地引起眼球内外肌的活动,使晶状体的曲率、瞳孔的直径和两眼视轴的交角发生变化,从而保证物体在两眼视网膜的相应部位形成清晰的图像。这个反射称为视觉调节反射。射入眼内光线强度的变化也能反射地引起瞳孔直径的变化,从而控制射入眼内的光量,称为对光反射。利用凸透镜成像实验模拟人眼晶状体在视觉调节过程中的作用。

一、材料用具

猪(牛)眼睛的晶状体,蜜蜂针,圆玻璃瓶,圆塑料瓶,曲率不同的凸透镜、凹透镜,黑纸板,刻度尺,照相机,放大镜,光具座,蜡烛,火柴。

二、方法步骤

(一)提出问题

眼睛能看到物体,是利用光通过晶状体折射的原理成像的吗?

(二)做出假设

1.光通过凸透镜折射能成像。

2.光通过圆玻璃瓶折射不能成像。

3.光通过圆塑料瓶折射不能成像。

4.放大镜的倍率高低与成像的关系。

5.光通过猪(牛)眼睛的晶状体折射能成像。

(三)探究活动

1.模拟人眼晶状体的调节

探究活动一:把一支蜡烛放在装有水的圆玻璃瓶的一侧点燃,在另一侧竖立黑纸板,移动蜡烛、黑纸板的位置,直到黑纸板上出现蜡烛的清晰倒像。

探究活动二:把一支蜡烛放在装有水的圆塑料瓶(塑料瓶光滑)的一侧点燃,在另一侧竖立黑纸板,移动蜡烛、黑纸板的位置,直到黑纸板上出现蜡烛的清晰倒像。

探究活动三:把一支蜡烛放在凸透镜的一侧点燃,在凸透镜的另一侧竖立黑纸板,移动蜡烛、黑纸板的位置,直到黑纸板上出现蜡烛的清晰倒像。

探究活动四:把一支蜡烛放在猪(牛)眼睛晶状体的一侧点燃,在另一侧竖立黑纸板,固定蜡烛,移动晶状体、黑纸板的位置,直到黑纸板上出现蜡烛的清晰倒像。

探究活动五:换成倍率高或低的凸透镜,蜡烛的位置不变,注意观察成像时,凸透镜与蜡烛位置的相对变化。联系眼的结构与视觉调节,说明蜡烛、凸透镜和黑纸板代表眼的哪部分结构,各部分的作用是什么?凸透镜的曲率大小怎样影响其与蜡烛的关系?黑纸板与凸透镜的距离变化说明什么眼的什么生理问题?

如在凸透镜上贴一些透明的材料,使镜面各处的曲率不一致,注意观察成像效果,解释与眼的哪一种屈光异常有关?

2.瞳孔和视轴的调节:令受试者注视正前方远处的一支铅笔,主试者看清其瞳孔的大小。事先告诉受试者,当铅笔移近时目光必须注视着它。然后将铅笔由远处迅速向受试者眼前移近。在此过程中可观察到受试者的瞳孔逐渐缩小,同时两眼视轴向中间(鼻侧)会聚。

3.瞳孔对光反射:在光线较暗处进行。主试者仔细观察受试者双眼瞳孔的大小,然后用手电筒照射受试者的一只眼,观察该瞳孔的变化就可以发现该眼瞳孔缩小。如关掉手电筒光,静候30 s,该眼瞳孔又能恢复到开始时的水平。如用不透光的硬纸将左右眼隔开,再用手电照射一只眼,观察另一只眼瞳孔的变化,就可以发现另一只眼的瞳孔同时也会缩小。受试者两眼须直视远方,不可注视灯光,否则即引起瞳孔调节。

三、分析与讨论

1.固定蜡烛,如果换上曲率较大的透镜,则其应向哪个方向移动,才能成像清晰,如果换上曲率较小的透镜,又是怎样移动的?在视觉调节活动过程中,人眼晶状体是如何通过改变折射率使看到的物体更清晰?

2.模拟实验中的黑纸板和凸透镜,相当于眼球中的什么结构?

3.根据实验说明,眼球是通过调节什么结构来看清远近不同的物体的?

4.人眼折光异常的几种情况,如何模拟用凸透镜成像实验来解释?

(1)近视:平行光线聚焦在视网膜的前面,故远处物体成像模糊。近视大多数是由于眼的前后径过长,有时也是由于角膜的曲度增加所致。近视可在眼前加一凹透镜矫正。

(2)远视:平行光线聚焦在视网膜的后面。远视大多数是由于眼的前后径过短,有时也由于角膜的曲度减少所致。可在眼前加一凸镜增加折光力矫正。

(3)散光:多是由角膜表面经线和纬线的曲度不一致形成,也可由晶状体曲度异常引起。因此从不同经纬线射入的光线不能全部聚焦在视网膜上,从而造成视像模糊和歪曲,可用圆柱形透镜矫正。

实验44　肌肉牵动模型和膈肌运动模型的制作

用放大或缩小的、相似的,能反映事物某方面的客观实体来代替研究对象的方法,叫作对象模拟,如制作肌肉牵动骨运动模型和制作模拟膈肌运动模型。

一、材料用具

薄的硬纸板、固定螺钉、皮筋、无底玻璃瓶或塑料瓶、带孔塑料盖或胶皮塞、分叉玻璃管或塑料管、橡皮膜(可用大气球或医用手套制作)、透明胶布、带盖的饮料瓶、吸管、大小气球、万能胶、线。

二、方法步骤

(一)制作肌肉牵动骨运动模型

用硬纸板剪成上臂骨和前臂骨的形状,将两块硬纸板重叠 2～3 cm,用钉子固定,想一想钉子起什么作用?在两块硬纸板后端分别横向定两个钉子,分别把两条皮筋套在露出的钉头上(提示:用皮筋代替骨骼肌时,长短要适合,以使关节能够运动)。用两块硬纸板代表两块相连接的长骨(比如人的上臂骨和前臂骨),再用两条皮筋来代表两组相配合的肌肉(比如人的肱二头肌和肱三头肌),这样一个用来演示肌肉牵动骨运动的模型就制好了,让我们来一起做做看。

(二)制作模拟膈肌运动模型

方法一:在无底玻璃瓶或塑料瓶下端封上一个富有弹性的橡皮膜;将分叉玻璃管或塑料管较长的一端插在瓶塞中央玻璃管孔处,在另两端各套一个大小相同的气球;装有气球的一端伸入瓶内,压紧瓶塞,检查气密性,保证瓶内气体不外漏。由此一个“模拟膈肌运动”简易模型便制作完成了,如图1-23所示。图中的橡皮膜(E)模拟的是膈肌,两个小气球(C)模拟的是肺,而塑料管(A、B)模拟的是气管及支气管,广口瓶(D)模拟的是胸廓。让我们来一起做做看。

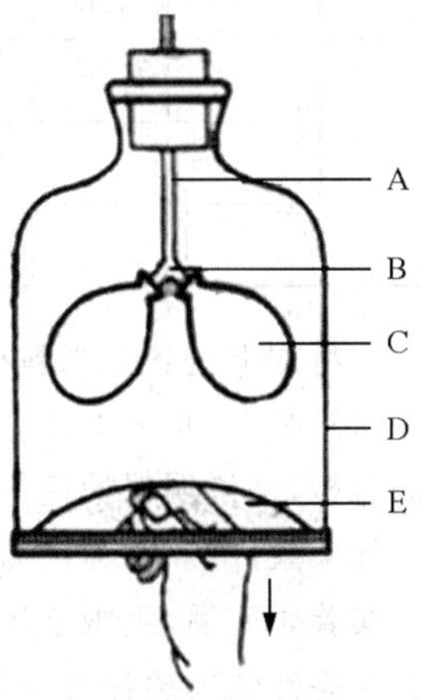

图1-23　膈肌运动模型

方法二:用剪刀将饮料瓶底部剪掉,将吸管的一端绑上小气球,用锥子将瓶盖捅开一个大小合适的孔,将吸管另一端从瓶底穿出瓶盖,用万能胶将吸管与瓶盖密封固定。将大气球剪开,将其平展地绑在瓶底部。由此一个“模拟膈肌运动”简易模型便制作完成了,如图 1-24 所示。

使用时,对着吸管吹气,即可见到模拟膈肌运动。或用手推橡皮膜和放松橡皮膜观察瓶内气球形态的变化。

图 1-24 简易膈肌运动模型

实验 45 模拟保护色的形成过程

用易于控制,过程简化,又能反映基本特征的简易实验材料设计的一种模拟实验,叫过程模拟。模拟保护色形成过程的实验方法有很多种,由于米粒和彩色纸片材料普遍易得,成本也低,所以我们采用小鸡啄米游戏活动来模拟保护色形成过程。

一、材料用具

红、白、黑 3 种颜色的米粒若干粒,红、白、黑 3 种颜色的较大彩纸 3 张。米粒代表不同体色的同种动物(生物的变异现象),彩纸片代表生物生存环境的背景色,人代表捕食者小鸡(也可发挥想象力,米粒代表小兔,自己则代表狼,这样使实验的趣味性增加)。

二、方法步骤

1. 每组将 3 种颜色的米粒各 10 粒分别均匀撒在 3 张彩纸上。

2. 每组让 3 人扮演小鸡,用手当喙啄食彩纸上的米粒,在规定的时间内(5 s)啄食米粒后,组长安排统计员统计好各色米粒剩余数(幸存者)。统计表格见表 1-4。

表 1-4 保护色形成记录表

背景颜色	猎物颜色	第一代		第二代		第三代		第四代		第五代	
		开始数目	幸存数目	开始数目	幸存数目	开始数目	幸存数目	开始数目	幸存数目	开始数目	幸存数目

3. 将剩下的各色米粒扩大 5 倍(假设是幸存者产生的后代),再次将这些米粒分别均匀撒在 3 张彩纸上,重复上述实验,直到每张彩纸上只剩下一种颜色的米粒为止。通过对实验结果的分析,来说明保护色的形成过程。

如果条件具备,为使操作更具有说服力,本模拟实验可以在户外选取一块草地进行。

实验做完后,组织学生们进行交流,最后通过分析实验设计方案和观察实验操作情况,对具有代表性的实验设计方案和操作进行点评。

实验 46　设计制作小生态瓶

将少量的植物、以这些植物为食的动物和其他非生物物质放入一个密闭的广口瓶中，便形成一个人工模拟的微型生态系统——小生态瓶。通过设计并制作小生态瓶，观察其中动、植物的生存状况和存活时间的长短，初步学会观察生态系统的稳定性，并且进一步理解影响生态系统稳定性的各种因素。

一、材料用具

生产者：健壮的金鱼藻（或浮萍、满江红、黑藻、轮藻等）；

消费者：螺蛳（或小鱼等）；

分解者：泥土中的各类微生物；

非生物物质：河水（井水、晾晒的自来水）、泥沙；

其他材料：广口瓶（带塞）或废弃灯泡、大试管、凡士林或蜡、尿素、酒精灯等。

二、方法步骤

1. 取一个广口瓶，加入一些细沙，再注入河水（池水）至容量的 4/5（上面留一些空气），并加入少量尿素（切忌过多，主要供给生产者用）。

2. 放入健壮的金鱼藻（或其他藻类）1 棵，螺蛳 1～2 只，用软木塞（或橡皮塞）塞紧瓶口，凡士林（或石蜡）密封，生态瓶就制好了，如图 1-25 所示。

图 1-25　简易生态瓶

3. 把密闭的小生态瓶放在较强的散射光处（不能接受阳光直射），每天把瓶外尘埃擦去，以保持透光，每天观察瓶中动、植物的生活状况并用表 1-5 做好记录。

表 1-5　生态瓶中动、植物生活状况

观察日期	植物生活情况	动物生活情况	气温	备注

三、分析与讨论

水质要清洁，水生植物选择生命活动旺盛的水藻，生态瓶不宜暴晒，宜放在较强的散射光处，温度宜保持在20～25℃。

实验47 植物标本制作

采集植物标本是一项辛勤的劳动，也是一项细致的工作。采集时，按一定的要求和对不同类型的植物采用不同的方法，就能采集到完美且又符合科学要求的标本。

一、材料用具

植物材料；标本夹（45 cm×30 cm）、标本纸（吸收植物水分用）、采集袋（或箱）、丁字小镐、枝剪、手锯、标本野外记录册、标签、放大镜、钢卷尺、望远镜、小纸袋等；药品。

二、方法步骤

（一）腊叶标本制作

1.压制标本。采集的标本上面铺上几层吸水性强的纸，把采集的标本放在纸上仔细整理它们的姿态，如把枝、叶、花的正面向上展平，较长的标本可以折成两三折放置，部分叶片可以翻转，使上下面都可以看到。叶片覆盖花时，可以拉开或除去一些叶片。要使标本的姿态美观。然后放上标签，盖上几层纸。这样每件标本间隔几层纸，层层积累起来。积集到一定数量时，就把标本夹的另一扇压上，把这两扇标本夹用绳缚紧，拿到阳光下通风的地方晾晒。

2.标本的果实比较粗大时，压制时应该用纸把枝叶部分垫起来，垫的厚度与粗大的部分相等，以免叶子受不到压力而皱缩。

3.压制带硬刺标本时，可先用木板把硬刺压平，再放到标本夹里压制，以免扎坏其他标本。

4.压制蕨类标本时，要使1～2片具有孢子囊的叶背面向上，以便观察到叶背面的孢子囊群。

5.压好标本的标本夹，放在有光通风的地方，上面最好压以重物，让标本干燥。

6.完全干燥的标本，放在较硬的白纸上，大小约20 cm×70 cm。每张白纸可放一株植物，植株小时也可多放。然后用线钉好，在台纸的背面打结。下角贴上适当大小的标签，注明植物名称、分类地位、采集日期与地点、采集人姓名。

7.标本放入干燥密封的盒子或橱内，放进足够的樟脑丸。标本数量多时，可把同一科、同一属的标本放在一起，分门别类，以便管理和使用。

（二）植物浸制标本的制作

1.红色标本的制作

（1）药品

①福尔马林硼酸溶液：在100 mL水里加1 g的硼酸，溶解后再加100 mL 1%福尔马林，

静置，取上面澄清液即可。

②亚硫酸硼酸液：1 份 1%亚硫酸和 1 份 0.2%硼酸配制而成。

(2)制作：选择成熟完整的红色果实，洗净后放入盛有福尔马林硼酸溶液的烧杯内，当标本由红转变为深褐色时取出。浸泡时间的长短，取决于果实大小和彩色的深浅，一般是 1～3 d。然后移到盛有亚硫酸硼酸溶液的标本瓶内保存。

2.黄色标本的制作

(1)药品：5%硫酸铜溶液、2%亚硫酸溶液。

(2)制作：植物的黄色或黄绿色部分，可以浸泡在 5%硫酸铜溶液中 1～5 d，漂洗后放入盛有 2%亚硫酸溶液的标本瓶里保存。

3.绿色标本的制作

(1)药品：饱和醋酸铜溶液(在 50 mL 水里加入 50 mL 冰醋酸，配成 100 mL 50%醋酸溶液，再逐渐放进 6 g 粉末状硫酸铜，同时不断搅拌，即得 1%～4%醋酸铜溶液)。

(2)制作：用 1 份饱和醋酸铜溶液加 4 份水稀释，然后在烧杯内加热至 70～85℃，放入洗净的绿色植物，并轻轻翻动。3 min 后植物由绿变黄，再由黄变绿，即可取出。注意时间不宜过长，温度不能过高，否则标本容易发软变烂。

对于容易软烂的植物器官，可直接浸到稀释的醋酸铜溶液中，不加热，浸泡 5 d 左右。把制成的绿色标本放在清水里洗涤干净，放入盛有 1%～4%醋酸铜溶液的标本瓶里，使标本完全浸没。容易上浮的标本下要缚一重物。

4.紫色标本的制作

(1)药品：福尔马林饱和食盐溶液(取 16 g 食盐加入 100 mL 水中，充分搅拌使之溶解。取上层澄清溶液 15 mL，加 10 mL 40%福尔马林，再加水到 100 mL，即得福尔马林饱和食盐溶液)。

(2)制作：选择七八成成熟，果皮完整的紫色果实，用清水洗净，浸泡在上述溶液中 2～3 个月。然后保存在盛有 1%～2%福尔马林的标本瓶里，原有色泽可以保持较长的时间。

5.白色标本的制作

(1)药品：5%硫酸铜溶液、1%～4%亚硫酸溶液。

(2)制作：植物的白色部分，洗净后，直接放到在盛有 1%～4%亚硫酸溶液的标本瓶里保存。

如果植物白色部分夹杂有绿色，可先浸泡在 5%硫酸铜溶液里 1～3 d，漂洗后再放入盛有 1%～4%亚硫酸溶液的标本瓶里保存。

上述标本制成后，瓶口要加盖。过两周左右，如果瓶里的保存液依然洁净透明，可以用熔化的石蜡密封瓶口，否则更换新液后再封口。标本应放在阴凉的地方，避免强光照射。否则原有的色泽容易褪色。在瓶上要贴上标鉴，注明名称、产地、用途、制作日期、制作人等。

实验 48　植物芳香油的提取

分为水蒸气蒸馏法、压榨法和萃取法。根据蒸馏过程中原料放置的位置，蒸馏法又分为水上、水中和水下 3 种。具体采用哪种方法要根据植物原料的特点来决定。

水蒸气蒸馏法的原理是利用水蒸气将挥发性较强的植物芳香油携带出来，形成油水混合物，冷却后，混合物又会重新分为油层和水层。以玫瑰精油为例：①将玫瑰花瓣与水 1∶4混合，进行水蒸气蒸馏。②将氯化钠加入油水混合物中，促进油水分离。③使用分液漏斗分离油层，向其中加入无水硫酸钠，除去残留水分。

对于柑橘、柠檬等原料易焦糊或有效成分易水解的，可采用压榨法。以橘皮油为例：①将橘皮用石灰水浸泡(能破坏细胞结构，分解果胶，防止橘皮压榨时滑脱，提高出油率)。②将浸泡后的橘皮用流水漂洗干净，捞出橘皮后，沥干水分。③开始压榨。

植物芳香油不仅挥发性强，而且易溶于有机溶剂，如石油醚、酒精、乙醚和戊烷等。但萃取剂必须事先精制，除去杂质。

一、材料用具

水蒸气蒸馏装置(蒸馏瓶、冷凝管和接收瓶)、酒精灯(电炉)、电子天平、铁架台、循环水泵、量筒、沸石。

二、方法步骤

(一)安装仪器

仪器的安装是比较复杂的操作，实验中难度较大的是调节蒸馏瓶、冷凝管和接收瓶三者之间的高度和距离。冷凝管的安装非常重要，主要涉及两个方面，一是要注意冷凝管的进水口在下，出水口在上，并保持适当的倾斜度；二是与进水口相连接的橡皮管应与水龙头相连，依靠自来水在冷凝管中逆流达到充分冷却的效果，因此，水龙头与橡皮管一定要连接紧密，而大多数生物实验室的放水设备并未考虑到这一点，因此需要进行改造或设法弥补。

(二)材料处理

尽量将材料剪碎或碾碎，如将花瓣用剪刀剪碎、将干花用研钵磨碎等，这样做便于水和水蒸气与材料充分接触，以利出油。

材料可以在安装蒸馏瓶前放入。这里需要特别注意，一是避免将碎片状或粉末状的材料黏附在蒸馏瓶的瓶口；二是材料和水要保持一定的比例，一般 500 mL 的蒸馏瓶可添加材料 10～20 g，用水 300 mL。

为节约酒精，缩短实验时间，可用热水进行蒸馏，刚开始时火焰可大些，烧开后改用小火，蒸馏时间不宜过长，一般实验 15～20 min 即可。蒸馏的初期，冷却水流速可小些，待有较多的水蒸气通过时，冷却水流速可适当大些(注意节约用水)。蒸馏时要控制好速度，通常以每秒生成 2～3 滴油水混合物为宜。

(三)玫瑰精油的提取

5 月上、中旬是玫瑰的盛开期，最好是选用当天采摘的鲜玫瑰花。将花瓣用清水冲洗，去掉上面的灰尘等杂质，沥干水分。由于玫瑰精油化学性质稳定，从玫瑰花中提取玫瑰精油可采取水中蒸馏法。

1. 称取 50 g 玫瑰花瓣，放入 500 mL 的圆底烧瓶中，加入 200 mL 蒸馏水。

2. 蒸馏装置准备完毕后，可以在蒸馏瓶中加几粒沸石，防止液体过度沸腾。打开水龙头，缓缓通入冷水，然后开始加热。加热时可以观察到，蒸馏瓶中的液体逐渐沸腾，蒸气逐渐上升，温度计读数也略有上升。当蒸气的顶端达到温度计水银球部位时，温度计读数急剧上升。在整个蒸馏过程中，应保证温度计的水银球上常有因冷凝作用而形成的液滴。控制蒸馏的时间和速度，通常以每秒 1～2 滴为宜。蒸馏完毕，应先撤出热源，然后停止通水，最后拆卸蒸馏装置，拆卸的顺序与安装时相反。

3. 收集锥形瓶中的乳白色的乳浊液，向锥形瓶中加入质量浓度为 0.1 g/mL 的氯化钠溶液，使乳浊液分层。然后将其倒入分液漏斗中，用分液漏斗将油层和水层完全分开。打开顶塞，再将活塞缓缓旋开，放出下层的玫瑰精油，用接收瓶收集。向接收瓶中加入无水硫酸钠，吸去油层中含有的水分，放置过夜。

为了更好地将油、水两层液体分离，操作时应注意正确使用分液漏斗。分液漏斗的使用方法如下：

(1)首先把活塞擦干，为活塞均匀涂上一层润滑脂，注意切勿将润滑脂涂得太厚或使润滑脂进入活塞孔中，以免污染萃取液。

(2)塞好活塞后，把活塞旋转几圈，使润滑脂分布均匀。并用水检查分液漏斗的顶塞与活塞处是否渗漏，确认不漏水后再使用。

(3)将分液漏斗放置在大小合适的、并已固定在铁架台上的铁圈中，关好活塞。将待分离的液体从上部开口处倒入漏斗中，塞紧顶塞，注意顶塞不能涂润滑脂。

(4)取下分液漏斗，用右手手掌顶住漏斗顶塞并握住漏斗颈，左手握住漏斗活塞处，大拇指压紧活塞，将分液漏斗略倾斜，前后振荡(开始振荡时要慢)。

(5)振荡后，使漏斗口仍保持原倾斜状态，左手仍握在漏斗活塞处，下部管口指向无人处，用拇指和食指旋开活塞，使其释放出漏斗内的蒸气或产生的气体，以使内外压力平衡，这一步操作也称作“放气”。

(6)重复上述操作，直至分液漏斗中只放出很少的气体时为止。再将分液漏斗剧烈振荡 2～3 min，然后将漏斗放回铁圈中，待液体静置分层。

(7)获取油水混合物：如观察到接收瓶中出现了明显的油层或不再出油时，即可停止加热。此时，应先撤出热源，然后停止进水，最后拆卸蒸馏装置，拆卸的顺序与安装时刚好相反。

(8)分离油层和获取精油：蒸馏得到的油水混合物分层现象并不十分明显，因油较少，水较多，因此，不易直接将油和水分离。可采用直径和容量较小的接收瓶，观察到的油层更加明显一些。此时，可在油水混合物中加入一定质量的食盐，使水层成饱和食盐水溶液，达到降低芳香油在水中的溶解度,然后将其倒入分液漏斗,待油层和水层分层明显后,打开顶塞,将活塞缓缓旋开,放掉下层的水分,然后将油层从顶口倒入接收瓶中,向接收瓶中加入无水硫酸钠,吸去油层中含有的微量水分,稍振荡后,静置片刻,最后,用滤纸过滤,除去五水硫酸钠晶体,此时,就可得到浓缩的精油。

三、分析与讨论

1. 是否提取出了植物精油?

观察学生提取出的玫瑰精油,从颜色、气味等方面来评价所提取的精油的纯度和质量。从玫瑰花提取的芳香油是浅黄色至黄色的液体,并带有玫瑰香。

2. 出油率的计算

根据教科书提供的公式计算出油率。如果出油率高,说明实验方案设计合理;如果出油率低,教师可以帮助学生从实验方法的选择、实验过程的操作等各方面分析原因,改进后再做尝试。

实验 49　中学生物显微镜维护和维修

一、镜筒自行下滑的维修

1. 用双手分别握住两个粗调手轮,相对用力旋紧。看能否解决问题,若还不能解决问题,则要用专用的双头扳手把一个粗调手轮旋下,加一片摩擦片,手轮拧紧后,如果转动很费劲,则加的摩擦片太厚了,可调换一片薄的。以手轮转动不费力,镜筒上下移动轻松,而又不自行下滑为准。摩擦片可用废照相底片和小于 1 mm 厚的软塑料片用打孔器冲制。

2. 检查粗调手轮轴上的齿轮与镜筒身上的齿条啮合状态。镜筒的上下移动是由齿轮带动齿条来完成的。齿轮与齿条的最佳啮合状态在理论上讲是齿条的分度线与齿轮的分度圆相切。在这种状态下,齿轮转动轻松,并且对齿条的磨损最少。现在有一种错误的做法,就是在齿条后加垫片,使齿条紧紧地压住齿轮来阻止镜筒的下滑。解决镜筒自行下滑的问题,只能用加大粗调手轮和偏心轴套间的摩擦力来实现。但有一种情况例外,那就是齿条的分度线与齿轮的分度圆相离。这时转动粗调手轮时,同样会产生空转打滑的现象,影响镜筒的上下移动。如果通过调整粗调手轮的偏心轴套,无法调整齿轮与齿条的啮合距离,则只能在齿条后加垫适当的薄片来解决。加垫片调整好齿轮与齿条啮合距离的标准是:转动粗调手轮不费劲,但也不空转,镜筒上下移动轻松,而又不自行下滑。摩擦片可用废照相底片和小于 1 mm 厚的软塑料片用打孔器冲制。

3. 调整好距离后,在齿轮与齿条间加一些中性润滑脂。让镜筒上下移动几下就可以了。最后还须把偏心轴套上的两只压紧螺丝旋紧。不然的话,转动粗调手轮时,偏心轴套可能会跟着转动而把齿条卡死,使镜筒无法上下移动。这时如果转动粗调手轮力量过大的话,可能会损坏齿条和偏心轴套。在旋紧压紧螺丝后,如果发现偏心轴套还是跟着转的话,这是由于压紧螺丝的螺丝孔螺纹没有改好所造成的。因为厂家改螺纹是用机器改丝的,往往会有一到牙螺纹没攻到位。这时即使压紧螺丝也旋不到位，偏心轴套也就压不紧了。发现这种故障，只要用 M3 的丝攻把螺丝孔的螺纹攻穿就能解决问题。把以上这些步骤都一一做好后，镜筒自行下滑问题基本上解决。

二、物镜转换器转动困难或定位失灵的维修

可能是固定螺丝太紧使转动困难，并会损坏零件。太松，里面的轴承弹珠就会脱离轨道，挤在一起，同样使转动困难；另外弹珠很可能跑到外面来，弹珠的直径仅有 1 mm，很容易遗失。固定螺丝的松紧程度以转换器在转动时轻松自如，垂直方向没有松动的间隙为准。调整好固定螺丝后，应随即把锁定螺丝锁紧。不然的话，转换器转动后，又会发生问题。

转换器定位失灵有时可能是定位簧片断裂或弹性变形造成的。一般只要更换簧片就行了。

三、遮光器定位失灵的维修

这可能是遮光器固定螺丝太松，定位弹珠逃出定位孔造成的。只要把弹珠放回定位孔内，旋紧固定螺丝就行了。如果旋紧后，遮光器转动困难，则需在遮光板与载物台间加一个垫圈。垫圈的厚薄以螺丝旋紧后，遮光器转动轻松，定位弹珠不外逃，遮光器定位正确为佳。

四、镜座、镜臂倾斜时固定不住的维修

这是镜架和底座的连接螺丝松动所致。可用专用的双头扳手或用尖嘴钳卡住双眼螺母的两个孔眼用力旋紧即可。如旋紧后不解决问题，则需在螺母里加垫适当的垫片来解决。

五、防止目镜、物镜的镜片被污染或霉变的方法

大部分显微镜使用一段时间后镜片的外面都会被玷污或发生霉变，尤其是高倍物镜 40×，在做“观察植物细胞的质壁分离与复原”实验时，极容易被糖液污染。如镜头被污染不及时清洗干净就会发生霉变。处理的办法是先用干净柔软的绸布蘸温水清洗掉糖液等污染物，然后用干绸布擦干，再用长纤维脱脂棉蘸些镜头清洗液清洗，最后用吹风球吹干。要注意的是清洗液千万不能渗入到物镜镜片内部。因为为了达到所需要的放大倍数，高倍物镜的镜片，需要紧紧地胶接在一起。胶是透明的，且非常薄。一旦这层胶被酒精、乙醚等溶剂溶解后，光线通过这两片镜片时，光路就会发生变化，观察效果会受到很大影响。所以在清洗时不要让酒精、乙醚等溶剂渗入到物镜镜片的内部。若是目镜、物镜镜头内部的镜片被污染或霉变，就必须拆开清洗。目镜可直接拧开拆下后进行清洗。但物镜的结构较复杂，镜片的叠放，各镜片间的距离都有非常严格的要求，精度也很高。生产厂家在装配时是经过精确校正而定位的。所以拆开清洗干净后，必须严格按原样装配好。

生物显微镜的镜片都是用精密加工过的光学玻璃片制成的，为了增加透光率，都需在光学玻璃片的两面涂上一层很薄的透光膜。这样透光率就可以达到 97%～98%。这一层透光膜表面很平整光滑且很薄，一旦透光膜表面被擦伤留有痕迹，它的透光率就会受到很大影响，观察时会变得模糊不清。所以在擦拭镜片时，一定要用干净柔软的绸布或干净毛笔轻轻擦拭，若用擦镜纸擦拭则更要轻轻擦拭，以免损伤透光膜。

综上所述，对于生物显微镜的维护保养，只要做到防尘、防潮、防热、防腐蚀，用后及时清洗擦拭干净，并定期在有关部位加注中性润滑油脂即可。对于一些结构复杂，装配精密的零部件，如果没有一定的专业知识、一定的技能和专用工具，就不能擅自拆装，以免损坏零部件。

六、科学清洗镜头的方法

1. 总是手持镜头的边缘，千万不要用手指触摸镜头表面。手指上的湿气有时候会损伤镜头上的覆盖物，而且如果手指长时间停留在镜头表面，它就会变成一个永久的污点。即使你戴上手套，也要避免触摸镜头表面。

2. 千万不要用金属工具或钳子处理镜头。通过使用木制的、竹制的和塑料制的工具来处理镜头会减少对镜头损坏的概率。对于小镜头可以用手持的真空笔。

3. 总是将镜头放置到软的表面上，特别是如果光学表面是凸起的。静止地放置到坚硬的桌面上会造成表面的刮痕。

4. 对于镜头系统或装配来说，在没有使用的时候盖上镜头盖能保护光学表面不被损坏。

5. 为了储藏镜头，需要单独在干净的、软的镜头盒子中包裹并放置到安全的地方。千万不要把没有包裹的镜头一起放在一个盒子或袋子中，因为它们相互接触会损伤。千万不要把它们放在重物的下面。

6. 清洗镜头时使用的材料：清洗大多数光学器件的材料包括高压气体（用干氮来填充）、lint-free 镜头薄纸、中性肥皂、lint-free 棉花签、lint or powder-free 手套和有机溶剂（如 reagent-grade isopropyl 酒精、reagent-grade 丙酮）。

七、显微镜指针的安装方法

在目镜上装一个指针，指明观察内容，便于指导学生准确观察。目镜上边一端的透镜较小，由丝扣固定在目镜筒上；在目镜筒下端有一个由丝扣固定的较大的透镜。在目镜筒内两个透镜之间有一扁圆金属环固着在镜筒壁上（有的在下边透镜的外边），叫“光阑”，放大的物像正好在这一平面上。安装指针时，旋开目镜上端的透镜，把一小段头发用白乳胶或胶水粘在光阑上，旋好目镜即成。

第二部分　中学生物数字化实验

导　言

美国是最早研究数字化实验的国家，早在 20 世纪 80 年代，美国就进入了传感器时代。1978 年，美国将传感器技术应用到中学教学当中，伴随温度下降液体凝固，温度传感器和计算机连接可以直接显示出温度变化的曲线，并且可以观察到凝固时的温度，随着传感器技术和计算机的逐渐整合出现了数字化实验信息系统。1988 年自合作实验室的概念提出之后，以计算机技术、现代信息技术、网络技术为核心的数字化实验室成为新的发展方向。2000 年起，数字化实验系统在美国、日本、新加坡等国家的中学理科实验教学中被广泛使用，成为中学生进行科学探究的重要工具，近年来数字化实验已走进美国、日本、新加坡等发达国家的小学科学课程。一些发达国家数字化实验在教学中已经比较普及，数字化实验系统的技术也比较成熟。

与国外相比，国内数字化实验的发展较晚。在教学中最早提及应用传感器技术的是教育部在 1998 年 9 月与 TI 公司签署的中学应用基于 TI 图形计算器的数理教学新方法的谅解备忘录。20 世纪末，我国香港、台湾地区率先在中学教学中使用数字化实验系统，2004 年，天津市第一中学建立了中学数字化实验室，随后，上海、广州、浙江、江苏等发达地区也先后建立了数字化实验系统与传统实验设备相结合的探究实验室，教学效果明显。继上海高考试题中出现数字化实验相关内容后，对数字化实验的建设和研究更为火热。中学物理学科教材中最早出现数字化实验，中学化学、生物、数学学科也逐渐开始应用数字化实验。

数字化实验是以真实实验为基础，对于数字化实验的认识有两种观点：一种观点认为数字化实验是由仿真实验、多媒体展现的实验及借助传感器的实验组成，是广义的数字化实验；另一种观点认为数字化实验是由传感器、数据采集器、计算机中相应的配套软件 3 部分组成，是狭义的数字化实验，简称 DIS。本书所指的数字化实验是狭义的数字化实验。

一、数字化实验的构成要素

数字化实验系统主要由传感器、数据采集器、计算机和各种应用软件构成。图 2-1 为数字化实验系统构成要素。

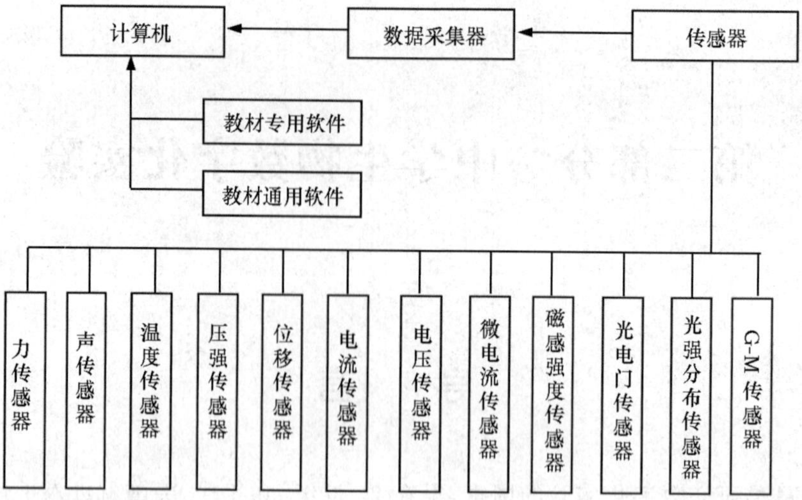

图 2-1 数字化实验系统构成要素

二、数字化实验的特点

1. 实时直观

在进行数字化实验时，实验过程和数据变化同时进行，并能通过电脑以不同形式的图表或数据实时动态地呈现实验过程的变化，实验现象主要体现在“数据直观”和“现场直观”两个方面。数据直观是将实验数据以图表或曲线的形式呈现，学生能够清晰、直观地观察到实验的变化，以其灵敏性和精确性帮助实验者提高分析问题、解释现象、找出规律、得出结论的能力，从而为学生开展科学探究提供技术支撑。现场直观指数字化实验仪器的体积一般都比较小，便于携带和操作，使用时不受时间、地点的限制，可以离开实验室或者教室，到研究现场进行实验。

2. 智能定量

数字化实验采集的智能化主要表现在“数字化感知”和“实时性记录”两个方面。数字化实验能以数字形式感知和记录生物实验中的各种变化，并通过计算机实时地同步记录并呈现生物实验中各种量的变化，从而实现定量研究，在定量研究中又呈现便捷化特点，主要体现在“记录数据的准确性”和“处理数据的高效性”两个方面。

3. 绿色综合

数字化实验一般药品用量少，满足可测量、能显示相关量的数字和曲线，还可以根据要求连接多个传感器，并可以同时对不同的数据进行分析，学生可以从多个角度综合地了解生物实验，从而极大地拓展了课程内容，有利于各学科之间的融会贯通。

三、开展数字化实验的价值

信息技术与生物教学的深度融合是当前教学研究的热点之一。随着传感器技术的深入发展和普及，数字化实验在中学生物教学中的应用价值也逐步受到人们的重视，应用的深度和广度也不断被拓展。这些新技术在提升师生认知方式、更新生物知识、促进知识理解、改进实验方法、创新教学模式等方面发挥了不可替代的作用。

1.正确认知生物

长期以来，由于受到传统实验仪器的限制和生物反应复杂性的影响，中学生物教材和老师的教学中常会出现一些似是而非的知识，甚至是错误的认识。随着传感器技术的发展，许多生物教师开始用高精度的传感器来研究中学生物教材和教学中的模糊问题，并从理论角度加以论证，发现并纠正了一些长期以来的错误认识，如光合作用产生什么，光强对光合作用的影响。

2.突破传统实验

在生物学科的学习中，有很多抽象、难懂的概念和原理，学生学习时容易产生认知障碍，感到困难，以致影响后续学习。还有一些实验现象，用传统实验仪器难以揭示，利用数字化实验，可以还原科学实验的本来面目，加深学生对生物现象和原理本质的理解。这种数字化实验不可替代的作用对学生学习生物起到了积极的促进作用，让学生感受科技对生物学习和学科发展的作用和意义，提高学习生物的兴趣。

随着科学技术的不断革新，传统的实验仪器已经不能满足实验的要求，新型的数字化实验弥补了传统实验工具的缺陷，使实验的方法更加先进、实验的数据更加准确、实验的现象更加清晰。如压强传感器用于测定酶的高效性。并可以通过学生的实验数据进行直观的评价。

3.创新教学模式

新课程标准提倡学生主动参与、乐于探索、勤于动手，致力于培养学生分析和处理各种问题的能力及交流合作能力。利用数字化实验有利于改变传统的以讲授为主的教学模式，突出自主、合作、探究型学习，让学生成为课堂的主体。如理科教学常用的 Qu:Est 教学策略——Questioning Understanding:Empowering student thinking 和 POE 教学策略—— 预测（Predict）—观察（Observe）—解释（Explain）策略等。

4.提升学科核心素养

数字化实验作为一种崭新的教学手段，能在突出生物学科特点与学生认知特点的基础上，应用于研究性学习、生物兴趣小组课外活动等多种形式的学习活动，拓展了学生的学习空间，充分体现了 STEM 课程的特点，将科学（Science），技术（Technology），工程（Engineering），数学（Mathematics）4 门学科融合在数字化实验中，学生可以通过生物科学知识认识世界、解释自然界的客观规律。通过数字技术和工程，在尊重自然规律的基础上改造世界、实现对自然界的控制和利用、解决社会发展过程中遇到的难题。数学则作为技术与工程学科的基础工具，可以进行记录和统计。由此可见，生活中发生的大多数问题需要应用多种学科的知识来共同解决。中学生物数字化实验可以让生物学习贴近社会、贴近生活，促进学生实验探究、推理认知等学科核心素养的提升。

实验一　探究光照强度对蒸腾作用的影响

蒸腾作用快慢主要决定于叶内外的蒸汽压差大小。凡是影响叶内外蒸汽压差的外界条件，都会影响蒸腾作用。光照是影响蒸腾作用的最主要外界条件。光照可以提高大气的温度，同时也提高叶温，一般叶温比气温高2～10℃。大气温度的升高增强水分蒸发速率，叶片温度高于大气温度，使叶内外的蒸汽压差增大，蒸腾速率更快。此外，光照促使气孔开放，减少内部阻力，从而增强蒸腾作用。植物通过蒸腾作用一方面可以促进对水分的摄取、运输，另一方面可以降低叶表面的温度。

一、实验目的

探究光照强度对蒸腾作用的影响。

二、实验原理

通过蒸腾作用，植物将吸收的水分通过叶片气孔以气体形式散失体外。水分以气体形式散失可使气压下降导致压强改变，也会由于蒸腾水分导致湿度的改变。

三、实验器材

1. 仪器：密封塑料袋、湿度传感器、光强传感器、可移动或可调节光照强度的光源。
2. 材料：植物叶片（最好选择叶片表面积大、输导组织发达的植物叶片，如八角金盘）。

四、实验装置

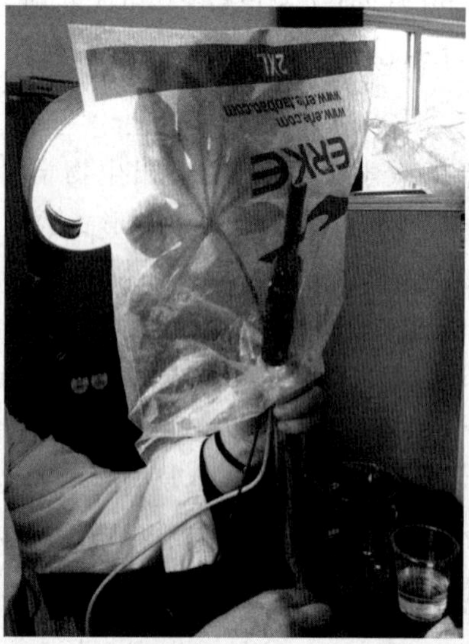

图2-2　光强对蒸腾作用影响实验装置

五、实验方法与数据分析

1.用密封袋将植物叶片和湿度传感器、光强传感器密封在袋中。

2.参考装置图 2-2,连接各仪器。

3.单击专用软件“光照强度对蒸腾率的影响”“实验窗口”按钮并进入“实验窗口”界面。

4.单击“实验准备”按钮,正常情况下,界面显示压强数据。可以单击“参数设置”按钮更改采样间隔(或采集频率)。单击“数据点连线”按钮可以对采集到的数据点进行连线,也可取消连线。

5.单击“记录数据”按钮将即时记录实验过程产生的实验数据。

6.依次单击“停止记录”按钮、“保存”按钮,实验结果将保存到实验报告中。如果需要重复实验,单击“重复”按钮或关闭当前“实验窗口”重复步骤 4 都可以重新进行相关实验。单击“删除数据”按钮,可以对数据表格中选择的数据进行删除。

7.单击“实验报告”按钮,进入“实验报告”界面,将实验报告填写完整,单击实验报告右下角“保存”按钮,系统将自动生成完整的实验报告电子文档,提示要求输入保存位置和保存文件名名称。输入完毕确认后,文档即时呈现到当前界面。确认无误后关闭文档即可。

8.有光照条件下结果如图 2-3 和图 2-4 所示,显示结论:光照强度增加,植物蒸腾散发水分更多,湿度增加更明显。

9.在移动光源对植物的叶片进行照射时,要注意移动光源与植物叶片之间的距离,由于移动光源本身有比较高的热度,如果与植物叶片的距离过近,会灼伤植物叶片,造成较大的误差。

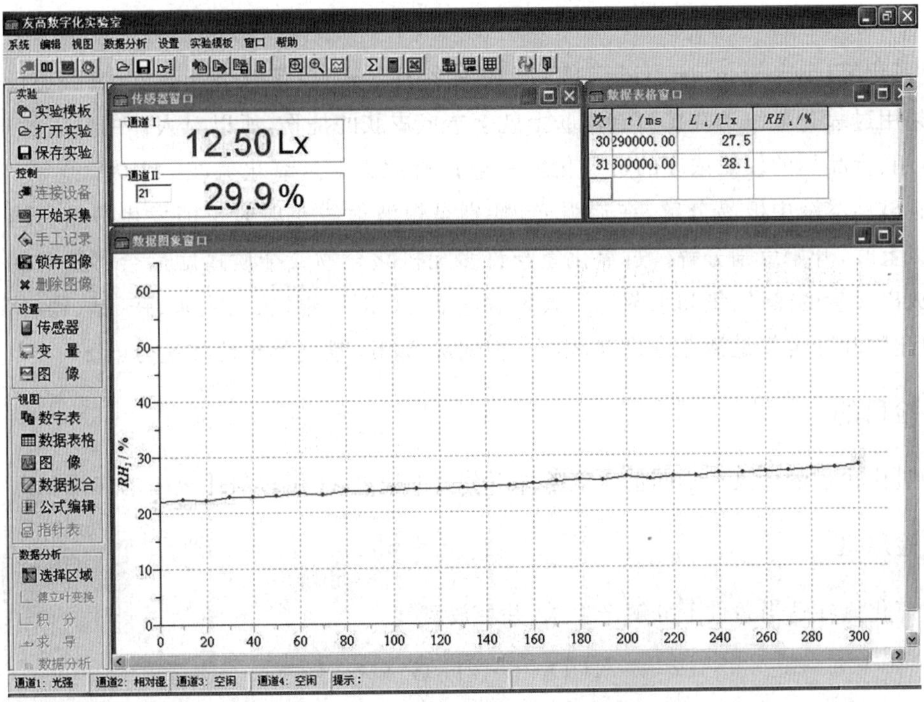

图 2-3　光强对蒸腾作用影响实验结果(一)

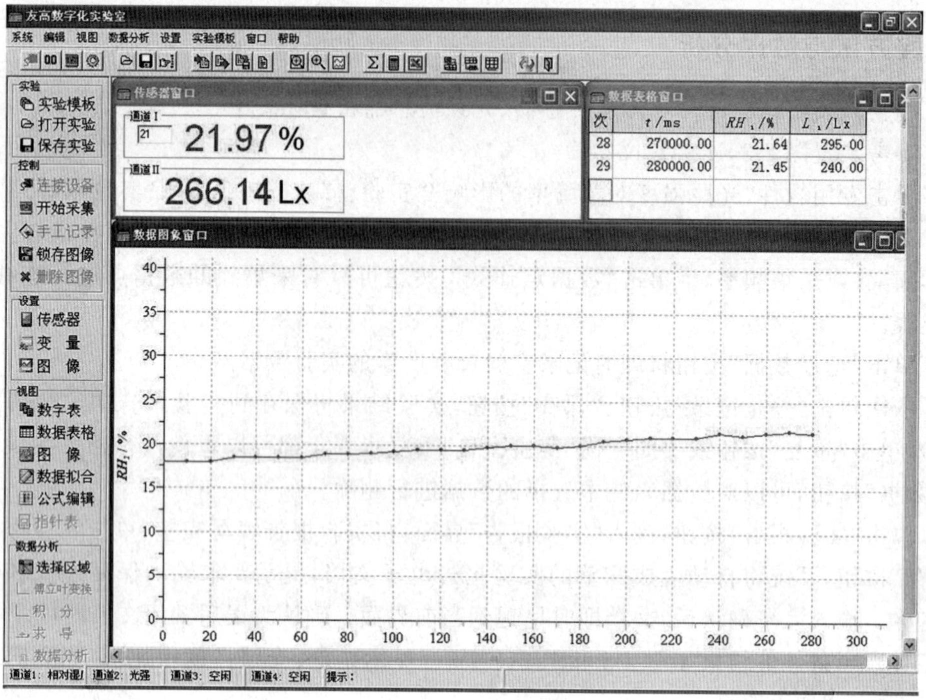

图 2-4 光强对蒸腾作用影响实验结果(二)

实验二　比较过氧化氢在不同催化剂条件下的分解

过氧化氢(hydrogen peroxide) H_2O_2,中文名为双氧水,具有很强的氧化性,还极具腐蚀性,如果用过氧化氢浓液直接涂到皮肤上就会造成皮肤的烧伤,所以对人体的危害性极大,但是消毒用、食品用的较低浓度的过氧化氢一般没有危害。过氧化氢在 pH 为 3.5～4.5 时最稳定,在碱性溶液中极易分解,在遇强光,特别是短波射线照射时也能发生分解。当加热到100℃以上时,开始急剧分解。过氧化氢与许多无机化合物或杂质接触后会迅速分解而导致爆炸,放出大量的热量、氧和水蒸气。大多数重金属(如铁、铜、银、铅、汞、锌、钴、镍、铬、锰等)及其氧化物和盐类都是活性催化剂,尘土、香烟灰、碳粉、铁锈等也能加速分解。

一、实验目的

通过比较过氧化氢在不同催化剂条件下分解的速度,了解过氧化氢酶的作用和意义。

二、实验原理

过氧化氢在适当条件下分解产生水,并释放氧气。

$$2H_2O_2 \longrightarrow 2H_2O + O_2 \uparrow$$

三、实验器材

1. 仪器：压强传感器、烧杯、量筒、天平、500 mL 三角锥形瓶、研钵、滤纸、漏斗。

2. 材料：过氧化氢溶液、$FeCl_3$、土豆、新鲜肝脏(猪肝或鸡肝)。

四、实验装置

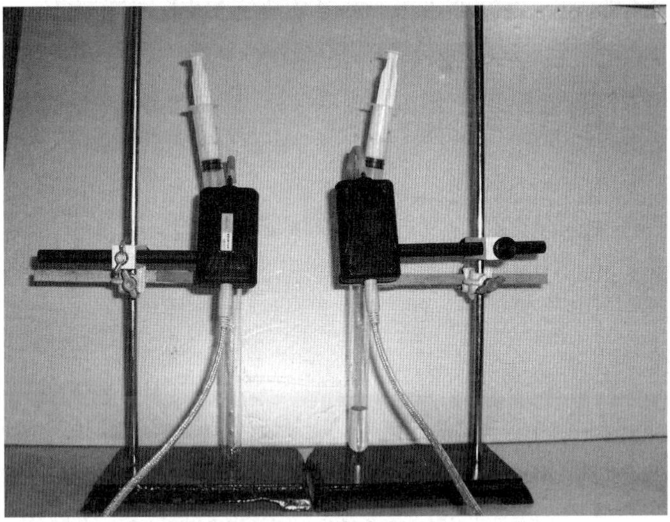

图 2-5　过氧化氢在不同条件下分解实验装置

五、实验方法与数据分析

1. 将土豆或新鲜肝脏研磨，并过滤得到研磨液约 1 mL。

2. 配置好浓度为 3.5%的 $FeCl_3$溶液约 1 mL。

3. 准备浓度为 3%的过氧化氢溶液 200 mL，装入 a、b 三角锥形瓶各 100 mL。

4. 在 a、b 三角锥形瓶内分别用注射器装入 1、2 步准备的溶液。

5. 按装置图 2-5 连接压强传感器、数据采集器。

6. 单击专用软件“过氧化氢的分解”“实验窗口”按钮并进入“实验窗口”界面。

7. 单击“实验准备”按钮，正常情况下，界面显示压强数据。可以单击“参数设置”按钮更改采样间隔(或采集频率)。根据实验条件单击左上下拉式选项框，选择“研磨液”或“$FeCl_3$溶液”。

8. 单击“记录数据”按钮将即时记录实验过程产生的实验数据。

9. 依次单击“停止记录”按钮、“保存”按钮，实验结果将保存到实验报告中。如果需要重复实验，单击“重复”按钮或关闭当前“实验窗口”重复步骤 7 都可以重新进行相关实验。单击“删除数据”按钮，可以对数据表格中选择的数据进行删除。

10. 单击“实验报告”按钮，进入“实验报告”界面，将实验报告填写完整，单击实验报告右下角“保存”按钮，系统将自动生成完整的实验报告电子文档，提示要求输入保存位置和保存文件名名称。输入完毕确认后，文档即时呈现到当前界面。确认无误后关闭文档即可。

11. 结果分析。比较图 2-6 曲线(生物研磨液)压强升高非常明显,说明生物研磨液更能促使过氧化氢溶液的分解。

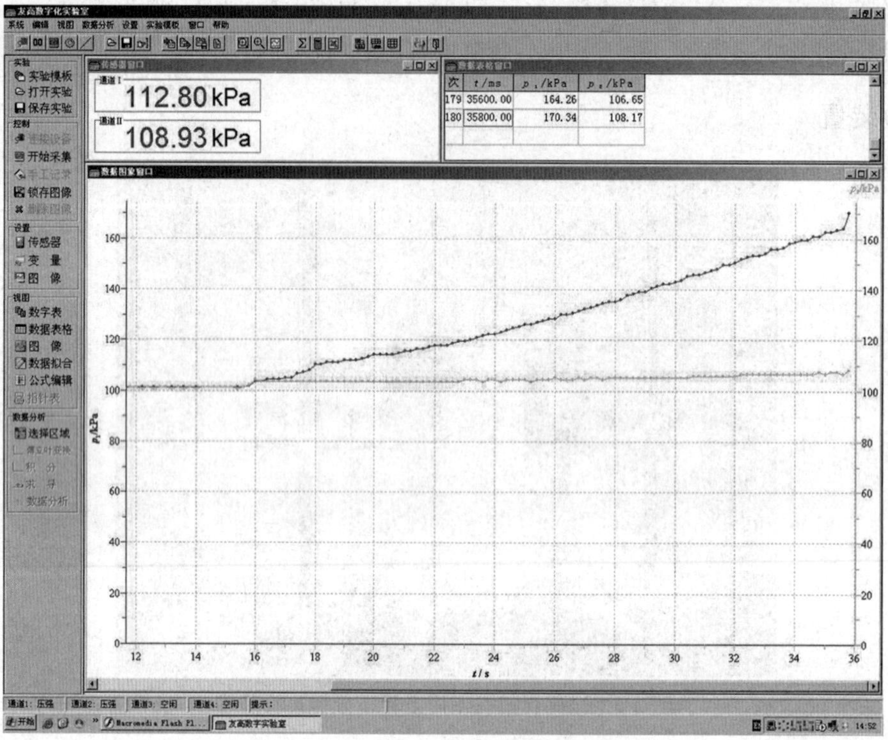

图 2-6　过氧化氢分解实验结果

实验三　探究温度和 pH 对酶活性的影响

酶(enzyme)是生物体内多数反应的一种生物催化剂,除少数是 RNA 外,几乎所有酶都是蛋白质。酶作用特点表现为不改变反应的平衡,只是通过降低活化能加快化学反应的速度。酶具有专一性,一种酶只能催化一种或一类反应。

酶反应介质的 pH 可影响酶分子,特别是活性中心上必需基团的解离程度和催化基团中质子供体或质子受体所需的离子化状态,影响酶与底物的结合。只有在特定的 pH 条件下,酶、底物的解离情况最适宜于它们互相结合,并发生催化作用,使酶促反应速度达到最大值,这种 pH 称为酶的最适 pH(optimum pH)。动物体内多数酶的最适 pH 接近中性。

一般来说,酶促反应速度随温度升高而加快,但当温度升高达到某一点后,由于酶蛋白的热变性作用,反应速度迅速下降。酶促反应速度随温度升高而达到最大值时的温度就称为酶的最适温度。酶的最适温度与实验条件有关,因而它不是酶的特征性常数。低温时由于活化分子数目减少,反应速度降低,但温度升高(一定范围内)后,酶活性又可恢复。

从动物组织提取的酶,其最适温度多在 35～40℃之间,温度升高到 60℃以上时,大多数酶开始变性,80℃以上,多数酶的变性不可逆。酶的活性虽然随温度的下降而降低,但低温一般不破坏酶。温度回升后，酶又恢复活性。临床上低温麻醉就是利用酶的这一性质以减慢组织细胞代谢速度，提高机体对氧和营养物质缺乏的耐受力，有利于进行手术治疗。

一、实验目的

1. 探究不同 pH 对过氧化氢酶活性的影响。
2. 探究不同温度对过氧化氢酶促反应的影响。

二、实验原理

只有在特定的 pH 条件下，酶、底物的解离情况，最适宜于它们互相结合，并发生催化作用，使酶促反应速度达到最大值，这种 pH 称为酶的最适 pH。

温度对酶促反应的影响表现为双重性，即随着温度升高会提高酶促反应速度，当温度达到一定量时，又会降低酶促反应速度。

三、实验器材

1. 仪器：pH 传感器、压强传感器、温度传感器、烧杯、量筒、天平、试管、研钵、滤纸、漏斗、刀片、酒精灯、铁架台、玻璃棒。
2. 材料：过氧化氢溶液、土豆或者新鲜肝脏、稀盐酸、稀氢氧化钠溶液。

四、实验装置

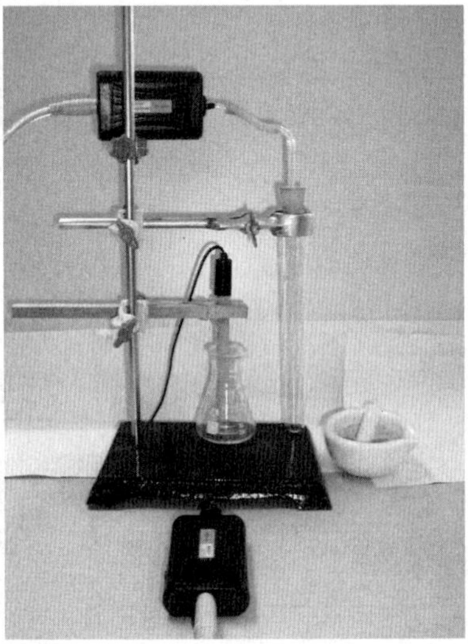

图 2-7 pH 影响过氧化氢酶活性实验装置

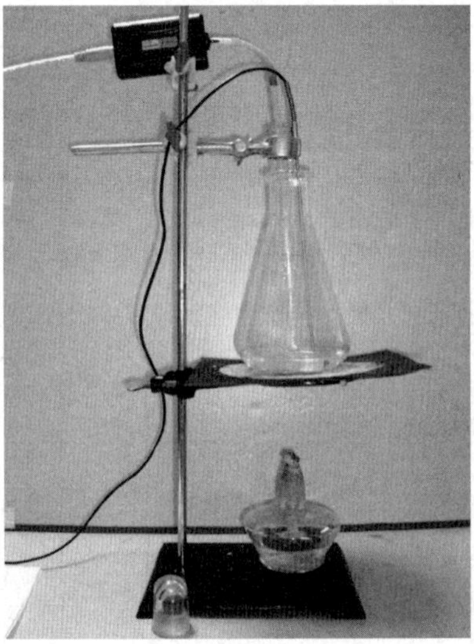

图 2-8 温度对酶促反应影响实验装置

五、实验方法与数据分析

(一)探究 pH 对过氧化氢酶活性的影响

1. 将土豆或新鲜肝脏研磨，并过滤得到研磨液约 5 mL 备用。
2. 准备浓度为 3%的过氧化氢溶液 600 mL，在 250 mL 的锥形瓶内装入 50 mL。

3. 用 pH 传感器测定试管内溶液，滴加稀盐酸或者稀氢氧化钠溶液，直至 pH 为 7。

4. 按装置图 2-7 连接压强传感器、采集器。

5. 取备用的研磨液 1 mL 注射入锥形瓶。

6. 单击专用软件“探究影响酶活性的条件(pH 影响)”“实验窗口”按钮并进入“实验窗口”界面。

7. 单击“实验准备”按钮，正常情况下，界面显示压强、pH 数据。可以单击“参数设置”按钮更改采样间隔(或采集频率)。利用标准液对 pH 传感器进行校正。根据实验条件单击左上下拉式选项框，选择“pH 为 7”选项。

8. 单击“记录数据”按钮将即时记录实验过程产生的实验数据。

9. 依次单击“停止记录”按钮、“保存”按钮，实验结果将保存到实验报告中。如果需要重复实验，单击“重复”按钮或关闭当前“实验窗口”重复步骤 7 都可以重新进行相关实验。单击“删除数据”按钮，可以对数据表格中选择的数据进行删除。

10. 将 pH 调至为 2 或 10，重复步骤 7～9，仅将步骤 7 最后选项作相应改变即可。

11. 单击“实验报告”按钮，进入“实验报告”界面，将实验报告填写完整，单击实验报告右下角“保存”按钮，系统将自动生成完整的实验报告电子文档，提示要求输入保存位置和保存文件名名称。输入完毕确认后，文档即时呈现到当前界面。确认无误后关闭文档即可。

12. 参考图 2-9 至图 2-11 分析。图 2-10 是 pH 7 条件下的实验结果，说明此条件下酶活性最好，最能促使过氧化氢溶液的分解。

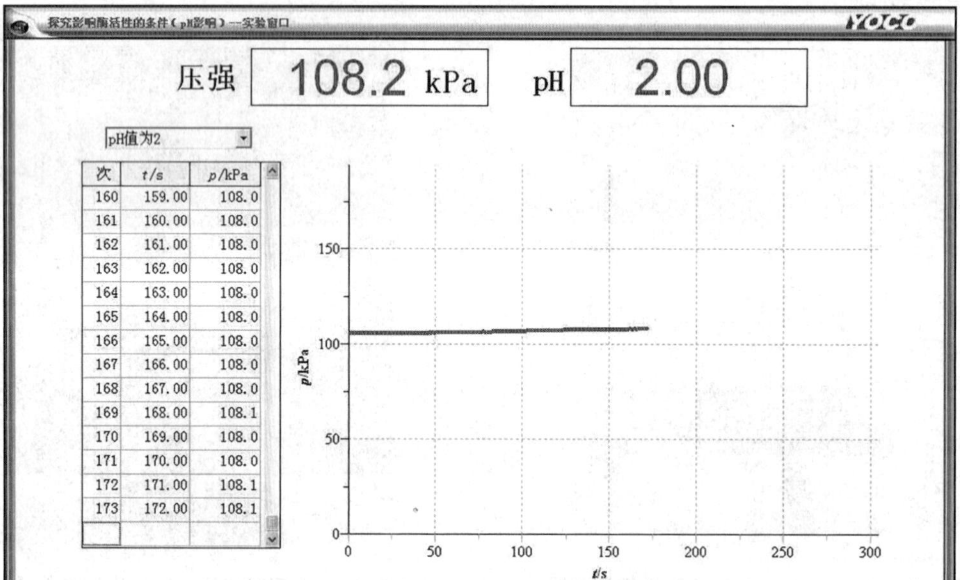

图 2-9　探究 pH 影响酶活性实验结果(pH 2)

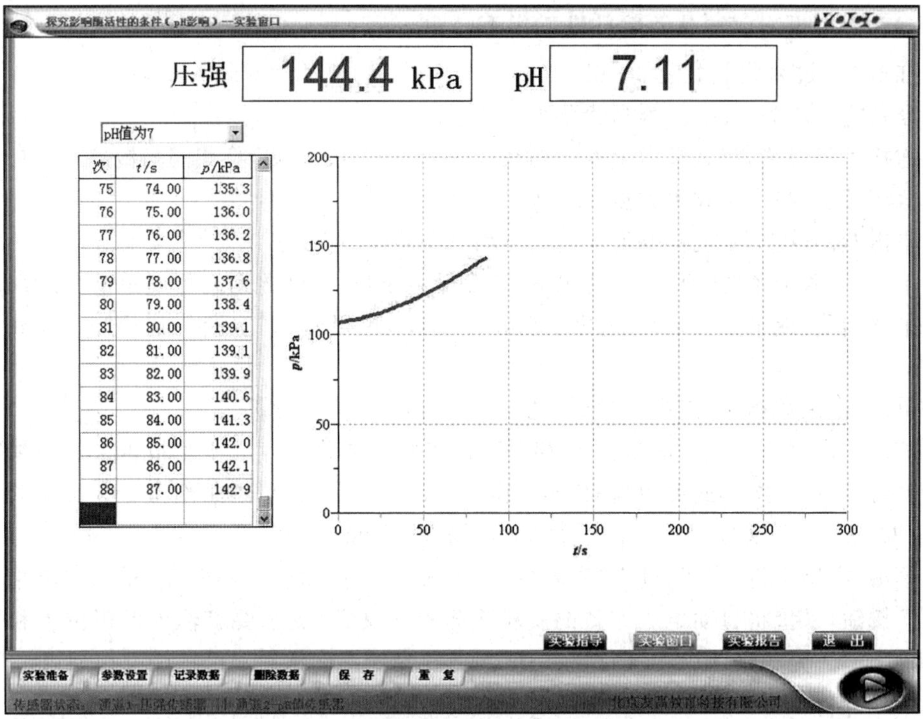

次	t/s	p/kPa
75	74.00	135.3
76	75.00	136.0
77	76.00	136.2
78	77.00	136.8
79	78.00	137.6
80	79.00	138.4
81	80.00	139.1
82	81.00	139.1
83	82.00	139.9
84	83.00	140.6
85	84.00	141.3
86	85.00	142.0
87	86.00	142.1
88	87.00	142.9

图 2-10　探究 pH 影响酶活性实验结果(pH 7)

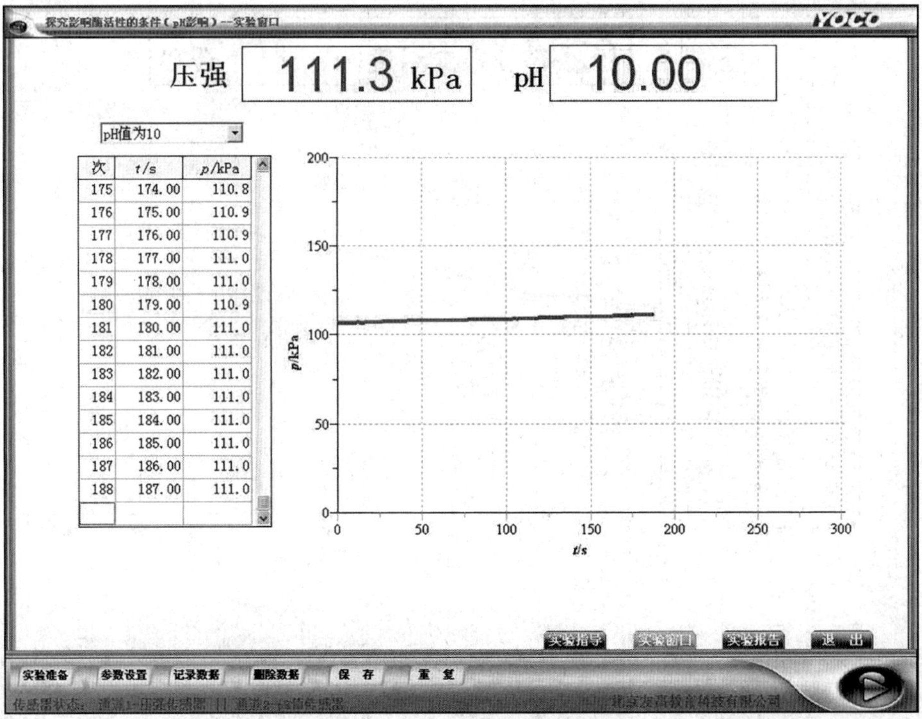

次	t/s	p/kPa
175	174.00	110.8
176	175.00	110.9
177	176.00	110.9
178	177.00	111.0
179	178.00	111.0
180	179.00	110.9
181	180.00	111.0
182	181.00	111.0
183	182.00	111.0
184	183.00	111.0
185	184.00	111.0
186	185.00	111.0
187	186.00	111.0
188	187.00	111.0

图 2-11　探究 pH 影响酶活性实验结果(pH 10)

(二)探究温度对过氧化氢酶活性的影响

1.准备 3%过氧化氢溶液 30 mL。

2.准备边长均为 1 cm 新鲜马铃薯小块若干。

3.连接水浴装置,将试管内温度控制在 20℃或 40℃或 60℃,将相同马铃薯小块分别放入过氧化氢溶液中,在准备收集数据前连接好装置。

4.单击专用软件“温度对酶促反应的影响”“实验窗口”按钮并进入“实验窗口”界面。

5.单击“实验准备”按钮,正常情况下,界面显示压强、温度数据。可以单击“参数设置”按钮更改采样间隔(或采集频率)。根据实验条件单击左上下拉式选项框,选择“20℃”或“40℃”或“60℃”。

6.单击“记录数据”按钮将即时记录实验过程产生的实验数据。

7.依次单击“停止记录”按钮、“保存”按钮,实验结果将保存到实验报告中。如果需要重复实验,单击“重复”按钮或关闭当前“实验窗口”重复步骤 5 都可以重新进行相关实验。单击“删除数据”按钮,可以对数据表格中选择的数据进行删除。

8.单击“实验报告”按钮,进入“实验报告”界面,将实验报告填写完整,单击实验报告右下角“保存”按钮,系统将自动生成完整的实验报告电子文档,提示要求输入保存位置和保存文件名名称。输入完毕确认后,文档即时呈现到当前界面。确认无误后关闭文档即可。

9.结果分析。参考图 2-12 和图 2-13 分析,在 40℃环境下,在相同的时间内压强曲线升高最快,说明此温度下马铃薯最能协助过氧化氢的分解。

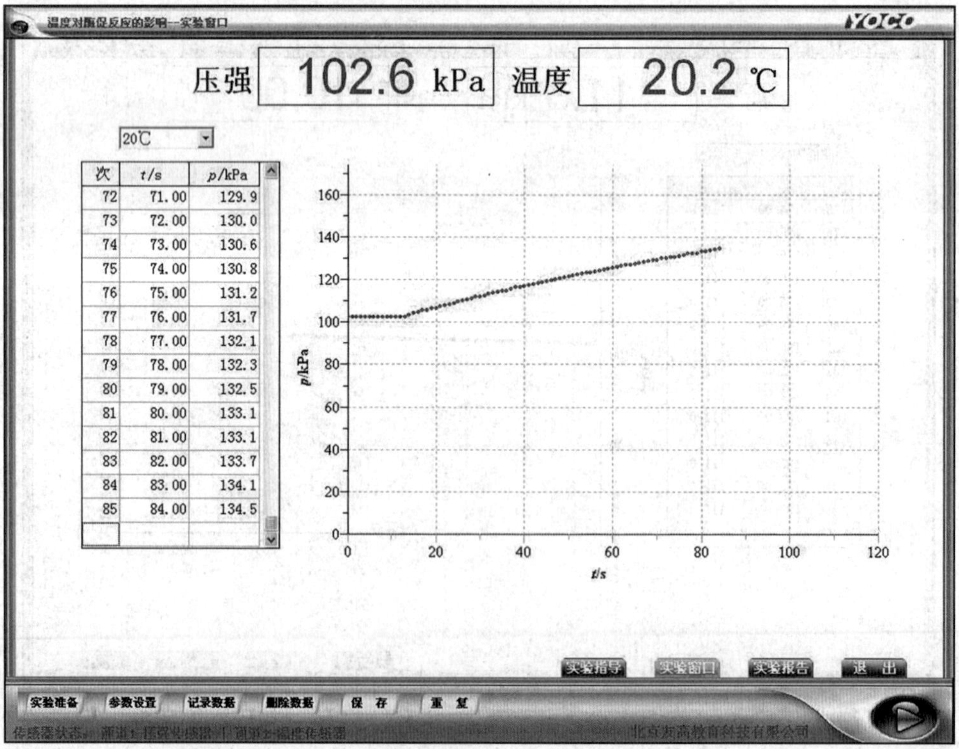

图 2-12 温度对酶促反应影响实验结果(20℃)

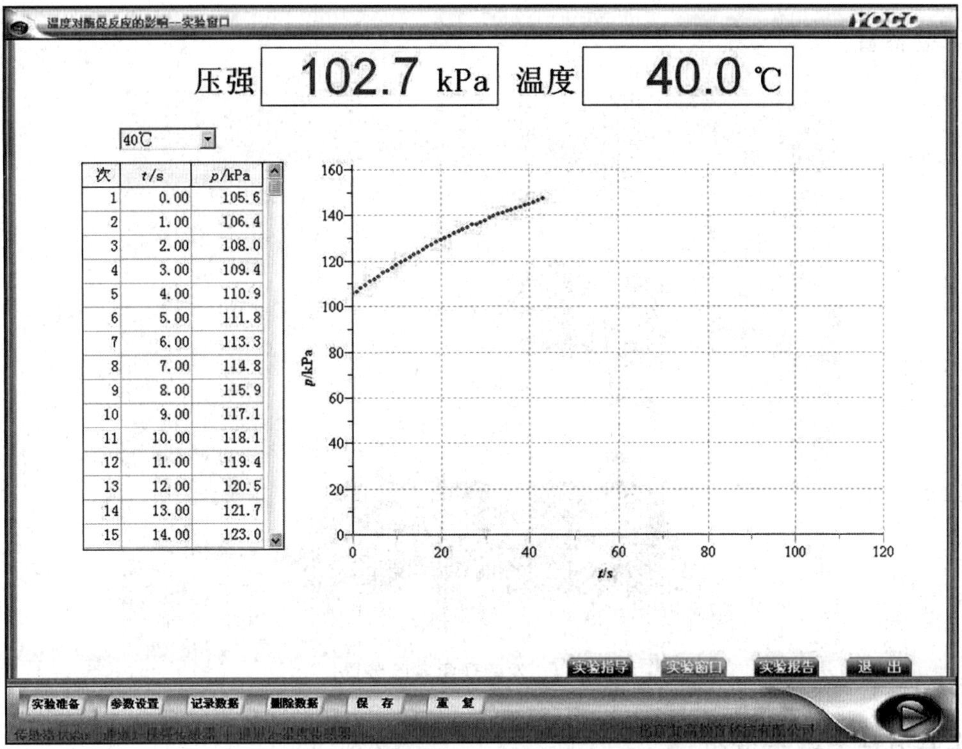

图 2-13　温度对酶促反应影响实验结果(40℃)

实验四　发酵现象

广义的发酵是指利用生物体(包括微生物、植物细胞、酵母菌等)的代谢功能,使有机物分解的生物化学反应过程,比如酿酒、酿醋、面团的发酵、沼气的产生、垃圾的腐烂。

狭义的发酵概念是指微生物在无氧条件下将糖类转变成乙醇的过程。

发酵分为有氧发酵和无氧(厌氧)发酵。比如:酒是在无氧条件下发酵,醋则是在有氧条件下发酵。

一、实验目的

了解酵母菌发酵现象。

二、实验原理

酵母菌将溶液中葡萄糖分解为酒精并产生二氧化碳。

三、实验器材

1. 仪器:500 mL 锥形瓶、瓶塞、压强传感器、打孔器。

2. 材料:酵母菌、蔗糖溶液、温水。

四、实验装置

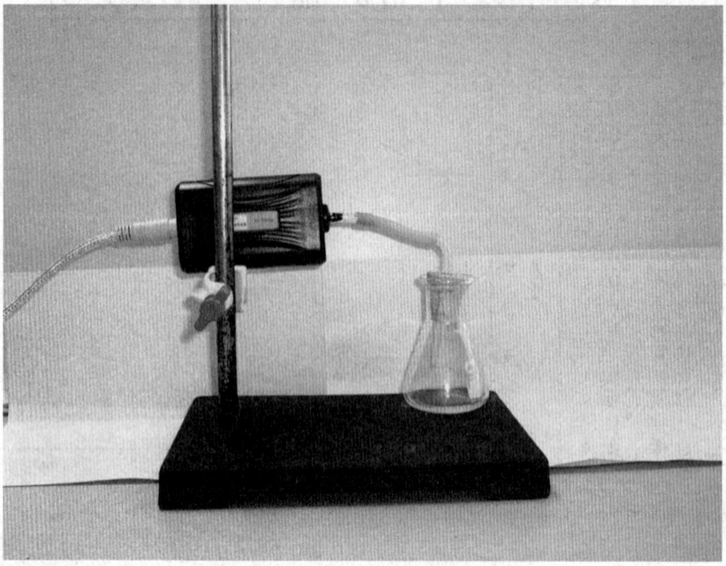

图 2-14　发酵现象实验装置

五、实验方法与数据分析

1. 将约 150 mL 温开水(温水的温度在 25～35℃之间)、20 g 白糖、5 g 酵母放入锥形瓶内，用玻璃棒搅拌混合。

2. 将上述准备的锥形瓶连接压强传感器。

3. 按照装置图 2-14 连接相关装置。

4. 单击专用软件“发酵现象”并进入“实验窗口”界面。

5. 单击“开始采集”按钮，正常情况下，界面显示压强数据。可以单击“参数设置”按钮更改采样间隔(或采集频率)。单击“数据点连线” 按钮(单击后按钮变为“取消连线”，单击后连线可取消)软件将自动将实验产生的数据点进行连线。

6. 单击“记录数据”按钮将即时记录实验过程产生的实验数据。

7. 依次单击“停止记录”按钮、“停止采集”按钮。如果需要重复实验，单击“清屏”按钮或关闭当前“实验窗口”重复步骤 5 都可以重新进行相关实验。

8. 单击“实验报告”按钮，进入“实验报告”界面，将实验报告填写完整，单击实验报告右下角“保存”按钮，系统将自动生成完整的实验报告电子文档，提示要求输入保存位置和保存文件名名称。输入完毕确认后，文档即时呈现到当前界面。确认无误后关闭文档即可。

9. 从实验结果图 2-15 看到压强曲线快速升高，说明密封容器内的酵母粉进行了旺盛的生命活动并产生了很多气体。

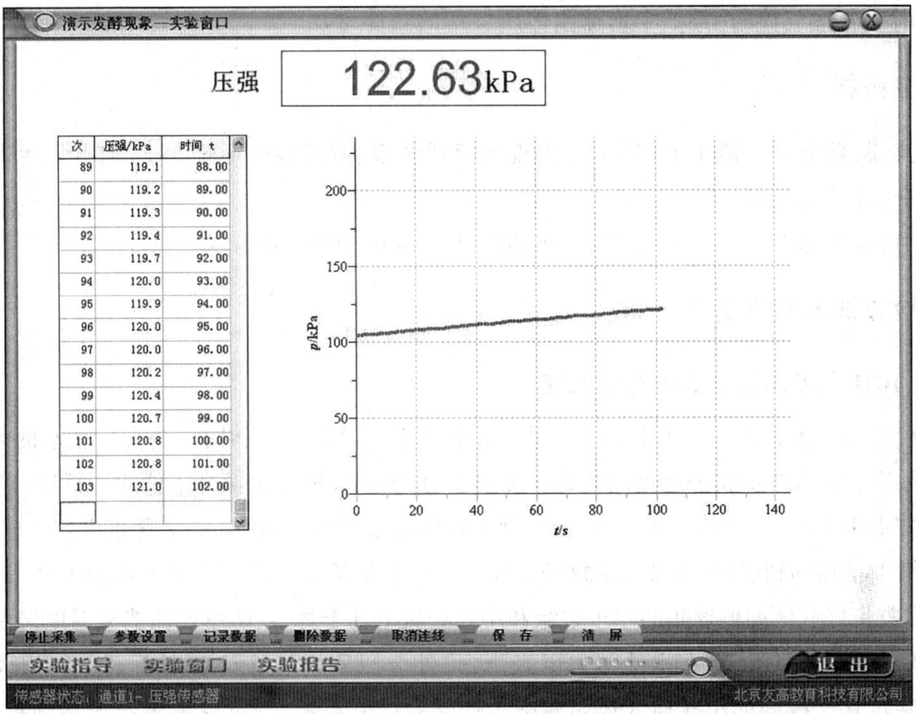

图 2-15　发酵现象实验结果

实验五　温室效应

温室效应又称为“花房效应”，是大气保温效应的俗称。大气能使太阳短波辐射到达地面，但地面向外放出的长波热辐射射线却被大气吸收，这样就使地面与低层大气温度升高，因其作用类似于栽培农作物的温室，故称为温室效应。温室效应是当今环境污染的重要组成部分。在相同太阳光照射和地面辐射的自然条件下，大气中几种主要气体的平均温度从高到低的顺序为：CO_2＞空气＞N_2＞O_2，CO_2是主要的温室气体。另外，也有研究表明，大气中少量的 CH_4亦对温室效应有影响。由于 CH_4含量较少，其温室效应常被人们忽视。

一、实验目的

了解温室效应，比较 CO_2和 CH_4对温室效应的影响。

二、实验原理

CO_2气体具有吸热和隔热的功能，它在大气中增多的结果是形成一种无形的玻璃罩，使太阳辐射到地球上的热量无法向外层空间发散，其结果使地球表面变热起来。因此，二氧化碳等气体被称为温室气体。大气层如同覆盖玻璃的温室一样，保存了一定的热量，使得地球不至于像没有大气层的月球一样，被太阳照射时温度急剧升高，不受太阳照射时温度急剧下降。但因为温室气体的增加,令地球整体所保留的热能增加。

三、实验器材

1. 仪器:数据采集器 1 个、TT051 温度传感器 8 根、带胶塞的导管 2 支、启普发生器 1 个、水槽 1 个、红外灯 1 盏。

2. 材料:大理石、3 mol/L 盐酸、无水醋酸钠、NaOH 固体、熟石灰。

四、实验方法与数据分析

(一)CH_4 与 CO_2 温室效应对比探究

1. 校正温度传感器。将 4 根温度传感器分别置于常温空气中和同一装有自来水的烧杯中,测试灵敏度。只有当测得的温度读数基本无偏差时,才能保证本次探究条件的平行性。

2. 分别用 4 只体积相同(250 mL)的干燥的玻璃瓶装满水,并用塞子塞紧瓶口。将玻璃瓶倒放在水槽中,使玻璃瓶的瓶口没入水槽的水面下再将塞子拔出。通过排水法收集 CH_4 和 CO_2 各 2 瓶。在收集好气体的玻璃瓶的塞子边缘和小孔处涂上凡士林,以防漏气而造成温度误差。

3. 将 2 瓶不同气体放在室外的太阳光下,另外 2 瓶置于红外灯照射下,分别将 4 根温度传感器穿过塞子中间的小孔插入玻璃瓶中。打开数据采集器,将温度传感器连接到数据采集器的端口,然后设置数据采集器每秒采集一个数据,一共采集 500 个数据。实验数据记录见图 2-16 和图 2-17。

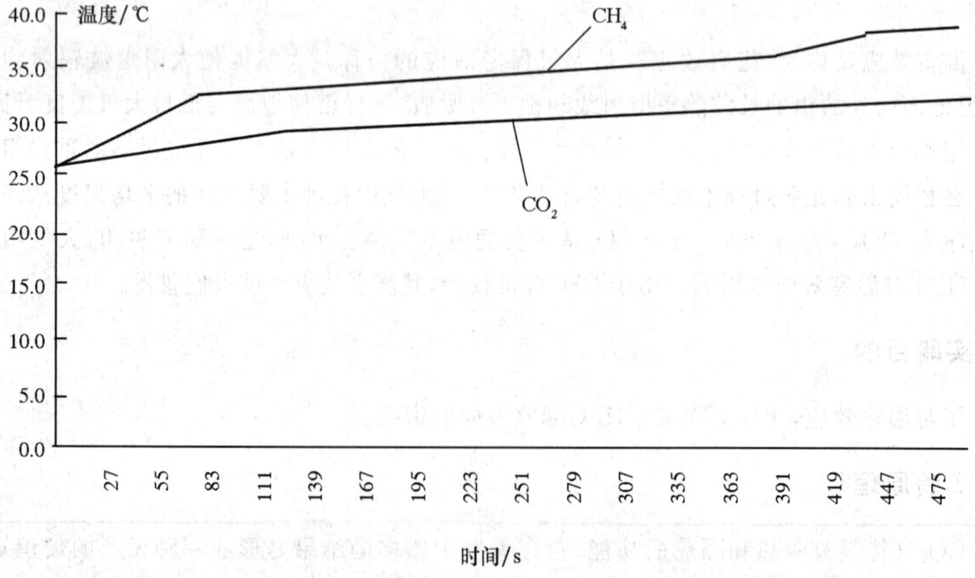

图 2-16 相同体积 CH_4 与 CO_2 在太阳光照射下的温度变化曲线

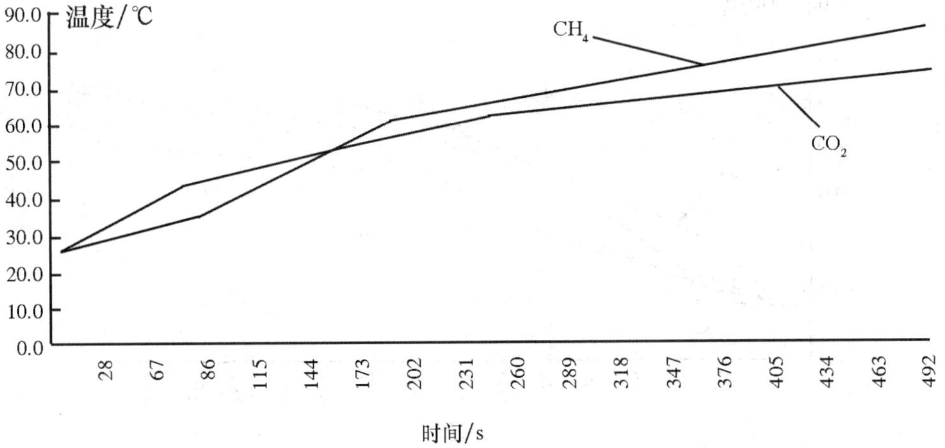

图 2-17　相同体积 CH_4 与 CO_2 在红外灯照射下的温度变化曲线

(二)不同体积分数的 CH_4 温室效应对比探究

1. 将无水 CH_3COONa、NaOH 固体、熟石灰按 1∶1∶1的比例混合后装于硬质玻璃管中，用酒精灯加热，并用 8 只 250 mL 的玻璃瓶装入不同体积的水，用排水集气法收集 8 瓶不同体积(45 mL、90 mL、120 mL 和 160 mL 各 2 瓶)的 CH_4，当收集完时，要在水面下用塞子把玻璃瓶的瓶口塞紧再把瓶子拿出水面。在收集好气体的玻璃瓶的塞子边缘和小孔处涂上凡士林，以防漏气。这样就得到了不同体积分数的甲烷，分别为：18%、36%、48%、64%。

2. 将上述 8 只装有不同体积分数甲烷的玻璃瓶分成 2 组(每组 4 瓶气体的体积不同)，分别放在室外太阳光下和室内红外灯照射条件下，并将温度传感器穿过塞子中间的小孔插入玻璃瓶中。打开数据采集器，将温度传感器连接到数据采集器的端口，设置数据采集模式为每秒采集一个数据，一共采集 500 个数据。实验数据记录见图 2-18 和图 2-19。

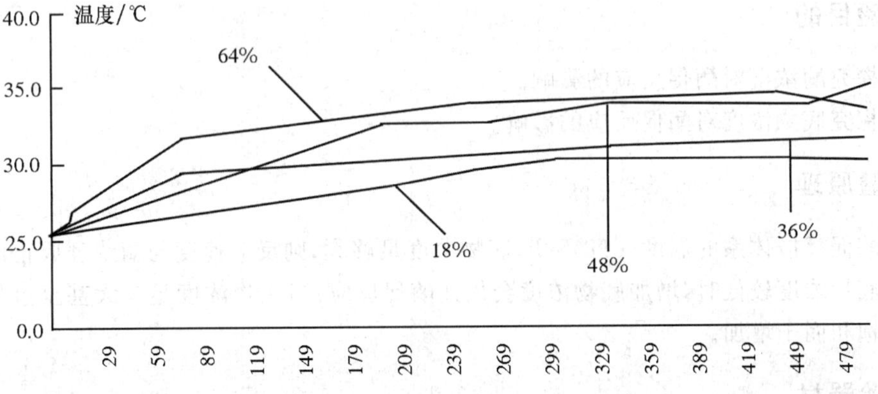

图 2-18　不同体积分数 CH_4 在太阳光照射下的温度变化曲线

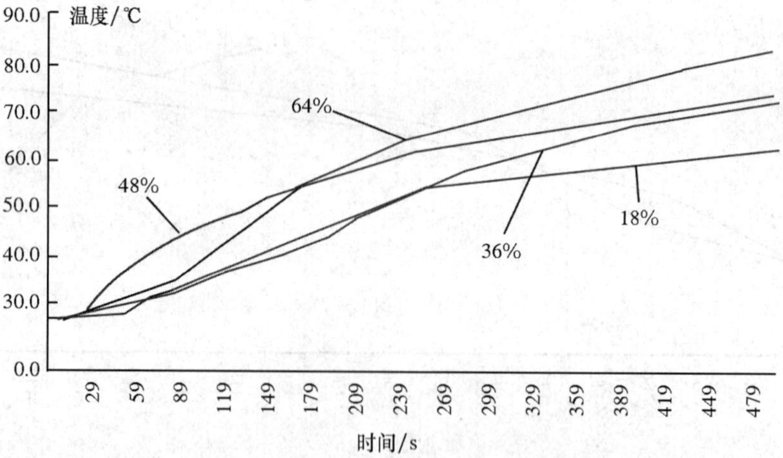

图 2-19　不同体积分数 CH_4 在红外灯照射下的温度变化曲线

实验六　酶浓度和底物浓度对酶促反应的影响

酶(enzyme)是活细胞内产生的具有高度专一性和催化效率的一些蛋白质，又称为生物催化剂，生物体在新陈代谢过程中，几乎所有的化学反应都是在酶的催化下进行的。化学反应尤其是生物化学反应，在受到酶催化的情况下，其反应过程会更高效率地进行。在一定的温度和 pH 条件下，反应系统中底物的浓度足够大时，酶促反应速度与酶浓度成正比，即 $\nu=k[E]$。在酶浓度不变时，不同的底物浓度与反应速度的关系为一矩形双曲线。即当底物浓度较低时，反应速度的增加与底物浓度的增加成正比；此后，随底物浓度的增加，反应速度的增加量逐渐减少；最后，当底物浓度增加到一定量时，反应速度达到最大值，不再随底物浓度的增加而增加。

一、实验目的

1. 探究酶浓度对酶促反应的影响。
2. 探究底物浓度对酶促反应的影响。

二、实验原理

当酶促反应体系的温度、pH 不变，底物浓度足够大，则反应速度与酶浓度成正比关系。

在底物浓度较低时，增加底物浓度会加速酶促反应；当底物浓度足够大甚至过量，酶促反应速度饱和而不增加。

三、实验器材

1. 仪器：试管、量筒、漏斗、刀片、压强传感器。
2. 材料：过氧化氢溶液、马铃薯。

四、实验装置

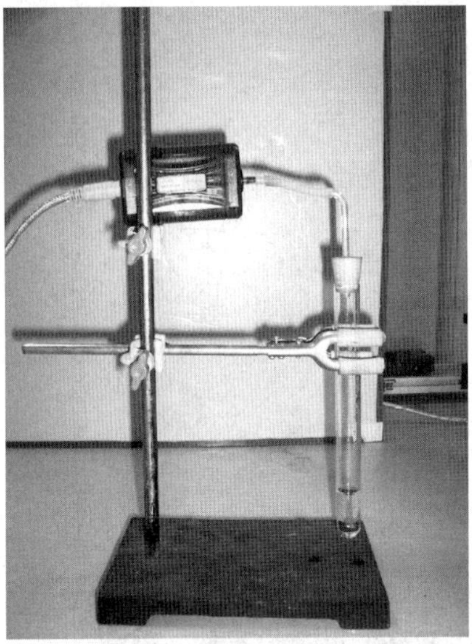

图 2-20　酶浓度对酶促反应影响实验装置

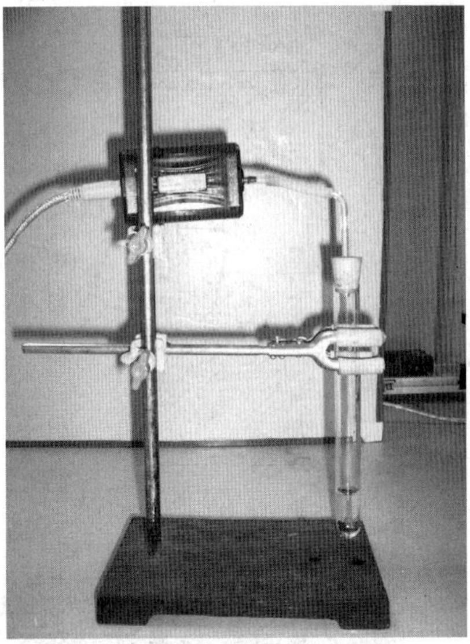

图 2-21　底物浓度对酶促反应影响实验装置

五、实验方法与数据分析

(一)探究酶浓度对酶促反应的影响

1. 准备 3%过氧化氢溶液 30 mL(3 mL 30%过氧化氢溶液+27 mL 清水),倒入干净的试管内。

2. 将马铃薯切块,用小刀将新鲜马铃薯切成边长均为 1 cm 的立方小块约 15 个备用。

3. 按照实验装置图 2-20,将 1 或 4 或 8 小块马铃薯放入上述试管内,连接好装置。

4. 单击专用软件"酶浓度对酶促反应的影响""实验窗口"按钮并进入"实验窗口"界面。

5. 单击"实验准备"按钮,正常情况下,界面显示压强数据。可以单击"参数设置"按钮更改采样间隔(或采集频率)。根据实验条件单击左上下拉式选项框,选择"1 小块马铃薯"或"4 小块马铃薯"或"8 小块马铃薯"。

6. 单击"记录数据"按钮将即时记录实验过程产生的实验数据。

7. 依次单击"停止记录"按钮、"保存"按钮,实验结果将保存到实验报告中。如果需要重复实验,单击"重复"按钮或关闭当前"实验窗口"重复步骤 5 都可以重新进行相关实验。单击"删除数据"按钮,可以对数据表格中选择的数据进行删除。

8. 单击"实验报告"按钮,进入"实验报告"界面,将实验报告填写完整,单击实验报告右下角"保存"按钮,系统将自动生成完整的实验报告电子文档,提示要求输入保存位置和保存文件名名称。输入完毕确认后,文档即时呈现到当前界面。确认无误后关闭文档即可。

9. 分析结果如图 2-22 至图 2-24 所示。其中相同时间内图 2-22 曲线(马铃薯最多)压强升高最快,说明马铃薯越多越能促使过氧化氢溶液的分解,马铃薯越多含有过氧化氢酶越多,因此,酶浓度越高越能促使过氧化氢溶液分解。

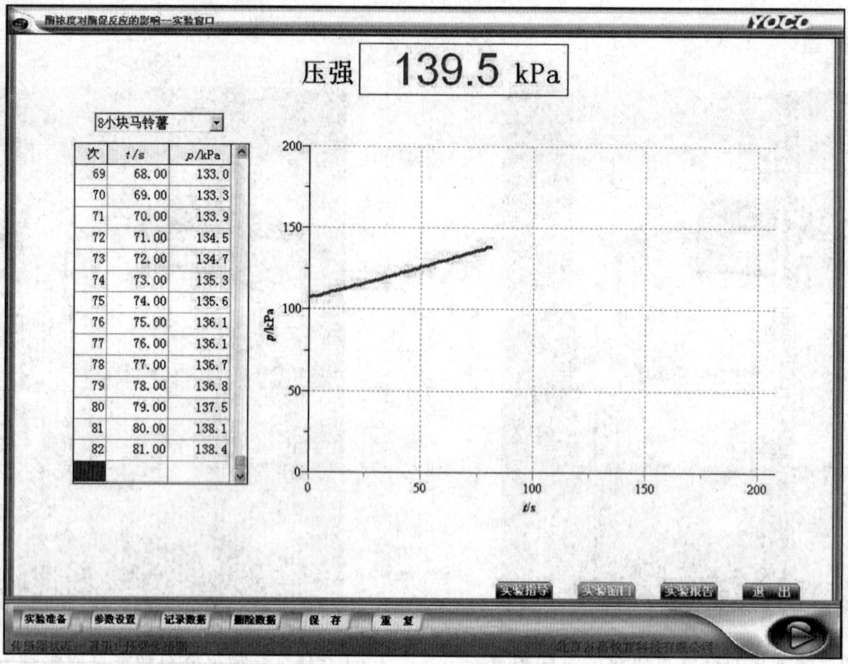

图 2-22　酶浓度对酶促反应影响实验结果(8 小块马铃薯)

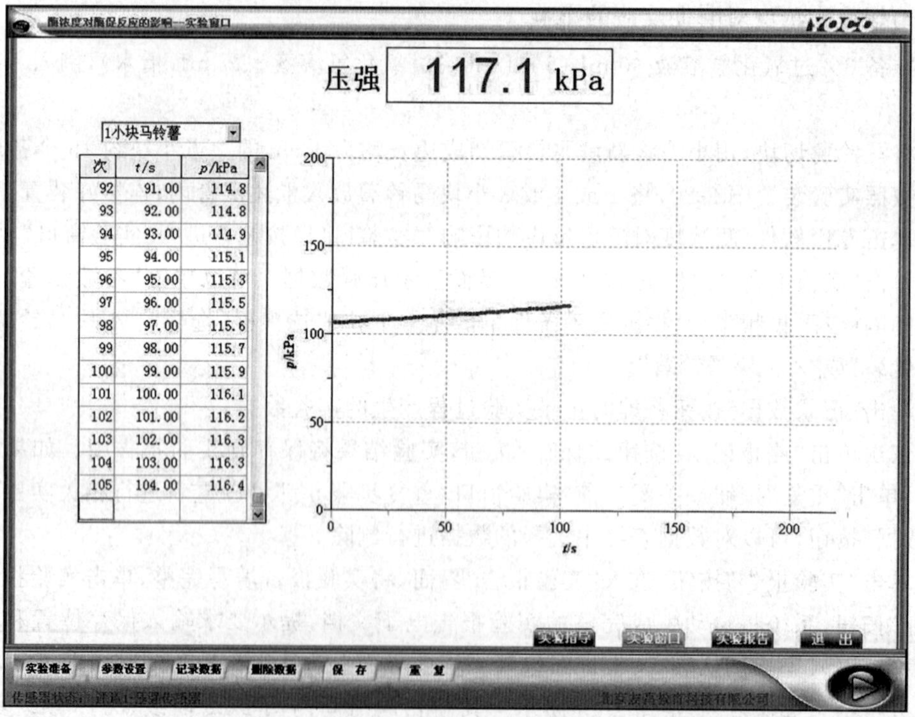

图 2-23　酶浓度对酶促反应影响实验结果(1 小块马铃薯)

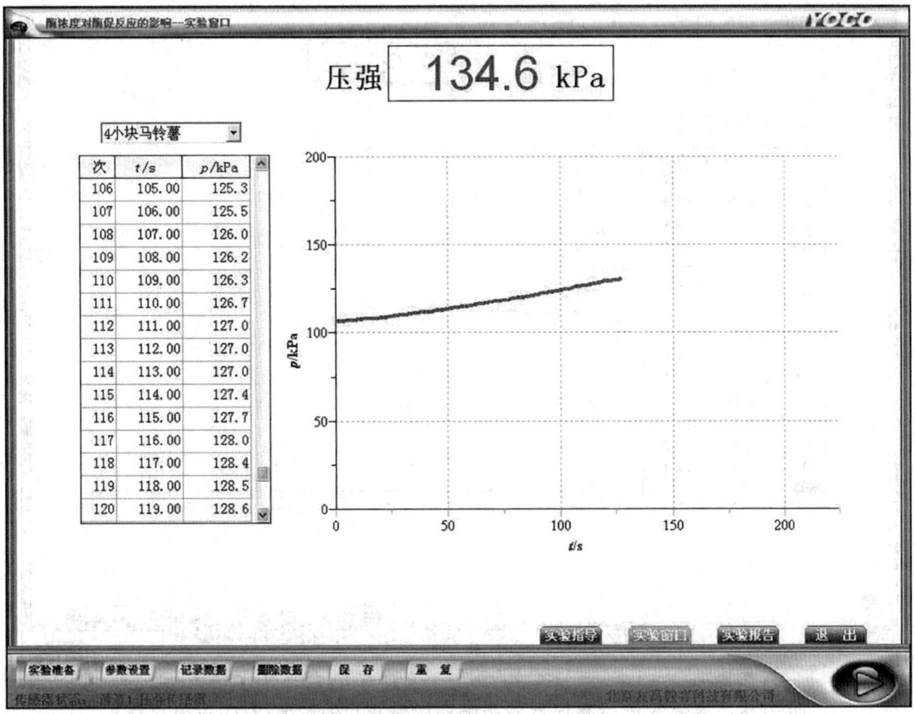

图 2-24　酶浓度对酶促反应影响实验结果(4 小块马铃薯)

(二)探究底物浓度对酶促反应的影响

1.准备浓度不等的过氧化氢溶液各 30 mL(浓度分别为 1%、2%、3%)。

2.准备新鲜马铃薯小块边长均为 1 cm 方块若干。

3.按照实验装置图 2-21 连接相关实验装置。

4.单击专用软件“底物浓度对酶促反应的影响”“实验窗口”按钮并进入“实验窗口”界面。

5.单击“实验准备”按钮,正常情况下,界面显示压强数据。可以单击“参数设置”按钮更改采样间隔(或采集频率)。根据实验条件单击左上下拉式选项框,选择“浓度 1%的过氧化氢”或“浓度 2%的过氧化氢”或“浓度 3%的过氧化氢”。

6.单击“记录数据”按钮将即时记录实验过程产生的实验数据。

7.依次单击“停止记录”按钮、“保存”按钮,实验结果将保存到实验报告中。如果需要重复实验,单击“重复”按钮或关闭当前“实验窗口”重复步骤 5 都可以重新进行相关实验。单击“删除数据”按钮,可以对数据表格中选择的数据进行删除。

8.单击“实验报告”按钮,进入“实验报告”界面,将实验报告填写完整,单击实验报告右下角“保存”按钮,系统将自动生成完整的实验报告电子文档,提示要求输入保存位置和保存文件名名称。输入完毕确认后,文档即时呈现到当前界面。确认无误后关闭文档即可。

9.从数据结果图 2-25 至图 2-27 可以看出,图 2-27 中曲线参与的过氧化氢溶液浓度是 3%条件下,压强上升最快,因此,可以得到结论,随着底物浓度减少,酶促反应速率降低。

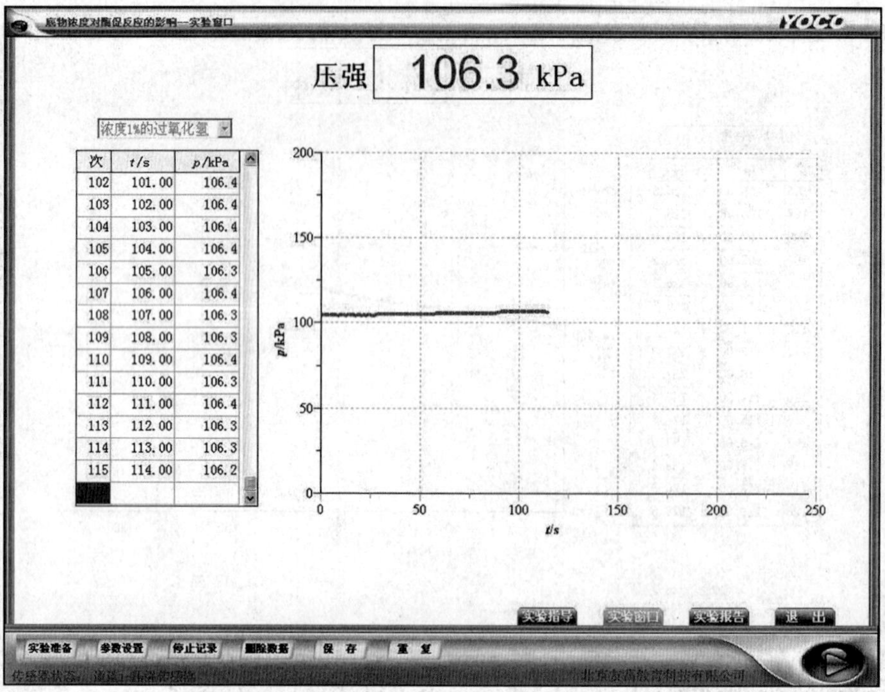

图 2-25　底物浓度对酶促反应影响实验结果(浓度为 1%的过氧化氢)

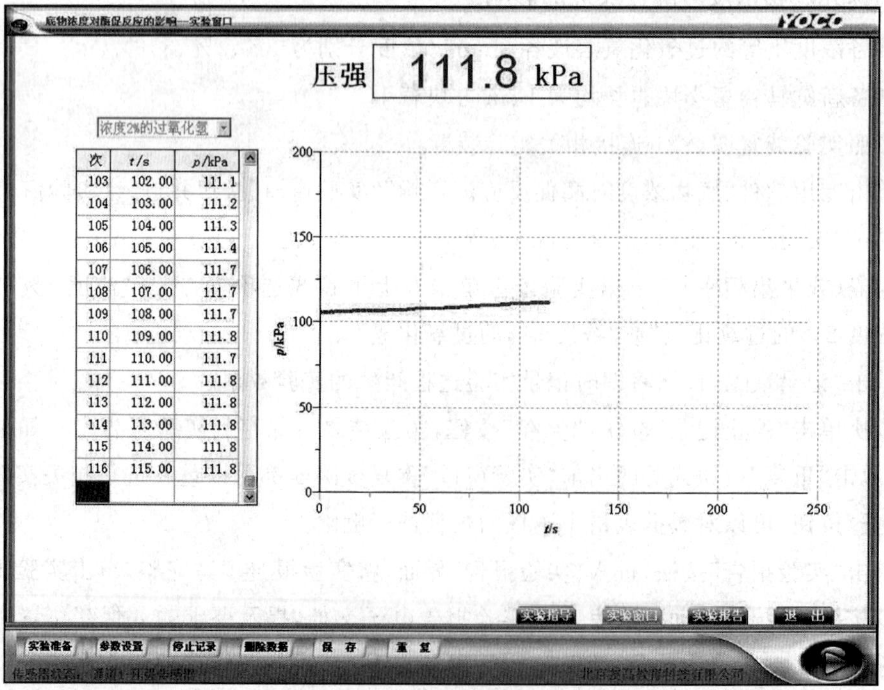

图 2-26　底物浓度对酶促反应影响实验结果(浓度为 2%的过氧化氢)

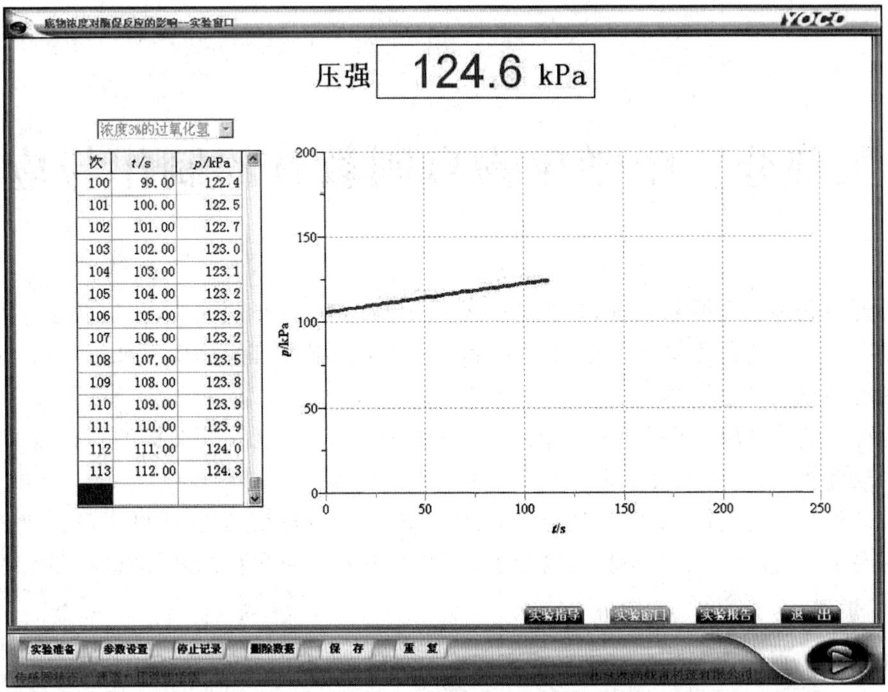

图 2-27　底物浓度对酶促反应影响实验结果(浓度为 3%的过氧化氢)

提示:本实验底物浓度都比较低,因此有上述实验现象。如果将过氧化氢溶液浓度都提高在 20%以上,实验现象可能会有不同的结果。

第三部分 中学生物自制教具的制作与应用

人类创造和传承文明靠教育，有教育就需要教具。然而，环顾现实，我们教学一线的一些教师还没有认识到自制教具的作用和意义，因此，参与自制教具的热情不高，利用自制教具开展教学活动的积极性也不高。

教育教学实践经验告诉我们，有什么样的教育教学思想，就有什么样的教育教学行为，有什么样的教育教学行为，就会带来什么样的教育教学结果。

通过该章学习，让教师明白有教育就有教具，教育离不开教具；让教师了解自制教具是教育改革的要求；让教师了解自制教具的特点，在教学中的作用和自制教具选材、设计及制作的原则等等。

第一节 自制教具概述

教师结合教学内容和过程需要设计适合自己教学风格的教具，作为教育信息的载体，用来活化、传递教育信息，进而实现学生知识建构以及智力和非智力因素的发展，这就是自制教具的制作和应用过程。

一、为什么要制作教具

人类创造和传承文明靠教育，有教育就需要教具。教具，是教师的助手和学生的朋友。随着社会的不断进步，教育改革永远在路上，学科教材就会迅速更新，学校的教学仪器与教材就存在着明显的时间差而落后于教学，如何解决这个问题呢？生物课程标准指出："生物教师应创造条件，就地取材、因陋就简地开设好生物实验，来加强和改善生物实验和其他实践活动的教学。"

（一）新课程标准的要求

我国教育部颁布的义务教育《生物学课程标准》和普通高中《生物课程标准》中明确指出要提高学生的生物学素养，倡导探究性学习，并在课程目标的知识目标中首次增加了模拟实验、模型建构等方面的教学内容。提出模拟实验和模型建构能力在科学发展中具有重要作用，在高中生物课程的每个必修模块都列出了模型建构的具体内容。如"分子与细胞"模块尝试制作生物膜模型、真核细胞的三维结构模型；"遗传与变异"模块尝试建构减数分裂过程中染色体变化模型、制作 DNA 分子双螺旋结构模型；"稳态与环境"模块建立血糖调节的模型、建构种群增长模型等。可见，《课标》对模型建构的要求是非常具体的。

结合《课标》要求，教师通过自制教具在课堂演示，教师借助自制教具作为信息载体来传递知识，能将抽象的知识具体化，深奥的知识形象化，枯燥的知识趣味化，使学生获得深刻的感知，激发学生的学习兴趣，培养学生的观察能力，加深学生对知识的理解；学生参与教具模型构建能够激发学生求知欲望，培养学生创新意识。可见，自制教具在教学中发挥着重要的作用。

（二）探究性教学的要求

课程改革倡导探究性教学，探究性教学能够培养学生的创新意识和实践能力，是当今教育教学改革的重点研究内容。探究性教学的开展需要教师创设教学情境引导学生去发现、探索、构建知识体系。教师参与自制教具活动能够促进教学方法的改革，调动教师深入开展探究性教学研究的积极性。教具制作过程有利于促进教师深入挖掘教材、研究教材，有助于探究性教学的开展。

学生利用学具，通过“做中学”这一有效的学习方式来建构知识体系，充分体现了以学生为主体、教师主导的探究性学习方式。自制教具教学可以激发学生学习兴趣，启迪思维，培养学生动手能力，加深对课本理论知识的理解和掌握。例如：DNA 分子结构内容的学习，学生通过手中学具在教师的引导下，像当年科学家那样去思考问题，并通过手中学具像当年科学家那样去一步一步地建构 DNA 分子结构模型，把这节课上成一节能激发学生探究欲望的科学探究体验课。

（三）高中生物课程本身的要求

高中生物课程与初中生物课程相比，知识的深度和理解的难度都加大了，大部分内容是属于微观方面或深入生物体内部的知识，其形态结构是不能用肉眼辨别的，学生在理解上有一定难度。因此选用合适的课程资源是决定课程目标是否能有效达成的重要因素。自制教具可以加大对学生的信息刺激，将抽象的知识具体化、形象化，便于学生理解的同时提高学习兴趣。帮助学生顺利实现从初中到高中的知识过渡。

（四）创新教育的要求

国务院颁布了《国家中长期科学和技术发展纲要》，提出“把我们建设成为创新型国家”的战略举措。随着“科教兴国”战略思想的深入，激发学生的创新意识、培养学生的创新思维、提升学生的创新能力、培育学生的创新精神等教育理念越来越受到重视。

自制教具取材于生活中的日常用品或边角废料，设计过程紧密结合教材教学内容，深入挖掘教材。师生在构思、设计、制作自制教具的过程中会更多地考虑如何能够更有效地体现教学重点，借助教具载体更好地将知识点呈现。因此，自制教具的制作过程本身需要融入一定的创新意识，结合已有经验构思教具框架，然后再进行具体的设计、试制、改进、定型。师生在动手实践过程中无论是思想上还是行动上都要经受失败的考验，开拓创新思维，促进师生综合素质的提高。

二、自制教具的研究现状

（一）自制教具国内研究现状

我国建国初期的特级生物教师顾巧英老师，是自制教具的能手。她几乎每节课都用自制教具，她用生活中的日常用品或废旧物品将抽象的概念具体化、形象化，调动了学生的学习兴趣。我国从1986年开始举办全国优秀自制教具评选活动以来,已历时几届。全国优秀自制教具评选活动受到各级教育行政部门的重视和广大师生的欢迎。每次教具评选活动都评选出一大批优秀自制教具作品,并评选出了大批全国教具制作能手。从2013年起每年在全国都进行中小学教师实验说课比赛活动,每次实验说课比赛都研制了大批实验创新装置和评选出大批实验教学能手,大大促进了自制教具在中小学的应用,对于改革实验教学、改变教学方法、培养师生创新精神和动手实践能力等方面发挥了积极作用,取得了显著的教育效果和社会反响。在我国教育部颁布的《普通高中生物课程标准》中增加了模型建构方面的内容要求。

只要在中国知网中输入关键词“自制教具”,就会搜到相关文献几千条,可见很多学者和老师都对自制教具进行了研究。在中学生物教师中影响力较大的《生物学通报》《中学生物教学》《生物学教学》《中学生物学》等生物教育专业期刊中几乎每期都有自制教具相关的文章。但是,在自制教具相关文章中几乎都是制作案例或相关教学设计方面的文章,而系统研究自制教具在生物学教学中应用的却没有,可见,由于生物学自制教具相关理论探讨和实践经验等的匮乏,很多教师在教学实践中应用较少。

(二)自制教具国外研究现状

自制教具在国际上通常被称为“无价”或“廉价”的教具,是花钱少而使用价值又很高的教具,在教具中占有很重要位置。美国《国家科学教育标准》把模型和科学事实、概念、原理、理论并列为科学主题的重点,并将构建、修改、分析、评价模型作为高中学生的基本科学探究能力。国外教育者非常重视自制教具的应用,广泛推崇,大力提倡。许多关于自制教具的国际研讨会都是作为教学原则和方法的学术活动来进行的。美国教材《科学探索者:动物》一书中通过简单物品模拟的探究活动达10处。模型是用来显示复杂事物或过程的表现手段。模型方法能够帮助学生理解他们无法直接观察到的事物。科学家经常用模型来代替非常庞大或者极其微小的事物开展科学研究,这说明自制教具模型在国外很受重视和欢迎。

三、自制教具教学的理论基础

(一)布鲁纳的发现学习理论

美国教育学家和心理学家布鲁纳认为:教学的目标是应该引导学生自己去发现,让学生通过观察、实验、归纳和类比等主动获取新知识。在布鲁纳看来,学习过程不但要掌握学科的基本知识,而且要掌握基本态度和学习方法。让学生通过主动探究、总结发现去学习,调动学生自主学习的积极性,培养学生的创造性思维。

教师运用自制教具教学完全符合布鲁纳的发现学习理论,教师自制教具演示能帮助学生深刻理解知识。学生参与自制教具模型构建的过程中,既掌握了知识,又掌握了学习的态度和方法。

(二)皮亚杰的建构主义理论

建构主义理论认为,学习是一种“自我建构”的过程。知识是一种结构,离开了学生主体建构活动,就不可能有知识的产生。个体思维的发展是主体和客体在相互作用的过程中获得的个体经验和社会经验的积累。建构主义理论突出强调了个人作为认知主体的能动性,个体的认知结构的发展是通过“同化”和“顺应”而进行的。

建构主义认为学生不是被动的接受者，而是主动学习的意义建构者。学习是教师通过创设一定的教学情境，引起学生借助必要的学习资料，进行意义建构的过程。学生在学习知识的同时，需要应用自己原有的知识经验，对问题进行分析、综合和筛选。利用自制教具启迪学生思维，带领学生一同建构模型既能对学生进行科学教育，掌握了知识本身以及解决问题的方法，又能培养学生的探究性思维能力，获得了理智和情感的体验，符合当今以学生为主体的价值观。

(三)素质教育理论

在20世纪80年代，出于对传统教育模式的反思和解决应试教育中学生负担过重的问题而提出的一种教育理念。素质教育在理论上可概括为："依据人的发展和社会发展的实际需求，以全面提高全体学生的基本素质为根本目的，以尊重学生的主动地位和主体精神、培养健康个性、促进身心因素发展为根本特征的教育。"

教师利用自制教具教学完全符合素质教育理论，教师运用自制教具教学和带领学生参加教具制作和模型建构，有利于培养学生的创新精神和实践能力，特别是实验动手能力。素质教育理论带动了我们对自制教具的思考，在教具的功能和目标上不再只限于知识与技能的学习上，也不只限于"改进教学方法""适应教材要求""提高教学质量"上，而是从全面提高学生素质的高度提出要求。

(四)教学结构理论

教学结构理论是指在一定的教育思想、教学理论和学习理论指导下，在一定的环境中开展教学活动，进程相对稳定的结构形式。教学结构的改变会引起教学过程的变化，教学结构涉及教师、学生、教材、教学媒体之间的相互联系、相互作用的问题。

我国早就提倡"以教师为主导，学生为主体"的主导和主体相结合的教学结构，但要真正实现"主导和主体相结合"的教学结构，是深化教学改革的必由之路，是一场实实在在的教育革命。

对于自制教具教学而言，过去我们所关于的是正确处理教师、教材、教具之间的关系问题，也就是教具多为教师服务，让教师手中有"得心应手的"演示教具，学生大部分时间是在看教师的演示，很少有学生自己动手的机会。这就要求我们今后要把教具的研制与发展重点切实转变到以学生为主体上来，重点去开发学生学习的学具，为学生提供了一个很好的自主学习空间，可以使学生充分发挥自己的想象力。通过"做中学"这一有效的学习方式去开展自主学习活动。

(五)创新教育理论

创新教育理论是从20世纪中后期兴起的。我国在20世纪90年代开始重视创新教育，一方面来自素质教育，"以培养学生的创新精神和实践能力为重点"；另一方面来自社会发展，经济建设急需大批创新型人才。

人们把创新意识教育、创新思维培养、创新能力提高设定为创新教育的三要素，明确了创新教育就是以培养学生的创新意识、创新精神、创新思维和创新人格。正是在这种教育理论指导下，教学改革提倡探究性学习、探究性实验、自主学习、研究性学习。提倡加强动手能力，加强实验室建设，大力开展自制教具活动等都是很有意义的举措。

创新教育理论为我们自制教具教学提出了新的要求，利用自制教具教学已经不仅仅是看它是否解决了知识点、重点、难点问题，更要看它有多少创意，是否能启发学生的创新精神，是否能发展学生的创新思维，是否能提高学生的实践能力，自制教具和运用自制教具教学的价值取向应定位在这个水平上。

四、自制教具的目的和意义

(一)目的

指导教师开展生物学自制系列教具活动，一是培养教师的动手能力和创新思维，逐步培养教师新的教学理念，改变以往以传授知识为目标的教学旧观念，建立以培养学生创新精神和实践能力为最终目标的现代教育观；二是通过自制教具开展教学活动，能将相关知识内容活灵活现地展示在学生眼前，弥补了描述性语言的苍白，解决教师教的难题；三是运用配套学生活动学具，为学生提供了一个很好的自主学习空间，可以使学生充分发挥自己的想象力。通过“做中学”这一有效的学习方式，利于学生动手能力和创新能力的培养。

(二)意义

动手自制教具无论是在经济方面还是在教育教学方面都具有一定的现实意义。自制教具的形式多样，如模型、标本、实物、照片、挂图、视频、图片等等可以有效缓解教学资源的不足；生物学课堂教学中学生通过对模型教具的观察，能培养学生学习兴趣，激发学生求知欲望，比较清晰地建构生物学形态结构框架；学生参与制作教具可以提高学生动手能力，培养创新意识；指导学生合作探究，培养合作精神，使抽象知识直观化，便于理解和掌握。

第二节　教具的历史演变

教具是人类传承文明时，在教学过程中使用的工具。教具起源于什么时候，很难做出定论。但是，它古已有之，现如今还在大量使用着，这是无可争辩的事实。我们细心研究，就会发现它的轨迹。

一、我国教具的历史演变

(一)教具融于教材之中

1.原始形态教育教具

中国古老的文字是刻在龟甲和骨头上的(图 3-1)，所以叫甲骨文。在甲骨文上，把“教”字刻成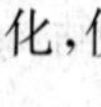，甲骨文的“教”字是个会意字，其右是一只手拿了一条教鞭（或是棍子），左下方是个“子”（小孩），“子”上面的两个叉是被教鞭抽打的象征性符号。

“教”字表示成人手里拿着器械督促孩子学习的行为，这条教鞭（棍子或器械）其实就是教具。所以我们可以说“有教育就

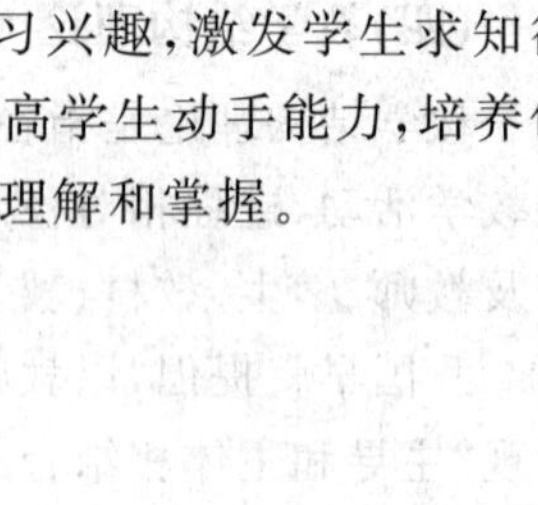
图 3-1　甲骨文

有教具”，我国民间有“黄金棍下出好人”的说法，就是最好的印证，也可理解成教育离不开教具。但是随着历史的发展，当前我们对“教”字的理解要与时俱进，千万不要用教鞭在学生身上留下抽打的印迹，那就是体罚教育了。

到了春秋战国时期，把典、籍、策用刀刻在竹片上，称作竹简（图 3-2），这时竹简既是教材，又是教具，合二为一。这也说明在原始形态教育时期就有教具，原始形态教育离不开教具。

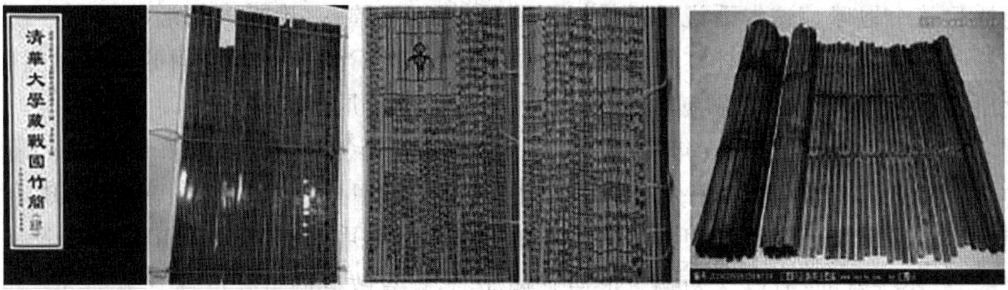

图 3-2　中国古代书籍

2. 古代教育教具

古代教育（包括奴隶社会和封建社会）虽然有了专门的教育机构——学校，但整体看来，教育的形式还是单一的，是个别施教，没有严格的班级和学年区分。我国古代的教育家孔子一生收了三千多个学生，没有固定的入学时间、授课时间、授课地点，学生的年龄、程度也各有不同，主要学习六艺——礼、乐、射、御、书、数，让奴隶主的子女学习礼仪、兵法等治人之术。这时主要的教具是祭器、乐器。

（1）祭器（图 3-3）　在古今都寄托了对死者的思念。由于古代宗教活动主要有两项，一是占卜，二是祭祀，这两项活动都是因神灵崇拜而产生的原始宗教，所以古代祭器是用来盛放供品，让鬼神享用。

图 3-3　中国古代祭器

（2）乐器　乐器作为教具，我们是很好理解的。我国最早按乐器的制造材料来对乐器进行分类的，分成“八音”，即分为“金、石、土、革、丝、木、匏、竹”8 类。

古代教育，教材与教具也是分不开的。以各种实物为教具，教材教具合二为一，成为古代教具的一大特点。

（二）教具寓于科技发明之中

这是古代教具的另一重要特点。我国是世界四大文明古国之一，从奴隶社会到封建社会中期，农业、手工业和科学技术方面，都处于世界领先地位。我国在公元 3 世纪至公元 13 世纪，保持着西方望尘莫及的科学知识水平。我国的科学发明和发现远远超过同时代的欧洲，特别是在15世纪之前。我们从科技发展史当中不难发现，古代许多发明成果不但令人敬佩，还能从中看到许多教具的元素。

1.杠杆与杠杆原理

古希腊科学家阿基米德在公元前245年左右讲了一句流传千古的名言："给我一个支点，我就能撬起整个地球。"这句话说的就是杠杆原理，阿基米德在《论平面图形的平衡》一书中提出了杠杆原理。他首先把杠杆实际应用中的一些经验知识当作"不证自明的公理"，然后从这些公理出发，运用几何学通过严密的逻辑论证，得出了杠杆原理。

其实，在比阿基米德早200年的《墨子》一书中，就有两条专门记载杠杆原理的。墨子(约公元前480—前400年)，是中国先秦墨家学派创始人，我国战国时期著名思想家、政治家、军事家、科学家、教育家。他是中国科学家的始祖。《墨子》书中对杠杆的平衡说得很全面，里面有等臂的，有不等臂的；有改变两端重量使它偏动的，也有改变两臂长度使它偏动的。

那么，为什么墨子比阿基米德早200多年就发现了杠杆原理而世人不知呢？一是因为秦火一焚和汉武帝独尊儒术，使墨子学说，再无余续；二是我国历史学家的懒惰，没有很好进行宣传；三是因为现代科学是西方人在主导。

2."算盘"与《九章算术》

《九章算术》是我国古代第一部数学专著。作为一部世界数学名著，《九章算术》早在隋唐时期即已传入朝鲜、日本。它已被译成日、俄、德、法等多种文字版本。《九章算术》的内容十分丰富，全书采用问题集的形式，收有246个与生产、生活实践有联系的应用问题，其中每道题有问(题目)、答(答案)、术(解题的步骤，但没有证明)。这些问题依照性质和解法分别隶属于方田、粟米、衰分、少广、商功、均输、盈不足、方程及勾股。原作有插图，今传本已只剩下正文了。

到了北宋，人们用珠盘来代替筹算，进而把珠子并列穿起来成为"算盘"(图3-4)。算盘其实就是一种教具，而这种教具不但一直流传至今，而且联合国教科文把珠算正式列为人类非物质文化遗产。

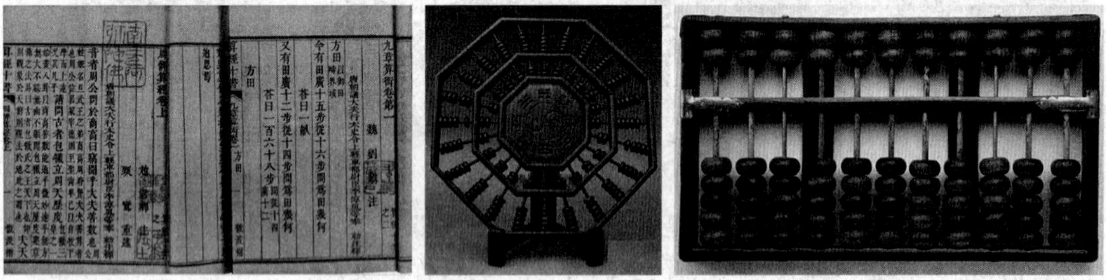

图3-4　算盘

3.张衡与浑天仪

东汉时期，张衡(78—139)发明的浑天仪是世界上最早的天球仪(他利用漏壶计时的等时性，让漏壶每天均匀地绕浑天仪旋转，自动地把天象演示出来)。这项发明在天文学方面是重大的贡献，同时也可以看成是绝佳的演示仪器——教具。张衡还发明了候风仪，成为最早的风向标。用地动仪测地震方位，形成候风地动仪。至今历史悠久一些的学校在实验室里还保存着候风地动仪模型，还有指南车、记里鼓等。

4.郭守敬与仰仪

仰仪的主体是一只直径约一丈二尺(元代天文尺)的铜质半球面，它的形状好像一口仰放着的大锅，因而得名。仪唇(半球面的边缘)上边刻着时辰和方位，相当于地平圈，上面还有水槽，用以校正水平。仰仪流传到朝鲜、日本、美国、东南亚后，取消了璇玑板，改成尖顶的晷针，被称为日晷。“日”指“太阳”，“晷”表示“影子”，“日晷”的意思为“太阳的影子”，利用太阳投射的影子来测定时刻的装置。

5.沈括与月相仪

宋代大科学家沈括(1031—1095)所研制的月相仪，能演示月之盈亏：半球上涂白粉，侧视之则粉处如钩，对视之则为正圆。这和现在小学科学课中使用的月相仪有异曲同工之妙。

沈括一生致力于科学研究，在众多学科领域都有很深的造诣和卓越的成就，被誉为“中国整部科学史中最卓越的人物”，其名作《梦溪笔谈》内容丰富，集前代科学成就之大成，在世界文化史上有着重要的地位。

6.王帷一铜人模型

宋天圣四年(1206年)医学家王帷一铸造铜人模型，刻示经络穴位，又绘制十二经图，以诲后学。使用时向铜人体内注水，表面涂蜡，再给铜人穿好衣服，练习刺穴位，刺中则有水漏出，这个铜人模型相传至今，说明针灸铜人是一种地地道道的教具。

在中国古代科技发明史中可以找到不少和教具有关的实例，但终究是很零散的，作为教具系统传承下来的东西很少，这是为什么呢？中国封建社会两千多年的历史，保守思想始终占据主导地位。这和经济上的小农经济、政治上的皇权统治、思想上的“经史治国”有关。自汉朝起，“独尊儒术”把科学技术视同雕虫小技。明清两代把兴科举以八股文取士推向极致。在很长一段时期，教育仅为达官贵人服务，教学过程以背诵经史典籍为主，教学目的则是学而优则仕。在这种社会背景下的科技教育很难发展起来。中国从16世纪中叶开始，在科学技术教育方面已落后于欧洲了，教具更不例外。

二、教具在欧洲的兴起

(一)直观教学思想与直观教具

欧洲在14—17世纪经历了文艺复兴。17世纪后期，牛顿经典力学体系的建成，推动了自然科学的发展；培根的近代唯物主义经验论、霍布斯的机械唯物主义等新的哲学思想，也有力地冲击着封建统治和宗教束缚。从18世纪60年代起掀起的产业革命，极大地促进了资本主义工业发展。工业化促进了教育改革。

从教育思想的发展看，17世纪捷克教育家夸美纽斯在《大教学论》一书中，对班级授课做过理论上的论证，主张班级制是当时教育所需要的教学形式。同时提出了直观教学的思想，他认为：“知识的开端永远必须来自感官”“在可能的范围之内，都应该尽可能地把事物放到感官跟前……假如事物本身不能得到，便可以利用它们的模型图像。”

夸美纽斯以直观教学原则写成了小学教科书《世界图解》，并且用皮革做人体模型，在教学中使用。这些思想和实践，经过很多教育家，包括裴斯泰洛齐(瑞士)、福禄培尔(德国)、第斯多惠(德国)等人的不断探索和完善，成为很有影响的教育理论体系。直观教学在教育界得到广泛应用，同时也出现了直观教具。

(二)教学仪器的出现

新的学校制度和新的教育思想在课程设置上很重视自然科学的教学。把社会上出现的自然科学发明和主要技术成果随着课程和教材移植到学校中去。于是出现物理、化学、天文、地理等实验仪器和生物模型标本，并冠以原创发明家的名字。当然，形成这批教具不是一朝一夕的事情，大约历经了200年的时间。

例如，欧洲第一次工业革命时期是以蒸汽机为动力的。世界上第一台蒸汽机是由古希腊数学家亚历山大港的希罗发明的汽转球，这是蒸汽机的雏形。

蒸汽机的改良者才是詹姆斯·瓦特。据说，当年瓦特改良蒸汽机时，曾得益于他在英国格拉斯哥大学接触过蒸汽唧筒等教具。

人们以蒸汽机作为动力将蒸汽机用于矿山中的抽水机；继而装到有铁轨的车上(就是火车)；随后在纺织机上大量使用，引发以纺织工业为先导的工业革命。这时，中等学校里就出现蒸汽机模型、唧筒和水泵模型，同时出现了演示力学、热学、声学等原理的相关实验仪器。

第二次工业革命时期以电力和内燃机为动力，于是，学校里出现电动机、发电机、电灯、电车、电话机、电报机、变压器模型和狄赛尔、奥托内燃机模型，以及与电磁学、光学相关的实验仪器。

达尔文的《物种起源》问世之后，学校里盛行生物学、生理卫生学和动植物标本模型，显微镜也就成了必备的教具。

天文学的进展以及新大陆的发现引起人们对天文、地理知识的广泛兴趣。学校里配置望远镜、地球仪、月地运行仪、地图等教具，就是很自然的事情了。

学校实验室里的氧气与氢气发生器、元素周期表、分子与晶体结构模型等化学实验仪器都能从化学领域技术创新的大背景中找到渊源。

在学前教育领域里，意大利教育家蒙台梭利(1870—1952)创造的成套的感官练习教具至今还有影响。

在综合技术教育方面，欧洲的学校普遍关注对学生操作技能的培养，设有专门的实习车间，配备小型木工、金工、钳工用的机床和工具，构成教具中的重要组成部分。

19世纪末到20世纪初，出现了幻灯机、照相机、电唱机、电影机之后，发明家爱迪生就说过，“十年之后可用电影代替教师”。虽然他过高地估计了电影的作用，但在美国后来却兴起了视觉教育以及视听教育所用的一系列电教器材，成为教具中的一支生力军。

三、中国近代教具制造的情况

明清时期，半封建半殖民地的旧中国教育停滞不前，教具更是落后于西方。随着洋务运动的兴起，晚清政府创办了京师大学堂，并在学校的课程设置和科学标准方面做过粗浅的规定，其中有一些规定和科目涉及教具问题。

1914年留美的任鸿隽、赵元任发起成立“中国科学社”。该社开办了一个图书馆和科学仪器公司。

1925 年丁佑成、颜任光在上海创办了大华科学仪器公司，结束了物理实验仪器全靠进口的局面。1931 年开始有了国产的化学实验器械。

然而，由于多年战乱、社会动荡、国力贫弱，学校寥寥无几，即便教育行政当局有些要求和规定，但限于财力、物力，除少数教会办的学校之外，一般学校虽然设置理科课程，却很少具备实验条件。尽管中国的几家科学仪器制造企业做了不少努力，但都没能生产出成套的仪器。

新中国成立伊始，东北人民政府教育部率先着手筹建沈阳科学仪器厂（后改称教学仪器厂）。后来又相继接收合并了轻工部、卫生部、文化部、上海市的同类工厂，在南京、北京、武汉、上海、西安等地建起了教学仪器厂。经过十余年努力，新中国终于有了比较齐全的教具（教学仪器设备）制造业。

四、教具的发展阶段

纵观教具的发生与发展历程，大致可分为以下 4 个阶段。

（一）以实物为主的“直观教具”阶段

这个阶段可以定位在从古代出现学校开始（中国教育起源于夏、商、西周奴隶社会时期），即公元前 17 世纪直到公元 18 世纪中叶新式学校的兴起（西方资本主义社会的开始）。在这漫长的三千多年里，经历了青铜器和铁器时代。教育界通常称它为古代教育阶段。当时的生产力低下，劳动工具简陋，所以学校即便是有教具也只能是以实物为主。

如上所述，古代教具与教材是合二为一的。它一方面可以看成是实物教具，另一方面又是教材。自从我国东汉发明了造纸术，宋代发明了活字印刷术之后，图画就成了很有用的直观教学的手段。

西方考古曾经发现过一些泥制的教具，其中有楔形文字，是用麦秆刻画在泥板上的，还发现有泥制的玩偶和用象牙磨成用来数数的教具。

（二）专门设计制造教具的阶段

17 世纪初是出现专用教具与教具成长的时期。这源自欧洲新式学校的诞生。由于实行班级制教学，课程设置增多了，授课时间、地点相对稳定，学生人数构成了一定规模，自然要求专门设计一些可以重复使用的教具。随着生产技术的提高，可利用的材料品种增多了，诸如木材、金属、玻璃、橡胶、胶木、纸张、化学药品等，这也为制造教具提供了条件。在西欧出现了专门设计制造物理化学器械、生物切片、模型标本、天文地理模型、显微镜、电表、幼儿玩教具、风琴、美术用品等产品的制造商，形成了一个新兴的行业——教具制造业。这个行业的诞生，为学校各科教学，特别是自然科学课程提供了有利条件。

（三）现代化教具综合发展的阶段

这个时期出现在 20 世纪初至 20 世纪 80 年代，时间不算太长，但发展很快。其中经过两次世界大战，教育非但没有发展反而受到摧残，教具也不例外。战后复兴时期，先后出现了许多科技发明，诸如电子技术、半导体技术、激光技术、高真空技术、广播电视技术、人工合成材料技术、生物遗传工程技术、自动控制技术等等。进而出现了以原子能技术、航天技术、电子计算机技术为代表的第三次产业革命。

上述高新技术都以科普常识的形式分别在各种理科课程中有所反映。课程教材的变化，促进了现代化教具的综合发展，大大提高了全球教具行业的制造水平，自然也就提高了学校教具的配备水平。例如，各种电源和示波器、演示与测量用的各种电表、半导体电路和逻辑电路演示板、利用激光和射线的各种实验器、真空获得与测量仪器、DNA及蛋白质模型、喷气发动机模型、磁悬浮模型、空气动力学实验仪、分子和原子结构模型、各式显微镜、天文望远镜直到电子显微镜以及各种近代物理实验仪器等，使学校的教学仪器有了很大变化。特别是计算机进入学校，更是推动了教具现代化的发展。虽然20世纪20年代还没有进入网络化，在计算机的使用上还有很大局限性，但学校却对它表现出极大关注。

除了教具新品种大量进入学校之外，教具本身也发生了许多结构性变化，主要表现为重视学生动手做实验。西欧流行组合式教具，有大组合和分学科的组合，供师生合用或学生集体使用。这类组合教具一般都具有一物多用、灵活多变、便于学生动手操作的特点，很受学生欢迎。

20世纪20年代产生的视听教育得到了飞速发展。幻灯机、书写投影机、电影机、电视机、录像机、语言学习机、校内广播系统、智力竞赛应答器等很快被学校采用，渗透到各学科教学以及远程教育中去。

幼儿教育、特殊教育、技术培训等领域，在使用新材料、新工艺、新技术方面都有很大的进步。这个时期的教具已经在现代化的道路上得到综合性、全方位的发展。

(四)信息化时代教具的整体改造阶段

20世纪90年代以来，国际互联网的建设与使用标志着信息化社会的到来。“信息化带动教育现代化”已经成为我国教育改革与发展的重要战略决策。信息化以计算机技术、多媒体技术、网络技术以及卫星通信技术、数字化技术、虚拟现实技术、人工智能技术等高新技术为支撑。信息化产品大量引入到学校，使传统的教具整体结构发生了巨大变化。在计算机方面，以PC机为基础正向大容量、高速度、多兼容的多媒体计算机发展。在教学的应用上已由20世纪80年代计算机辅助教学(CAI)向信息技术与学科课程整合的方向发展。

多媒体、超媒体的使用，正以各种教学软件和教学系统逐步改变传统媒体“一统天下”的局面；3D影像技术和动画技术的快速发展，大大提升了教学过程的直观性。传统的实验仪器、模型、标本受到前所未有的挑战。

网络建设方面正加大投入，由局域走向全域。结合数字化向数字卫星通信网、数字移动通信网和互联网多网融合方向发展，使学校和师生广泛利用教育信息的机会大幅度增长。

在人工智能技术方面，出现了智能教学系统，实现了人机对话、人机交互，使学生的学习真正走向个性化、智能化，自主学习成为可能。

数字化技术为传统实验设备(包括仪器)进行数字化改造和建立数字化校园开拓了广阔前景。在整体设备改造方面出现数字化实验室、计算机教室、网络多媒体教室、虚拟实验室、探究性实验室、人工智能机器人实验室、数字星球实验系统等。

随着新技术的应用，教具的发展进入了信息化整体改造阶段。这个阶段的特点是新老教具并存，新教具带动传统教具改造。一方面关注信息技术装备的发展，另一方面关注实验、实训仪器设备的发展。

总之，教具是与时俱进的，随着时代的步伐和科技进步，不断有新产品加入这个行列中来，使它不断充实、不断壮大。当然也会有许多称谓和名称来表述新伙伴各自的特点与功能，因而许多人喜欢用更新颖、更时尚、更响亮的名字去取代教具这个最古老、最富有概括性的名字。

第三节　自制教具的基本理论

自制教具针对性强，能够帮助教师把重难点知识讲清楚。在激发学生学习兴趣和动手探究的积极性方面存在巨大优势，在弥补商品教具不足，缓解教学资源短缺方面有着不可替代的价值。尽管全国已举办了九届全国优秀自制教具评选活动，然而中学生物教师自制教具活动却没有蓬勃开展起来，很大原因在于一线教师对自制教具的重要性缺乏全面的认识。因此，我们有必要从自制教具的概念特点、作用等方面全面认识自制教具，扫清认识上的障碍，激发教师参与自制教具的热情。

一、什么是教具和自制教具

(一)教具

《中国大百科全书·教育》(1985 年版)中，没有专门对教具做出定义，但给出了“直观教具”的定义：“教学中为学生提供感知材料的实物、模型、图表等教学用具。”《辞海》(1989 年版)也有对“直观教具”的表述：“教学过程中为学生提供材料的用具。包括实物，模拟实物(如标本、模型)，图表等。”《现代汉语词典》(第五版)对教具的解释是：“教学时用来讲解说明某事某物的模型、实物、图表和幻灯等的总称。”原国家教委师范教育司组织编写的《教具制作与使用》(全国中小学教师基本功训练教材)一书中，使用的就是这个定义。教育部教学仪器研究所刘济昌先生在《教具理论研究导论》中提到，广义的教具是不论什么物品，只要用之于教育，进入教育过程，都可以看作是教具。

(二)自制教具

教具种类成千上万、效果不一，教师结合教学过程和内容需要从中筛选、组合甚至重新设计适合自己教学风格的教具，进而实现知识建构以及智力和非智力因素的发展，这一过程就称为自制教具的过程。只要符合教育科学规律与教学要求，能够存在于教学场景中，参与到具体的教学活动中作为教育信息的载体，用来活化、传递教育信息，并凝聚了师生劳动的教具就可以称为自制教具。因此，自制教具是指师生自己制作并为自己所用的教具。

二、自制教有哪些特点

(一)具有经济性

自制教具取材一般源于生活中的日常用品或废弃物，因此自制教具的一个很大特点就是不花钱或少花钱。一些日常生活用的废旧物品和工业边角料如硬纸板、卡纸、彩带、小磁铁、矿泉水瓶、饮料瓶、细铁丝、毛线团、泡沫板等都可以通过制作或改制成为有用的教具，既能避免这些废品对环境的污染，又节约了资源和购买材料的开支，可以弥补教具经费不足的现状。这一点对于一些经济条件较差的贫困地区来说，更具有现实意义。

比如，在十多年前制作的吸烟危害模拟器（图 3-5）。吸烟有害健康人人皆知，不见棺材不掉泪是人性的弱点，作为生物学教师应该教育学生不要染上吸烟的恶习和劝导烟民戒烟，但是口头说教效果很差，受生活中儿童塑料动物玩具的启发，制作了吸烟危害模拟器，可以生动形象地模拟吸烟的过程和危害，该教具成本很低（2 元钱），制作很简单，但教育作用却很大。

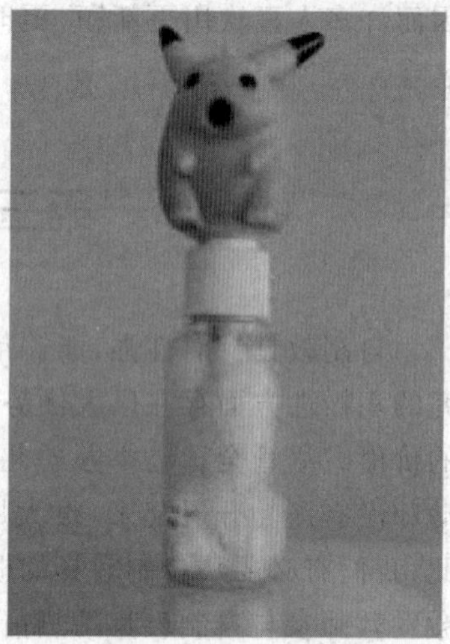

图 3-5　吸烟危害演示仪

（二）具有灵活性

自制教具结合生活中的日常用品，从设计构思到具体制作，都是作者自行创意筹划，教师和学生在使用时，可以达到随心所欲的程度。既可以随便观察、触摸、实验，又可以根据教学需要任意拆卸、组装；既可以针对单个零部件进行知识讲解，也可以演示整个知识形成过程；既可以教师自行演示，也可通过学生小组合作构建；既可以边讲边做，边学边做，也可以利用业余时间制作。灵活性还表现在同一知识点的呈现可以有许多不同的表达形式，以适应灵活的教学方法，这是很多商品教具所无法比拟的。比如：DNA 分子结构教学中模型建构，学生利用学习小件在教师的引导下像当年科学家那样去完成 DNA 分子结构模型建构过程。

（1）模型建构 1　学生以 3 种基本化合物建构基本单位——4 种脱氧核糖核苷酸（图 3-6）。

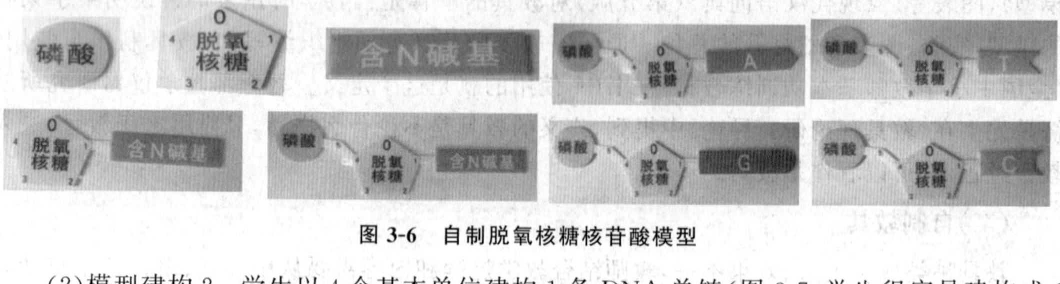

图 3-6　自制脱氧核糖核苷酸模型

（2）模型建构 2　学生以 4 个基本单位建构 1 条 DNA 单链（图 3-7，学生很容易建构成 2 条长链）。

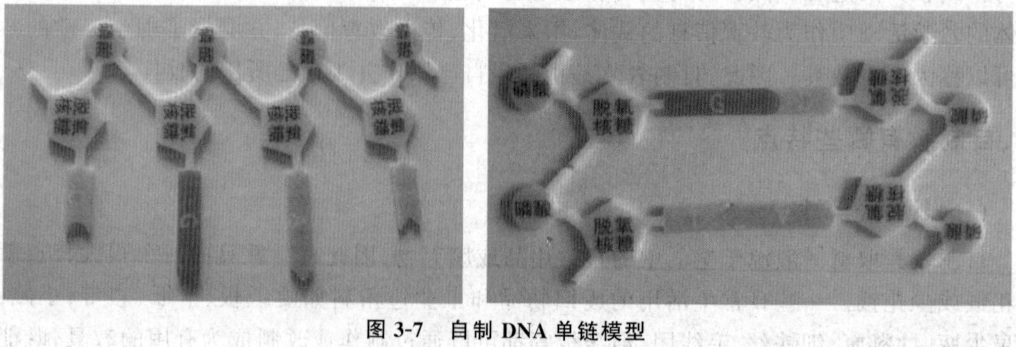

图 3-7　自制 DNA 单链模型

（3）模型建构 3　磷酸和脱氧核糖排列在内侧；碱基排列在外侧（图 3-8）。

（4）模型建构 4　碱基排列在内侧；磷酸和脱氧核糖排列在外侧；相同碱基相连（图 3-9）。

(5)模型建构 5　双螺旋;碱基排列在内侧;磷酸和脱氧核糖排列在外侧;A 与 T 碱基相连,G 与 C 碱基相连(图 3-10)。

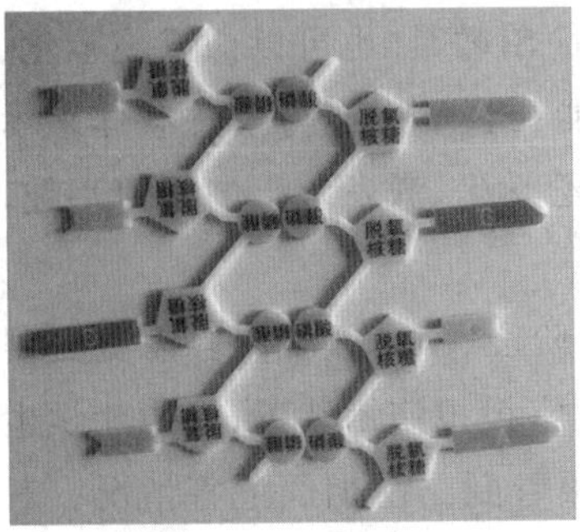
图 3-8　自制 DNA 模型建构方式一

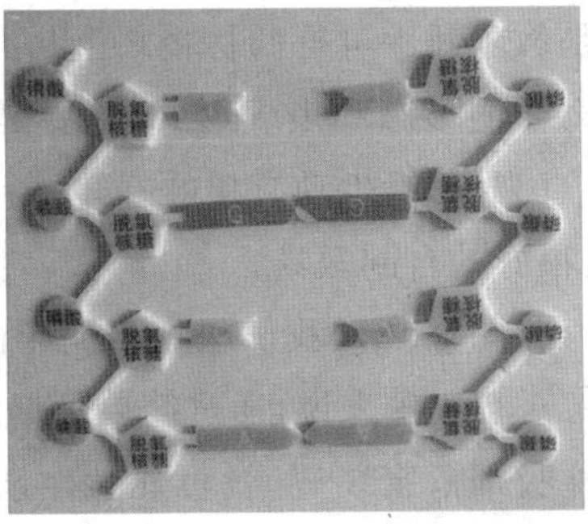
图 3-9　自制 DNA 模型建构方式二

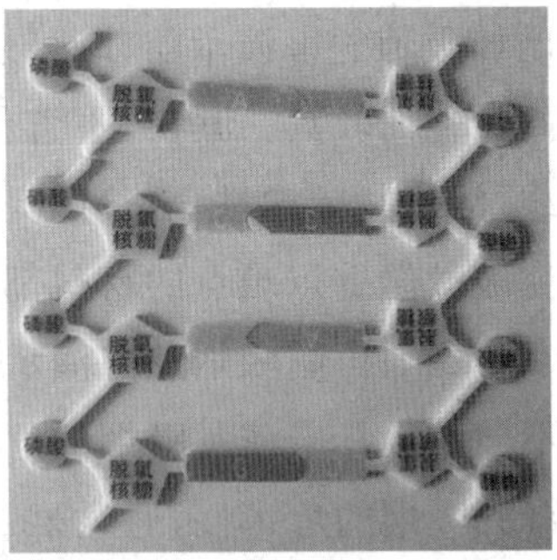
图 3-10　自制 DNA 模型建构方式三

(三)有明确的信息传播功能

俗话说“百闻不如一见,百见不如一干”,蒙台梭利说:“我听到了,随后就忘了;我看到了,也就记住了;我做到了,也就理解了。”

人体五官感受信息是:视觉占 83%,听觉占 11%,嗅觉占 3.5%,触觉占 1.5%,味觉占 1%。从教育传播学角度讲,科学、合理地使用教具就是借助教具来活化教育信息并作为具体的信息载体,以“直观形象、生动有趣”的方式把信息呈现、传递给学生。和单纯依仗语言、文字符号等抽象化的东西来传递信息相比,自制教具能有效促进学生的良性发展。

比如基因的表达是从分子水平讲述转录与翻译过程,可是它看不见、摸不着,学生学习起来很困难。通过自制教具和学具开展教学活动,能将基因表达过程相关知识内容活灵活现地展示在学生眼前,弥补描述性语言的苍白,不仅解决了教师教的难题,而且运用配套学生活动学具,为学生提供了很好的自主学习空间,可以使学生充分发挥自己的想象力,通过“做中学”这一有效的学习方式,让学生切身感悟生命科学中各种细节和理性的思考,从而利于学生从根本上理解中心法则的内涵,利于学生动手能力和创新能力的培养。见图 3-11。

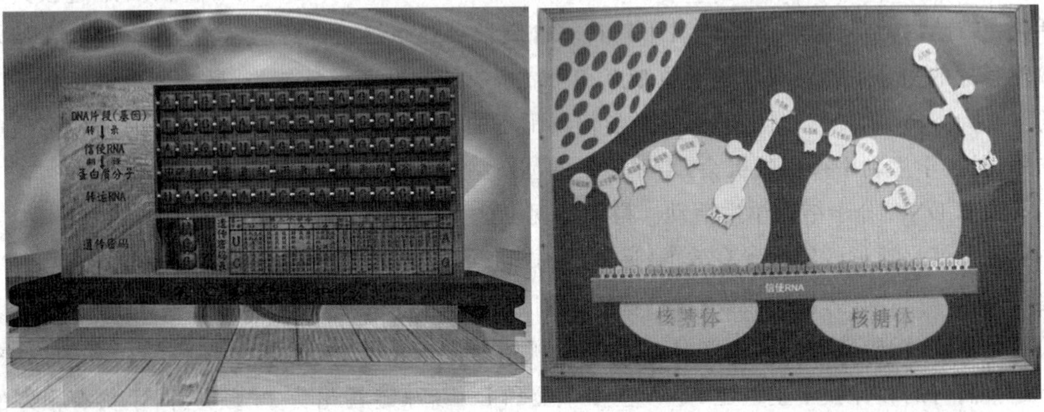

图 3-11　自制 DNA 教具(左),蛋白质合成教具(右)

(四)具有多样性

正如写字的笔有不同的形态,自制教具的形式和种类也是多样化的,而不是只有一种。比如吸烟危害演示器,既可以是教师唾手可得的材料来自制的简单教具,也可以做成规范化、商品化的教具。其实,不管什么样的形态和表现形式,只要是能在教学中作为信息载体来承载、活化并传输教育信息,提供直观形象、生动有趣的感知材料给学生,激发学生的学习兴趣,突破教学重点难点的材料都是很好的自制教具。

比如自制吸烟危害演示教具(图 3-12),我们根据不同年龄阶段、不同教学内容需要自制不同的教具来演示吸烟的危害:对初中生来说,通过简单吸烟危害模拟演示装置,就能让学生看到吸烟的危害性,通过第二种吸烟危害装置,就可让学生亲眼看到二手烟的危害情况。对高中生来说,理论上有更多的吸烟危害健康的知识,通过探究吸烟危害健康的实验装置,就可探究一氧化碳毒性实验、对酶活性影响实验、二手烟危害实验、烟焦油实验等系列实验。

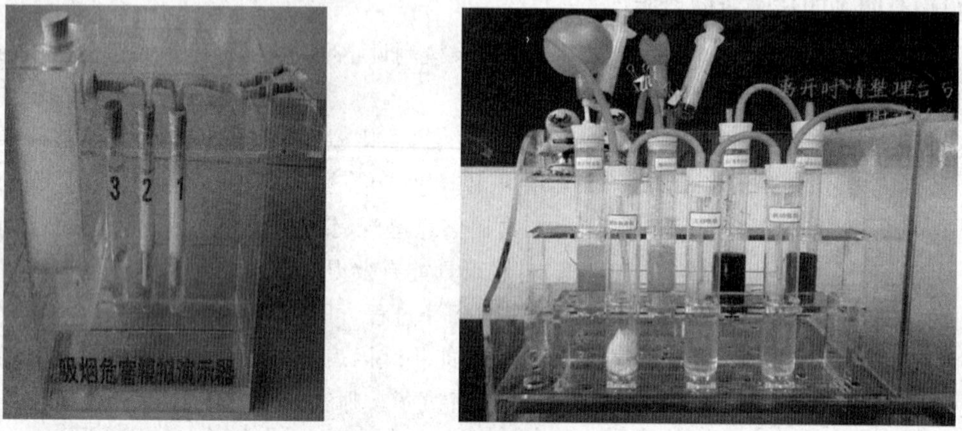

图 3-12　自制吸烟危害演示仪

(五)具有针对性

在教学活动中,不是每一个环节都需要使用教具,也并非所有的内容都需要通过教具来活化、传递,因此不能随心所欲、滥用教具。自制教具必须针对课程教学的实际需要,在特定教学目标的引领下针对教学中的重难点和急需解决的问题而设计制作,融教师的教法与学生的学法为一体。自制教具能够弥补教学仪器配备的不足,容易在学生最需要的时候发挥他的作用,扩大学生动手操作的机会,培养学生的创新精神和实践能力。

比如 DNA 分子结构学生活动。科学发现史这类教材,教学的核心是把它上成"科学探究体验课",就是通过教师设置有效的、递进式的"问题串",引导学生像科学家那样去观察现象,发现问题;分析问题,提出假设;设计实验,验证假设;分析结果,得出结论。就是沿着科学家的研究足迹,重走科研路。教学的重点是去领悟科学家的思维方式,掌握科学研究的方法。但是我们有的教师让学生组建 DNA 基本单位和 DNA 双链就花费 20 多分钟,手头有很好的自制教具,但由于对教材的理解不够,失去教具使用的针对性。

三、自制教具在生物教学中的作用

(一)能够提高学生的学习兴趣,激发学生的探究思维

自制教具的取材往往贴近我们的生活,很多都是我们身边的日常用品或废弃物,学生往往对其有很深的感情。通过教具能激起学生的好奇心,调动学生的学习热情和探究欲望。如在细胞呼吸一节无氧呼吸内容的学习中,教师可以结合酵母菌无氧呼吸的特点,用废旧矿泉水瓶和气球自制酵母菌无氧呼吸装置。在矿泉水瓶中放上刚和好的加有鲜酵母的面团并套上气球,对照设置瓶中不放面团。教师可自制装置带到班上让学生观察现象并分析原因,也可安排学生周末回家自行制作。学生通过自制酵母菌细胞呼吸的装置,在自己参与的同时,明白了日用品或废弃物的回收利用价值,激发了自身对生物学习的兴趣,既加深了对知识的理解和掌握,也激发了进一步探究学习的欲望。

高中生物教学内容多数比较枯燥无味,若能通过实验,特别是有趣的实验可活跃课堂氛围。如用手套和广口瓶加面团发酵做酵母菌呼吸作用实验(图 3-13),探究酶高效性等实验的改进。

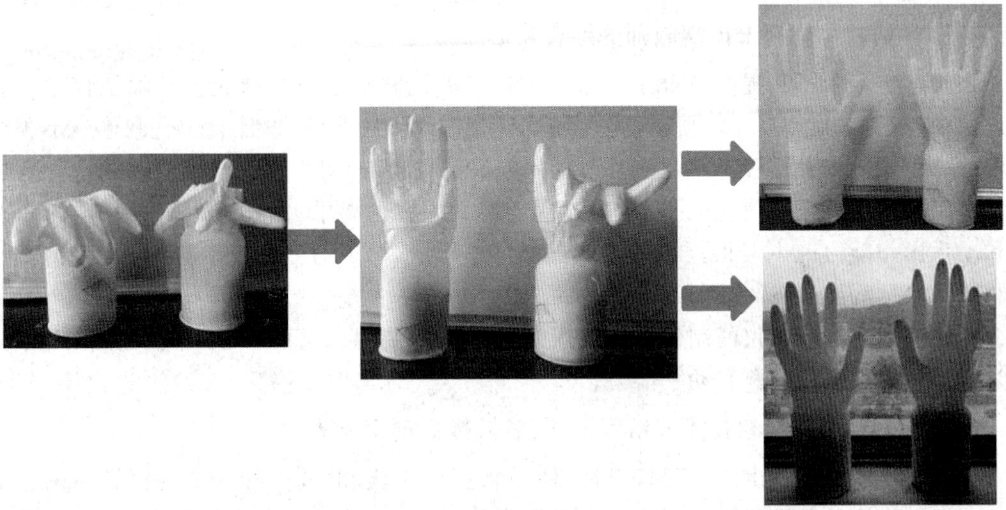

图 3-13 自制酵母菌发酵装置

(二)自制教具能够提高教育教学质量,帮助学生加深对重难点的理解和掌握

高中生物教学中,有很多内容是微观层次的,如细胞、DNA 分子结构等,学生看不到也摸不着,在理解时有一定的难度,自制教具是教师在教学实践中结合自身经验和教学实际模拟制作,通过教具演示,可将抽象的知识具体化、形象化,便于学生理解。教师通过生动、直观的教具演示,能丰富学生的感性认识,帮助学生理解抽象知识,形成明确的概念,发展学生的观察能力和思维能力。通过自制教具的演示,可以为教学过程创造一个愉悦、和谐的氛围,提高学生的学习兴趣,加深对知识的理解和掌握,进而达到提高教育教学质量的目的,老师教得也轻松、愉快,学生学得也踏实、透彻。所以在教学过程中正确合理使用自制教具,能有效提高教育教学质量。

比如:高中生物学中有关基因的知识是在微观层次进行描述的,学生看不到,摸不着,对于建立基因的概念是有难度的。我们制作的基因踪迹自制教具(图3-14),能将抽象的知识具体化、形象化,能丰富学生的感性认识,帮助学生理解抽象概念。同样"基因工程"的教学也是如此。

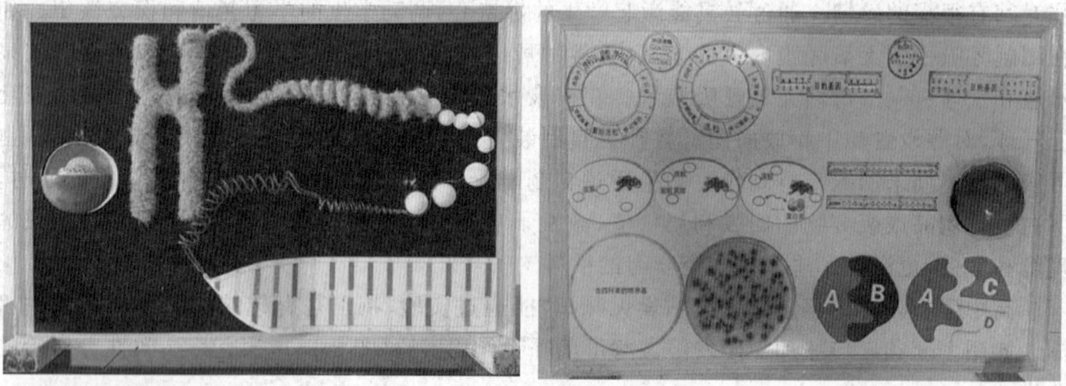

图3-14　自制染色体模型

(三)自制教具有利于提高教师的综合素质

在教学实践中不断提高自身素质适应时代发展是教师永恒的课题。教师亲自制作教具的过程中,需要考虑教材内容要求与学生思维特点,经历从选材、设计、加工、制作到不断修改完善的过程。每一个过程都需要全身心的投入,需要极大的耐力和韧性。材料的选择需要考虑哪些用起来得心应手;教具的设计需要适合教学内容的要求;制作过程需要一定的实践经验和动手操作能力……因此,自制教具是教师应用科学知识与教学经验进行的创造性活动,自制教具的过程也是提高教师综合素质的过程。

比如基因表达演示仪的制作和探究吸烟危害实验装置。这两件教具的制作体现了教师教学风格、智慧、实践经验和动手能力。

(四)学生参与自制教具能够培养创新精神,提高动手能力

自制教具能调动学生的学习积极性,使课堂更加活跃,形成一种开放的探究氛围。学生在自主探究建构教具模型的过程中必然要先有一番思考,然后才能出现创意和设计,学生参与制作,必然会相互比较,看谁做得更好一些,在这个过程中,只要不是一味地模仿,必然会有创新。从选材、设计到加工制作并不断改进的过程中,学生的动手能力自然会得到提高。

任何一件自制教具都是与课本内容密切结合并在深刻理解课本知识的基础上完成的创新作品。这种创新的实践过程对学生创新精神和人格培养等综合素质提升都有促进作用。

比如吸烟危害实验装置的研究。首先用简单装置模拟吸烟过程和危害,学生提出很多资料说二手烟危害更大,我们能不能进行验证呢?于是师生才一起研制了改进装置。到了高中,学生对吸烟的危害了解的理论知识更多,由此才研制了"探究吸烟危害实验装置"。

(五)自制教具有利于弥补教学仪器之不足

教育部颁布的《中学生物教学仪器配备目录》所列品种都是最基本的、最低限度的要求。很显然,光靠这些教具是不够的。有些教具虽然学校没有配备,但在教学中非常实用,在这种情况下，就可以充分利用身边的边角废料和自然资源等来自制。例如自制的基因工程学具盒。由于自制教具的选材种类很多，形态结构各异，同一个知识点的呈现也可以使用不同的表现方式，在讲解细胞分裂时，制作了动、植物细胞分裂教具，能够帮助学生加深知识理解，能起到好的教学效果，能有效弥补教学仪器配备不足对教学带来的影响。

比如：高中生物必修 2 第 6 章从杂交育种到基因工程中，基因工程及其应用内容不多，但学生很难理解和掌握，学校也没有相应的教学仪器，为此，制作了“基因工程学具盒”，师生可以利用学具演示“基因工程”的三工具四步骤，能帮助学生加深对基因工程的理解，弥补了教学仪器配备不足对教学带来的影响。

又如：高中生物学中有丝分裂的知识是学习减数分裂的基础，减数分裂的知识是学习遗传规律的基础，对于多数学生来说有丝分裂就是学习难点，配套的教具只有教学挂图，学生难以理解和掌握相关知识。为此，我们研制了动、植物细胞有丝分裂和减数分裂学具（图 3-15），学生通过“做中学”这一有效的学习方式加深了对理论知识的理解，弥补了教学仪器配备不足对教学带来的影响。

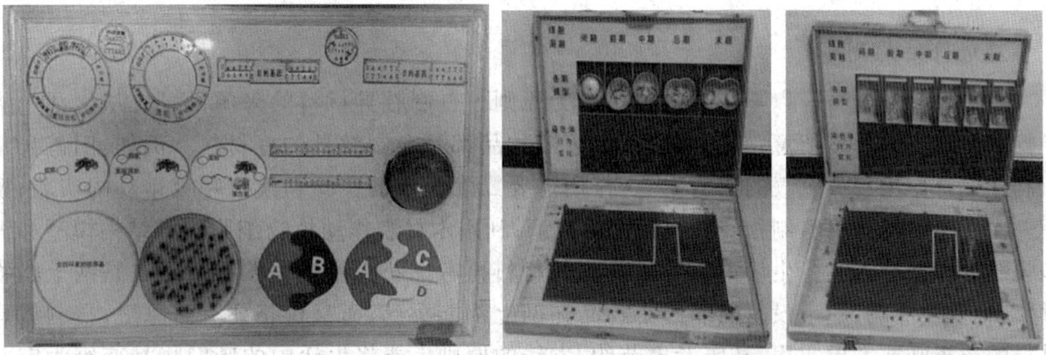

图 3-15　自制有丝分裂模型

四、自制教具选材、设计和制作的原则

前面我们对自制教具定义、特点和作用做了详细的分析，阐述了自制教具在提高学生兴趣、激发探究思维和培养学生能力等方面的优势。然而，常年的教学生涯使教师把大量精力都放在了理论教学上，很多教师动手能力差，缺乏自制教具的实践经验。在选材、设计和制作自制教具过程中需要注意什么呢？

（一）选材的原则

1. 广泛性原则

自制教具的材料都是唾手可得的教师和学生身边的常见物品，选择范围很广。日常生活常见的废旧物品，如矿泉水瓶、一次性纸杯、硬纸板、包装箱、泡沫板等；工业边角废料，如短条木方、细铁丝、小木块、三合板、粗钢筋、薄钢板等；植物标本，如植物叶片标本等。只要能与课堂教学内容有联系的物品都可以作为自制教具的材料。

比如：利用儿童塑料玩具制作吸烟危害演示器；利用矿泉水瓶制作光合作用释放氧气实验装置；利用一次性注射器制作气孔自动开闭模型；用矿泉水瓶和气球制作呼吸运动演示器；

利用工业边角废料制作DNA分子结构学具；利用木料制作真核细胞三维结构模型和细胞膜结构模型；利用纸板制作噬菌体等(图3-16)。

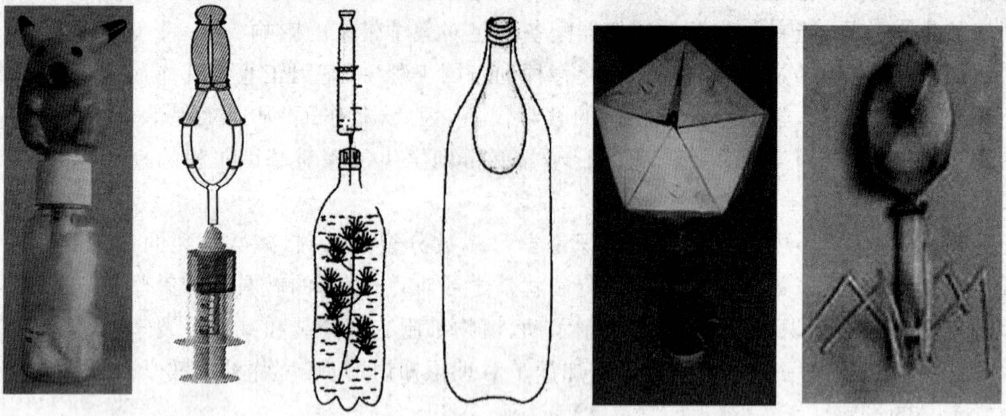

图3-16　自制气孔开闭、呼吸运动和噬菌体模型

2.廉价性原则

自制教具的选材应以不花钱或少花钱为原则。自制教具材料的来源可以先从生活中去寻找和发现。只要多留意，生活中有很多废旧物品都是自制教具的好材料。例如：旧矿泉水瓶制作光合作用释放氧气的实验、光合作用需要二氧化碳的实验和模拟呼吸运动的实验；搜集一次性注射器等材料制作气孔自动开关模型；利用木材制作动植物细胞三维结构模型和细胞膜结构模型等教具。生活中不容易找到的材料再考虑花少量钱去购买。现在是网上购物时代，很多在商场、超市没有的零碎小物品在网上都能买到，而且价格便宜。总之，自制教具材料的选择既要考虑实用，又要考虑节约、省钱的原则。能将生活中的废旧物品变废为宝对学生探究性思维的激发有很大作用。

比如：利用旧矿泉水瓶制作光合作用释放氧气的实验和光合作用需要二氧化碳的实验等不花一分钱，而且比书上实验操作更简单，实验效果更好，如图3-17所示。

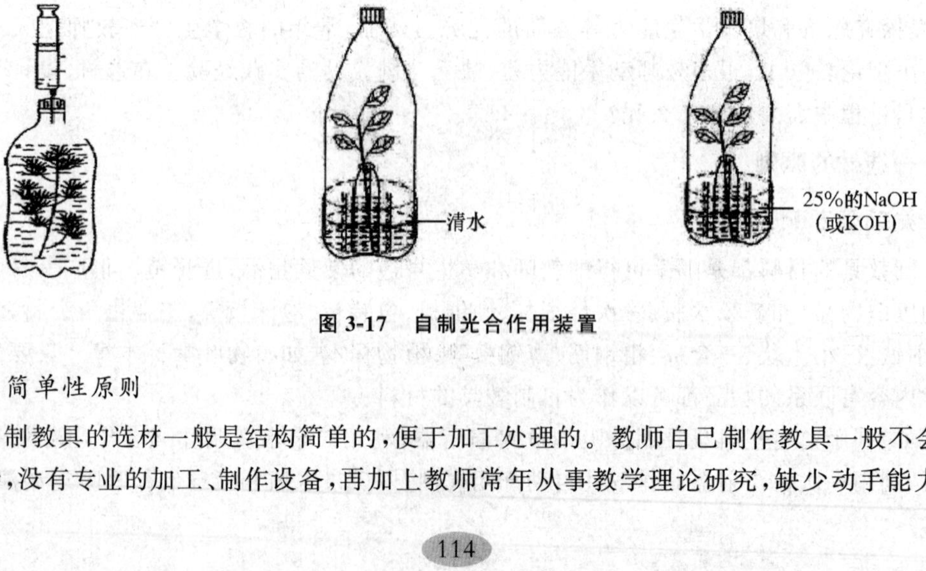

图3-17　自制光合作用装置

3.简单性原则

自制教具的选材一般是结构简单的，便于加工处理的。教师自己制作教具一般不会设计太复杂，没有专业的加工、制作设备，再加上教师常年从事教学理论研究，缺少动手能力的锻

炼。因此教师自制教具材料的选择应以结构简单、容易获取为原则。

比如：吸烟危害演示器，呼吸运动演示器。

4. 安全性原则

自制教具无论所用材料还是制作过程，首先要考虑对教师和学生无害以及操作过程的安全性。例如：不能使用有毒的物质；不宜直接使用带有微量放射线的材料或物质，如水银、火药、农药以及碎玻璃片等；搜集的日常生活用品应该是清洁的，不应使用发霉、变质的东西；不使用会引起过敏的植物、有毒动物等作标本；不使用带有不健康图案的纸片等作教具。

比如：色素分离实验装置（图 3-18），确保学生实验操作时的安全；探究吸烟危害实验装置，制作有封闭的吸烟室、多余烟雾回收处理装置等确保学生实验操作的安全。

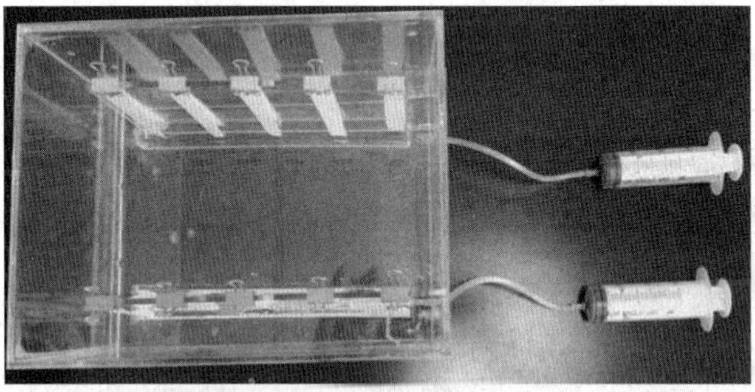
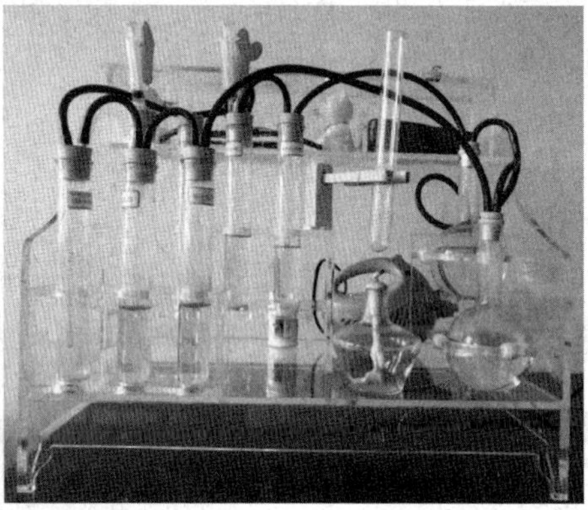

图 3-18　自制绿叶色素提取装置

（二）设计的原则

自制教具的目的是为了有效促进生物教学，只有精心设计简单、实用、有效的教具才能对教学起到促进作用。因此，自制教具首先需要有好的设计思路，设计好了，再动手制作就有章可循了。我们认为自制教具的设计至少应遵循以下原则：

1. 科学性原则

自制教具应是科学知识与教学经验结合起来的创造性活动，首先要考虑科学性和可行性，在紧扣高中生物教材的基础上设计是否合理可行。不要超出教师自己制作能力的范围，一切从实际出发，量力而行。也要考虑是否准确、合理、可行。如显微镜、测量仪器、计量用具等要求有一定的精密度和精准性，不适宜自制；又如“生态系统信息传递”一节的学习中，物理信息、化学信息和行为信息的区分只要学生清楚信息的来源和传播的途径即可，教师通过举一些具体形象的例子就可以帮助学生理解和掌握，如果教师再制作教具详细分析信息传播的途径包括的信源、信道、信宿等就画蛇添足，把简单问题复杂化了。

另外教具制作时要注意大小比例适当，色彩正确，原理要科学。

2. 实用性原则

自制教具设计应以简单、直观、实用为主。教师自制教具的目的不是为了销售，而是为了通过教具帮助学生理解一些重难点知识。所以在设计自制教具时应尽量考虑结构简单，制作方法也简单，就地取材，操作简单，直观实用。可以在使用过程中一点一滴不断改进，但切忌为了追求声、光、电等不必要的效果而把教具复杂化。过度追求教具样式花哨可能引起学生注意力的转移。

比如:吸烟危害演示器、光合作用释放氧气实验装置和蒸腾作用演示器,结构简单,制作简单,操作简单,直观实用。

3.参与性原则

教具制作或者演示、使用过程可以考虑尽量让学生参与进来。学生积极参与制作,除了得到知识以外,还可以提高学生学习兴趣,达到综合性的教学效果。如DNA的半保留复制过程内容的学习中,教师可以用即时贴刻好半保留复制贴图,学生小组合作完成贴图。在参与贴图过程中,既掌握了DNA半保留复制的条件和特点,也提高了小组合作等各方面的能力。

比如:DNA分子结构一节教学教具的运用,每个学习小组的学生可在学习板上参与DNA分子结构建构的全过程(图3-19)。

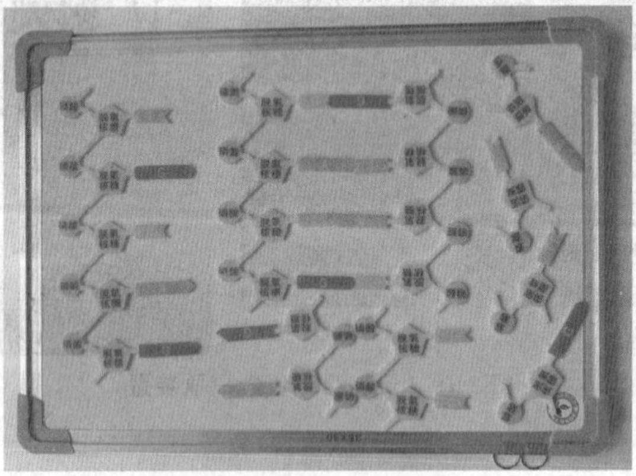

图3-19 自制DNA模型

4.创新性原则

自制教具的设计可以在前人基础上大胆创新。很多教具前人已经有了许多研究,各种资料都有许多介绍,我们只要抓住其中某一点或某一个方面进行改进,就可有所创新。例如:用棉线团来表示染色体可以表示出染色质丝的缩短变粗和螺旋化,但形态不固定也无法区分同源染色体。我们可以用带绝缘包皮的电线螺旋缠绕表示染色体,既有固定形态又可用不同颜色绝缘包皮来表示同源染色体。

5.艺术性原则

对于自制教具来说,科学性始终应该放在第一位,否则就会失去意义,毫无价值。一般说来教师在制作教具时都会注意这一点,然而对教具的教育性与艺术性方面的发掘和加工则比较忽视。下面这件教具就在这方面进行了尝试。用倒立的塑料瓶制成生态缸,底座用一只疲惫不堪的骆驼背负着奄奄一息的一只小猴和小狗,迈着沉重的步伐,漫步在大漠黄沙之中抬头遥望着远方,期盼着早日见到绿洲(图3-20)。

让几种动物聚集在一起,组成一幅动物间相怜的立体画,给学生一个更深意义上的想象空间:从那只小猴无奈的凄凄目光中,它们似乎在抱怨人类,为了扩大你们的生活空间和财富,却要砍光我们栖身的绿色家园,当地球上的绿色都消失的时候,你们人类的家园将何在?

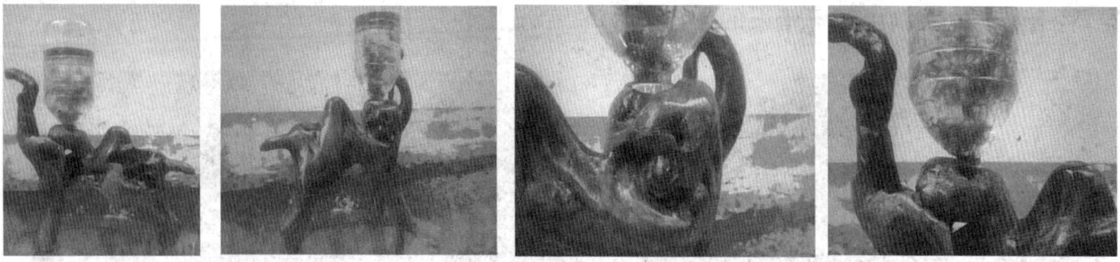

图 3-20　自制生态瓶

由此警醒人们要保护生态环境。

将这件教具放在教室里，指导学生进行实验和管理，培养学生严谨、认真的科学态度和实验操作的基本技能，学会生物科学探究的工作方法和实践能力。这一教具像一首无声的诗、立体的画、凝固的音乐，使学生从中去发现美，去接受美的熏陶和受到环境保护方面的教育，从而使学生认识到人和自然和谐发展的意义，激发他们对科学和艺术的热爱与追求。

(三)制作的原则

根据自制教具的原则制定好计划之后，接下来就是如何制作的问题。教具制作不仅仅是单纯的模仿，而是应该有较多的创造性。教具制作过程中有哪些具体要求呢？

1. 可观性原则

教师演示自制教具的目的是为展示给全班同学看的，因此自制教具应该尽可能做大一点。另外，在简单实用的基础上尽量精美、细致些，这样可以充分调动学生的兴趣，提高观赏效果和学生的参与热情。比如脱氧核糖核苷酸的制作(图 3-21 和图 3-22)。

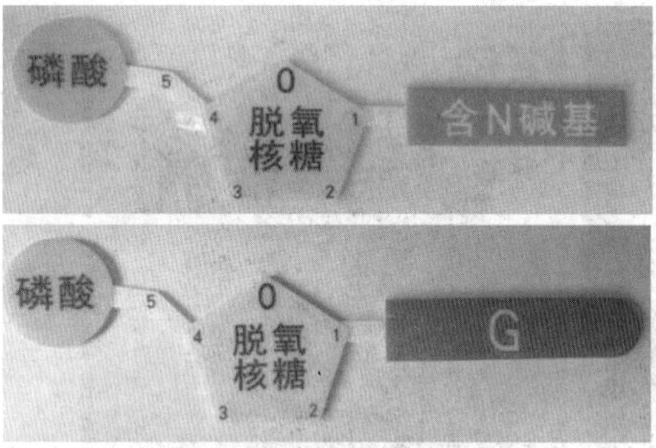

图 3-21　教具
(保证演示时全班学生能看清楚)

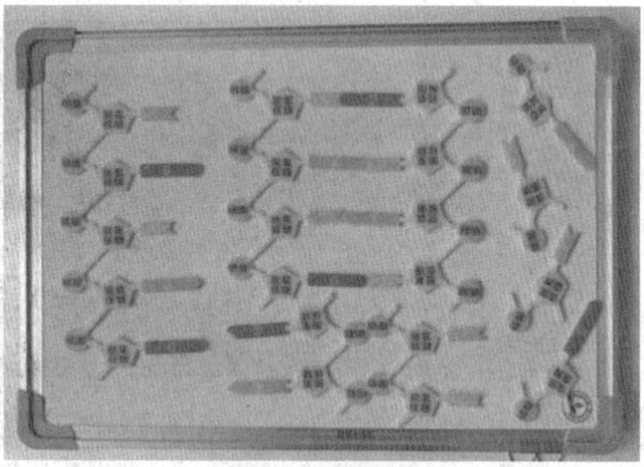

图 3-22　学具
(保证演示时小组学生能看清楚)

2. 整体性原则

自制教具演示的某一过程应清晰明了且具有整体性，帮助学生形成完整的知识体系。由于自制教具的材料来自生活中的废旧物品，加工工具和手段也不是特别专业，可能会出现找到什么材料就用什么材料，有什么工具就用什么工具，与工厂化生产的教具相比不是特别“标准”“规范”，制作过程中可能有很大的随意性，边做边改，不好用再返工。但无论如何必须保证知识的完整性。

例如：制作动物细胞结构模型(图 3-23)，各种细胞器必须完整，如果少了一种或几种细胞器，将会给学生头脑中留下错误的印象。

图 3-23　自制细胞模型

3.耐用性原则

自制教具制作应保证坚固、结实耐用、安全可靠。自制教具选材来源广泛，应尽量选取一些结实耐用的材料，保证可以重复使用。另外，自制教具成本低，材料获取容易，可以尽量多做几个，让学生也有动手操作的机会。如可以制作教师演示用的大型教具和学生小组合作使用的小型教具 2 种。使用过程中，先由教师示范演示，再由学生亲自操作，让学生亲自体验增强其对知识的理解。

比如：我们制作的各种教具（图 3-24），选用结实耐用的材料，安全可靠，结实耐用，美观大方。

图 3-24　各种自制教具

第四节　教具制作实例

我在乡镇中学工作20多年，为了帮助学生理解和掌握所学的理论知识，尽量将抽象的知识具体化，深奥的知识形象化，枯燥的知识趣味化，使学生获得深刻的感知，激发学生的学习兴趣，培养学生的观察能力，利用课余时间制作了大量的教具，参加了第六届至第九届全国优秀自制教具评选活动，积累了一些教具制作方面的实践经验。下面着重介绍几个创新教具的制作方法。

一、中心法则演示仪的制作

(一)制作背景

在高中生物学中，中心法则揭示了生物遗传和变异的本质。可是它看不见，摸不着，所以，既是教学的重点，又是教学的难点，因此，学生掌握起来很费脑筋。由此激励着我不断思考这样一个问题——如何才能在较短时间内，使学生掌握中心法则的相关知识。经过长期的思考和研究，我在2000年研制成了“基因表达演示仪”教具，该教具在第六届全国自制优秀教具评选中获得省、市一等奖和全国二等奖并获国家专利。但在教学实践中，我发现它虽然很好地解决了教师教的难题，但在学生学的方面还存在一些不足。通过进一步的思考和研究，我于2006年研制成了“中心法则演示仪”教具和配套使用的学具。

(二)制作过程

1.教具的制作

(1) 碱基的制作　用长×宽×高为3 cm×3 cm×3 cm的木块30块，在每块木块的前、后、上、下4面分别刻上A、G、T、C表示组成DNA片段的碱基，每个木块从左向右在正中央用钻打孔，按每15个木块用铁条穿连起来分别表示DNA片段(基因)的两条链。如图3-25所示。

图3-25　DNA片段

用同样的木块15块，在每块木块的前、后、上、下4面分别刻上A、G、U、C表示组成信使RNA的碱基，每个木块从左向右在正中央用钻打孔，将15个木块用铁条穿起来，表示DNA转录来的信使RNA分子。如图3-26所示。

图3-26　信使RNA

用同样的木块 15 块，在每块的前、后、上、下 4 面分别刻上 A、G、U、C 表示组成转运 RNA 反密码子的碱基，每个木块从左向右在正中央用钻打孔，将 15 个木块用铁条穿起来，相邻的 3 个碱基表示一个转运 RNA 的反密码子。如图 3-27 所示。

图 3-27　转运 RNA

用同样的木块 3 块，在每块的前、后、左、右分别刻上 A、G、U、C 表示组成遗传密码的碱基，每个木块从上到下在正中央用钻打孔，用铁条将 3 个木块按上、中、下穿起来，随机转动 3 个木块，3 个木块对着人体一面的 3 个字母就组成了一个遗传密码，这样随机转动就会演示出 64 个遗传密码来，如图 3-28 所示。

图 3-28　密码子

(2)氨基酸的制作　10 块长×宽×高为 9 cm×3 cm×3 cm 的木块，在每块的前、后、上、下 4 面分别刻上 4 种不同的氨基酸，这样 5 个木块上就有 20 种氨基酸，将这 5 个木块放在蛋白质分子对应的位置上，如图 3-29 所示。另一组 5 个木块(放在教具箱盒内)根据演示内容的需要随时进行更换。

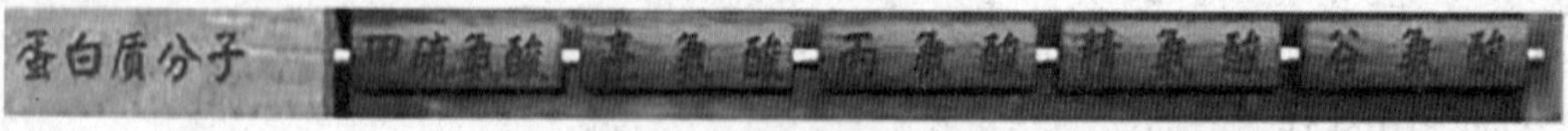

图 3-29　氨基酸

(3)性状的制作　用 1 块长×宽×高为 50 cm×3 cm×3 cm 的木块，在一面刻上红花图案，在其相邻的一面刻上白花图案。在另外两面打有小孔可插上具体的某些性状，同时在这两面刻有与小型圆状磁铁大小的凹面，凹面中央钉上一颗小铁钉，小型圆状磁铁上可贴各种生物性状图案，根据教学要求贴上不同的图案磁铁来表示具体的性状。

(4)遗传密码表的制作　根据基因表达演示仪中相应位置面积的大小，将遗传密码表制好贴在遗传密码演示器的左侧，如图 3-30 所示。

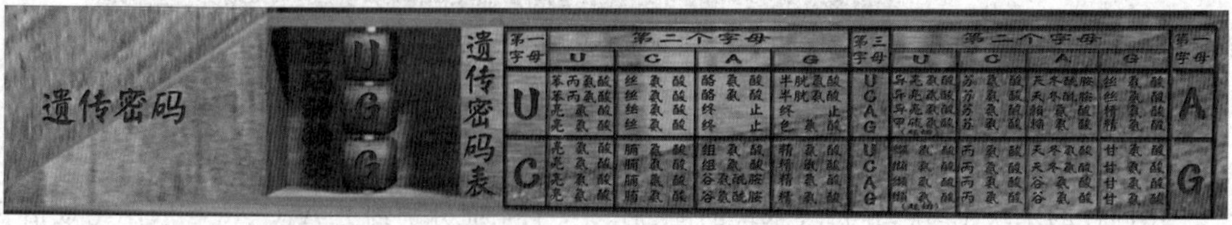

图 3-30　密码子演示仪

(5)中心法则演示仪的制作　每个木块平面固定在所有木块的后面用橡皮筋拉紧，保证每个木块任何面都能保持稳定，又能随意转动。将上述各组件组合起来就制成了一个“中心法则演示仪”，如图 3-31 所示。该教具妙在用木块的 4 个面来表示 4 种不同的碱基，利用木块的转动来完成碱基配对的动态过程，这样就能灵活地演示基因表达的相关知识。

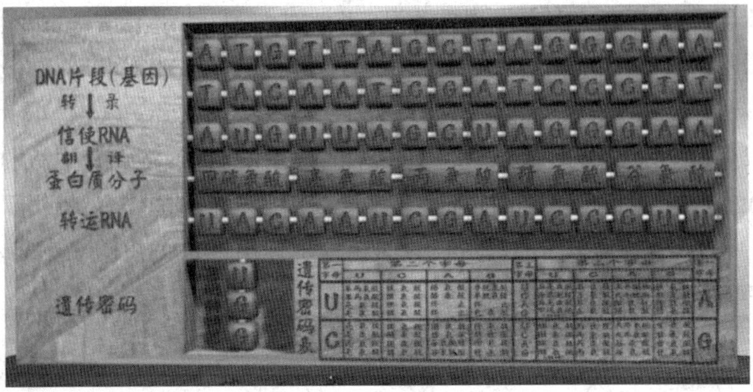

图 3-31　中心法则演示仪

2.学生学具的制作

(1)脱氧核糖核苷酸分子学具的制作

材料:圆形磁铁(磁铁象棋),亚克力板,A、B 胶等。

制作方法:将亚克力板加工成圆形、五边形、长方形,并将三者连在一起,在上面分别标上磷酸、五碳糖、含氮碱基(4 种分别标上 A、T、G、C),将磁铁镶嵌在"五碳糖"分子的另一面中央,用 A、B 胶将磁铁固定。

(2)学生活动板的制作　将 1 块长×宽为 45 cm×35 cm 的铁皮固定在木框上,贴一层纸,便于磁铁固定在铁皮上。学生在此板上可进行 DNA 分子单链、双链的形成和 DNA 的复制等模型建构活动。

(3)mRNA 和 tRNA 碱基的制作

材料:圆形磁铁(磁铁象棋),亚克力板,A、B 胶等。

制作方法:基因表达过程中转录学具(4 种核糖核苷酸和 mRNA)的制作用亚克力板材料制成如图 3-32 所示的 4 种核糖核苷酸若干和几个 mRNA 分子。

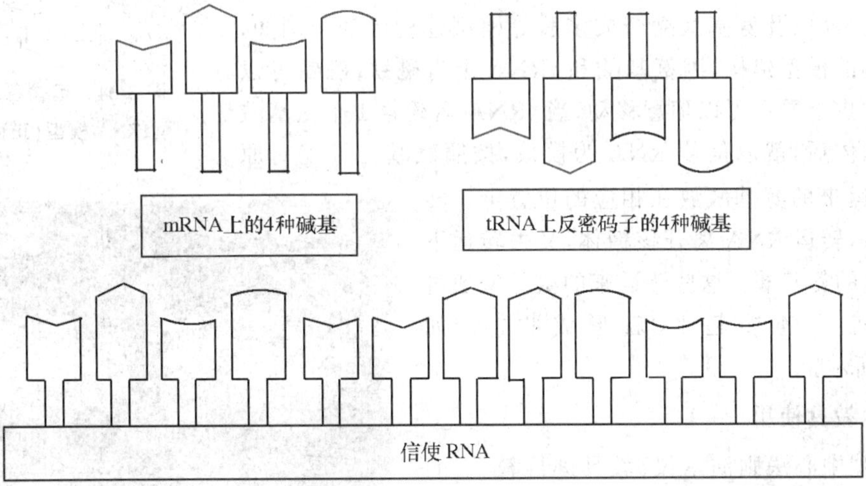

图 3-32　mRNA 和 tRNA 碱基的制作

信使RNA分子上打有许多等距离的小孔，上课时教师在“中心法则演示仪”上演示转录过程，学生根据基因(DNA片段)上碱基排列顺序，按照碱基互补配对规律，依次将核糖核苷酸插在小孔内，这样就得到了一个信使RNA分子。

(4)氨基酸和tRNA模型的制作　20种氨基酸模型的制作：将亚克力板材料加工成直径3 cm的圆盘，上面标上相应的氨基酸，将磁铁镶嵌在圆盘背面的中央。将用于连接tRNA的一端剪成与该tRNA互补的图形，氨基酸的两端分别伸出一长一短的突起表示氨基和羧基，这样氨基酸模型就制作完毕，如图3-33所示。

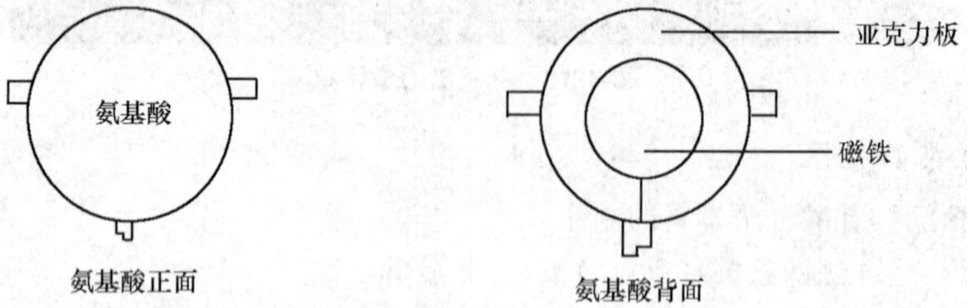

图3-33　氨基酸模型的制作

20种tRNA的制作：将亚克力板材料加工成tRNA的形状，背面中央镶嵌磁铁，将用于连接氨基酸的位置剪成与对应氨基酸互补的图形，以便与氨基酸连接，由于有的氨基酸有多个遗传密码，所以tRNA的反密码子部位就打3个等距离的小孔，这样就可以任意插放任何一种碱基，这样tRNA模型制作完毕，比如运载谷氨酸的tRNA模型如图3-34所示。

图3-34　运输谷氨酸tRNA模型(正面)

(5)学生活动板的制作　将1块长×宽为60 cm×50 cm的铁皮固定在木框上，贴一层纸，便于磁铁固定在铁皮上，在纸上绘上细胞核和核糖体。每个学习小组在自己的活动板上可进行转录、翻译以及氨基酸缩合成多肽等模型建构活动。例如，翻译过程的模型建构，因氨基酸和tRNA上有磁铁，磁铁可以吸附在铁皮上并且可以随意移动，当tRNA运载着1个氨基酸进入核糖体后，就以信使RNA为模板，按照碱基互补配对原则，把转运来的氨基酸放在相应的位置上。转运完毕后，转运RNA离开核糖体，又去转运下一个相应的氨基酸。这些转运来的氨基酸通过肽键一个个连接起来，就形成肽链。如图3-35所示。

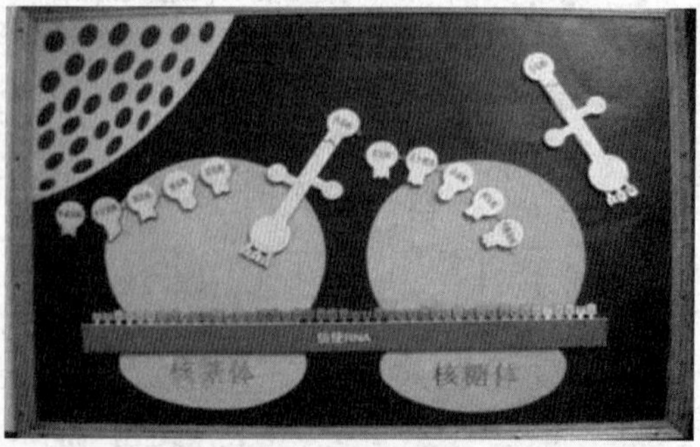

图3-35　肽链形成模型

(三)教具使用

运用“中心法则演示仪”教具进行教学，能将中心法则过程活灵活现地展示在学生面前，使抽象的知识具体化，深奥的知识形象化，枯燥的知识趣味化。不仅解决了教师教的难题，而且配套使用学生活动学具，为学生提供了一个很好的自主学习空间，能使学生充分发挥自己的想象力，通过“做中学”这一有效的学习方式，让学生感悟生命科学中各种细节和理性的思考，从而有利于学生的动手能力和创新思维的培养。几年来的教学实践证明，教学效果非常好。

二、真核细胞三维结构模型的制作

（一）制作背景

细胞基本结构的知识是非常重要的基础知识，而且讲述的是电子显微镜下的微观结构。由于中学没有电子显微镜，学生学习这些知识经常出现张冠李戴的现象，而且学生在尝试制作真核细胞三维结构模型时，经常出现这样那样的一些问题，由此激励着我们不断思考这样一个问题——如何才能在较短时间内，使学生掌握细胞基本结构的知识？在尝试制作细胞三维结构模型时，尽量做到科学性、准确性和艺术性相结合，经过不断思考和研究，我们制作了“真核细胞三维结构模型”教具。

（二）制作过程

1. 动、植物细胞结构模型的制作

选择 2 个直径约 30 cm 的松树节瘤阴干去皮后，初步打磨成细胞形态，然后从节瘤中央剖开，按照动植物细胞亚显微结构进行雕刻、打磨、着色、上漆、配座，便得到如图 3-36 所示的动植物细胞结构模型。

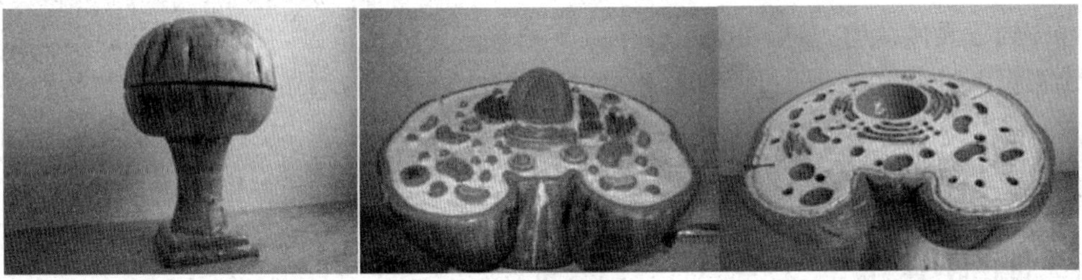

动物细胞结构模型

植物细胞结构模型

图 3-36　动、植物细胞结构模型

2. 叶绿体模型制作

选择一段直径约 10 cm、长 20 cm 的楠木树根阴干去皮后，初步打磨成叶绿体形态，按照叶绿体亚显微结构进行雕刻、打磨、着色、上漆，便得到如图 3-37 所示的叶绿体结构模型。

3.细胞膜结构模型的制作

选择形态大小相似的核桃果实 120 余个打磨光滑表示磷脂分子的头，用约 8 m 的导线加工约 3 cm 长的导线 240 余条表示磷脂分子的尾，再用几块小木加工成不同形态的木块表示蛋白质分子，将上述材料组装起来便得到一个如图 3-38 所示的细胞膜结构模型。

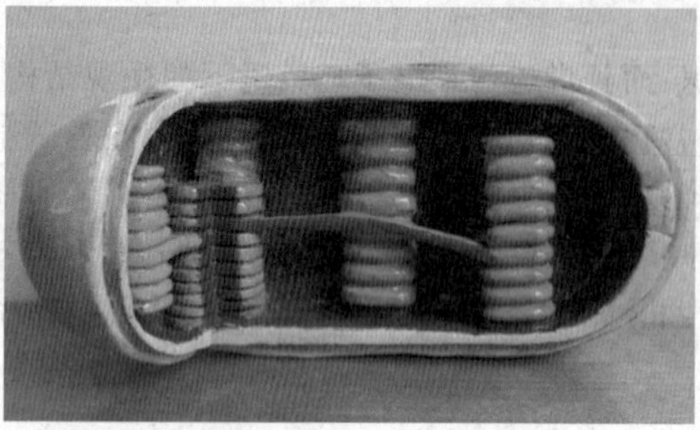

图 3-37　叶绿体结构模型

图 3-38　细胞膜结构模型

4.使用方法

本教具能将真核细胞三维结构非常形象展示在学生面前，使微观的知识形象化，抽象的知识具体化。本教具可用于以下知识的教学活动：①帮助学生理解动物细胞亚显微结构；②帮助学生理解植物细胞亚显微结构；③帮助学生理解细胞膜的亚显微结构；④帮助学生理解叶绿体的亚显微结构；⑤指导学生制作真核细胞三维结构模型，在学生尝试制作真核细胞三维结构模型时，可以参照这组模型，充分发挥自己的想象力，利用身边的废弃物品和材料进行制作。

三、基因踪迹的制作

(一)制作背景

理解和掌握基因的相关知识，是生物科学的素养之一。可是它看不见，摸不着，给教学带来了难题，为此，我们研制了基因的踪迹教学用具，能将基因相关知识非常形象地展示在学生面前，经过在教学实践中的不断改进和完善，很好地解决了基因相关内容教学难题。

(二)制作方法

(1)DNA 逐级放大模型的制作　利用椰子壳和木质材料加工制作成细胞模型；用橙色毛线编制缠绕在木质支架上加工成染色体模型；用橙色毛线编制和导线芯固定加工成染色质模型；用导线芯缠绕白色小球制作染色质绳珠模型；用两条向右盘旋的导线制成 DNA 双螺旋结构模型；用

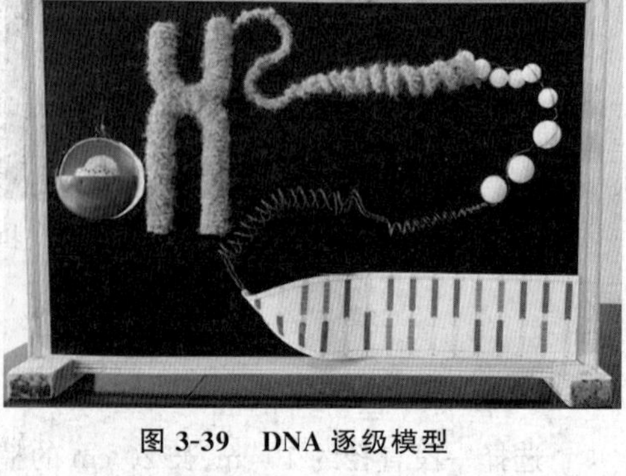

图 3-39　DNA 逐级模型

水晶板加工制成 DNA 分子平面结构模型。如图 3-39 所示。

(2)DNA 分子脱氧核糖核苷酸的制作　用亚克力板制作而成,如图 3-40 所示。

(3)基因表达组件的制作　用亚克力板制作而成,如图 3-41 所示。

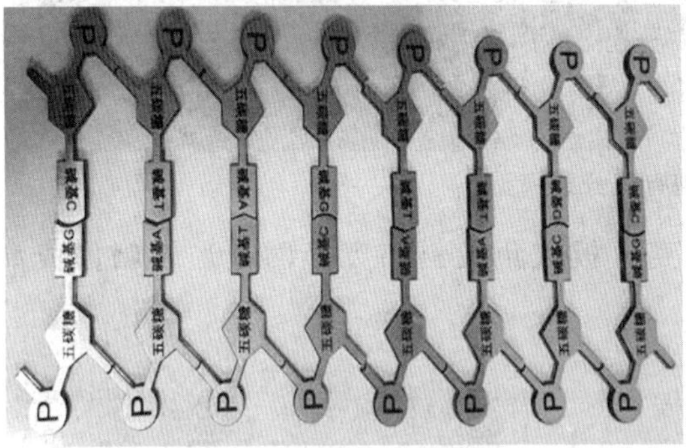

图 3-40　DNA 分子模型

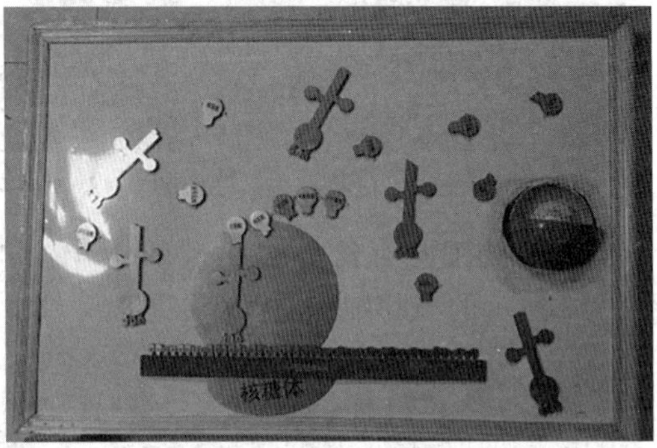

图 3-41　基因表达组件的制作

(三)使用方法

本教具可用于以下知识的教学:一是基因在染色体上;二是染色体与染色质的关系;三是 DNA 分子结构;四是遗传信息的传递和表达;五是基因工程等高中生物学教学内容。讲解高中生物学中基因相关知识时,利用"基因的踪迹"学具进行教学,能将相关过程非常形象地展示在学生面前。学生也可利用"基因的踪迹"学具,通过"做中学"这一有效的学习方式,充分发挥自己的想象力,去感悟生命科学中各种细节和理性的思考,从而培养学生的动手能力和创新思维。

四、动植物细胞有丝分裂模型的制作

(一)制作背景

在高中生物学中,细胞有丝分裂是一个非常重要的内容。它不仅与生物的生长密切相关,而且是理解减数分裂和遗传变异的基础。可是它难看见,摸不着,所以,既是教学的重点,又是教学的难点,学生掌握起来很困难。如何才能在较短时间内,使学生掌握有丝分裂的相关知识?经过不断思考和研究,我们研制了"有丝分裂"学具,通过在教学实践中的不断改进和完善,很好地解决了有丝分裂这一教学难题。

(二)制作方法

"有丝分裂"学具主要用生活中的废料加工制作而成。其中动物细胞模型用椰子壳加工而成;植物细胞模型用生活中的亚克力板边角材料加工而成;染色体用学校废弃网线加工而成;染色体行为模型用生活中的亚克力板边角材料加工而成;染色体和 DNA 规律性变化曲线条用生活中的亚克力板边角材料加工而成。所有各部分小件都粘上磁性材料,这样学生就可以在上面运用活动小件进行自主学习。

(1)动物细胞有丝分裂模型的制作　利用椰子壳和废弃网线加工制作成如图 3-42 所示动物细胞有丝分裂模型。

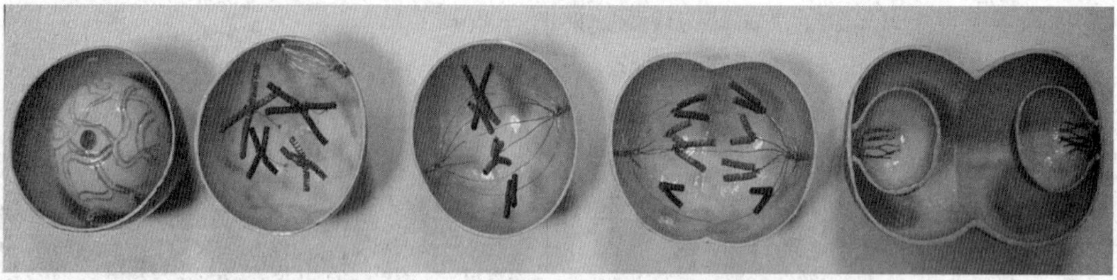

图 3-42　动物细胞有丝分裂模型

(2)植物细胞有丝分裂模型的制作　用亚克力板边角废料和废弃网线加工制作成如图 3-43 所示的植物细胞有丝分裂模型。

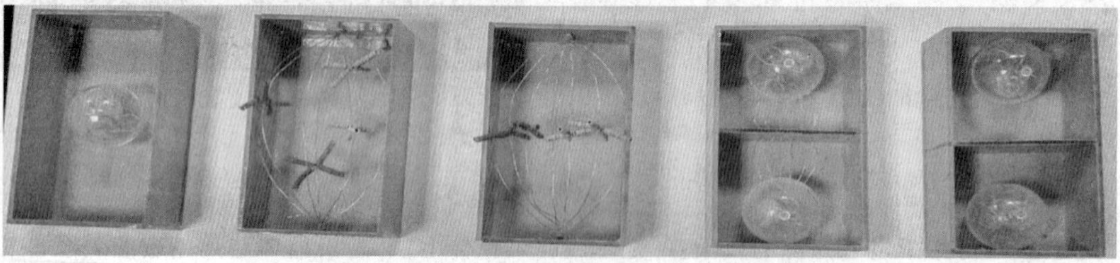

图 3-43　植物细胞有丝分裂模型

(3)用亚克力板边角废料和废弃网线加工制作成染色体行为模型　如图 3-44 所示。

图 3-44　染色体行为模型

(4)用亚克力板边角废料制作成染色体和 DNA 数量变化的曲线条和坐标线　如图 3-45 所示。

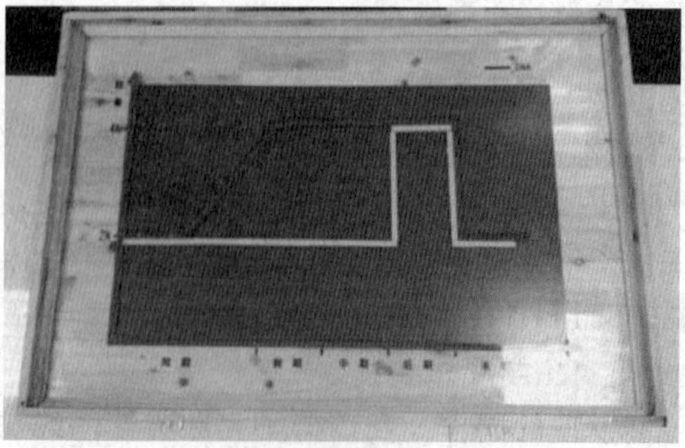

图 3-45　染色体和 DNA 数量变化模型

(5)组装　将各部分按要求组合在一起就得到动植物细胞有丝分裂模型,如图 3-46 所示。

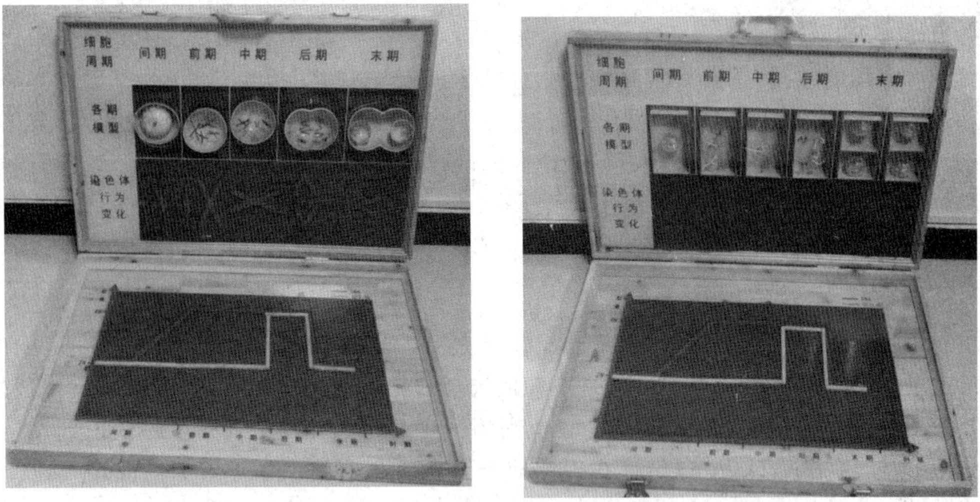

图 3-46　动、植物细胞有丝分裂模型

(三)使用方法

本学具主要用于动植物细胞有丝分裂等相关知识的教学活动。讲解动、植物细胞有丝分裂时,利用“有丝分裂”学具进行教学,能将有丝分裂过程非常形象地展示在学生面前,不仅解决了教师“教”的难题,而且学生也可利用“有丝分裂”学具,通过“做中学”这一有效的学习方式,充分发挥自己的想象力,去感悟有丝分裂过程的细节和理性的思考,从而去培养学生的动手能力和创新思维。几年来的教学实验践证明,教学效果非常好。

第五节　自制教具运用于教学案例

通过自制教具运用于教学的案例,来引导教师如何运用自制教具开展教学活动。因为,在一线工作的广大教师才是运用自制教具开展教学活动的实践者,只要大家解放思想、群策群力、集思广益,自制教具就一定能惠及每一个教育者和受教育者。

案例 1　DNA 分子的结构

1.设计思想

设计以群体参与、知识创造的理念为指导,在真实的研究情境中,学生体验科学家的思考过程,通过学习共同体成员间相互交流、相互启发、思维碰撞,实现从信息到智慧、从获得到构建、从个体到群体、从认知到发展。

本节课以探究 DNA 分子结构为课堂教学主线,采用“创设情境－构建模型－创设新情境－修正模型……构建 DNA 双螺旋结构模型－总结 DNA 分子的结构特点”的思路,引导学生将资料分析与模型构建结合起来，重走科学家构建DNA双螺旋结构的探索之路。启发学生燃起思维的火花，强化内在探究动力。引导学生自主探索问题、解决问题，发展科学探究的思维方式。

2.教材分析

“DNA分子的结构”是人教版高中生物必修2“遗传与进化”模块第3章“基因的本质”第2节，课程标准中具体内容标准是“概述DNA分子结构的主要特点”，活动建议是“搜集DNA分子结构模型建立过程的资料，并进行讨论交流；制作DNA分子双螺旋结构模型。”所以本节课组织学生边分析资料边构建和修正模型，最后根据正确的DNA双螺旋结构模型总结出DNA分子的结构特点。同时，DNA分子的结构，是学习遗传信息的复制和转录的基础。

3.学情分析

在初中的学习和日常生活中，学生已经知道DNA是双螺旋结构；必修1学习了DNA的基本组成单位是4种脱氧核苷酸。但是不知道沃森和克里克构建DNA双螺旋结构模型的过程以及DNA分子的结构。这节课能很好地利用学生日常生活中对DNA的认识创设情境，激发学习兴趣，并通过DNA身份证在确定遇难者身份和刑侦工作等方面的应用，渗透STS的思想。

4.教学目标

4.1　知识目标

4.1.1　知道DNA双螺旋结构模型属于物理模型。

4.1.2　概述DNA分子结构中主链、侧链的构成方式、排列位置和是否稳定。

4.1.3　概述两条链中碱基的连接方式和遵循的配对原则。

4.2　能力目标

4.2.1　通过“资料分析—构建模型—新资料的分析—修正模型”体验模型构建过程，提高分析问题和解决问题的能力。

4.2.2　通过小组合作构建DNA双螺旋结构模型，提升小组合作和表达交流的能力。

4.3　情感、态度与价值观目标

4.3.1　体验沃森和克里克精诚协作以及富兰克林等多位科学家无私奉献的精神。

4.3.2　认同多学科知识的综合应用有利于生物学（某学科）的发展。

5.教学重点

5.1　DNA分子双螺旋结构的探索历程。

5.2　DNA分子的结构特点。

6.教学难点

分析DNA分子的结构，概述其结构的特点。

7.教法与学法选择

7.1　教法选择：模型构建法、直观教学法。

7.2　学法选择：资料分析法、小组合作探究、归纳法。

8.特色简述

8.1　理论基础

以群体参与、知识创造的理念为指导，在真实的研究情境中，学生体验科学家的思考过程，通过学习共同体成员间相互交流、相互启发、思维碰撞，实现从信息到智慧、从获得到构建、从个体到群体、从认知到发展。

8.2　创设情境，体验过程，构建模型

利用既科学又美观的教具和学具，体验DNA结构探索历程是一个不断修正的曲折过程。教具的使用，将抽象的DNA分子结构转化为直观的、可见的和可操作的过程，同时突破"体验DNA分子结构的探索过程"和"DNA分子的结构特点"教学重难点。

8.3　构建概念图

按"点→线→面→体"构建DNA分子的知识网络，有利于知识的沉淀与升华。

9.教学过程

9.1　复习提问导入

[师]通过前面的学习我们知道DNA是主要的遗传物质，那么DNA分子为什么能起遗传作用呢？要回答DNA分子为什么能起遗传作用，我们必须先搞清楚DNA分子的结构。

[生]听课分析思考问题。

设计意图：在潜移默化中渗透生命观念的核心素养，树立结构决定功能的生物学科思想。

[过渡]DNA分子具有怎样的结构？为什么能承担生物的遗传功能呢？这节课，我们一起学习DNA分子的结构。

9.2　教学"DNA双螺旋结构模型的构建"

[过渡] DNA是生物大分子，其结构复杂，在构建DNA分子结构的历史上，哪些科学家做出了杰出贡献呢？

[师] 出示《自然》杂志封面和沃森、克里克及威尔金斯等人的照片。介绍1953年沃森和克里克撰写的论文《核酸的分子结构——脱氧核糖核酸的一个结构模型》发表在《自然》杂志上，引起科学界极大的轰动，沃森、克里克和威尔金斯3人也因这一研究成果共同获得了1962年的诺贝尔生理学或医学奖。从此，人类对生物的研究进入了分子生物学时代。

[设问1]沃森和克里克开始研究DNA时，科学界对DNA已有怎样的认识？

[师]出示脱氧核苷酸教具(图3-47)，引导学生认识脱氧核糖5个碳原子的排列顺序，明确碱基和磷酸与脱氧核糖连接的位置，理清4种脱氧核苷酸的区别和联系。

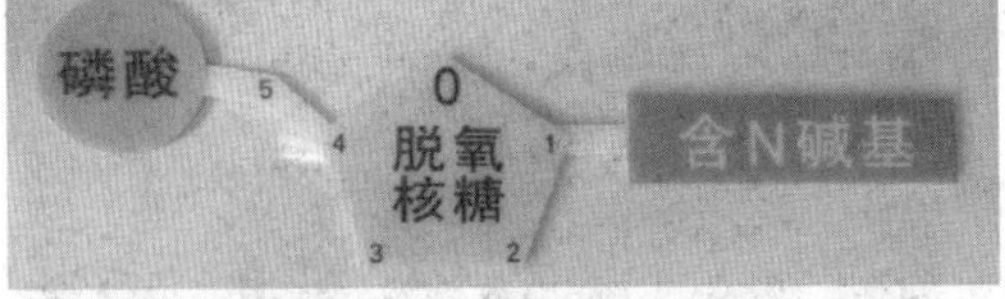

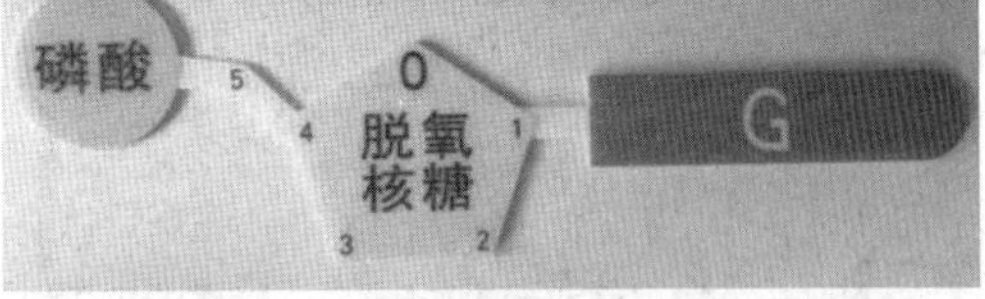

图 3-47　脱氧核苷酸结构模型

那么，单个的脱氧核苷酸是怎样连接成脱氧核苷酸长链的呢？请每小组的同学们利用你们手中学具来建构一条脱氧核苷酸长链。

教师评价学生建构的脱氧核苷酸长链模型(图 3-48),并指出脱氧核苷酸链具有方向性,分为 5′端和 3′端。

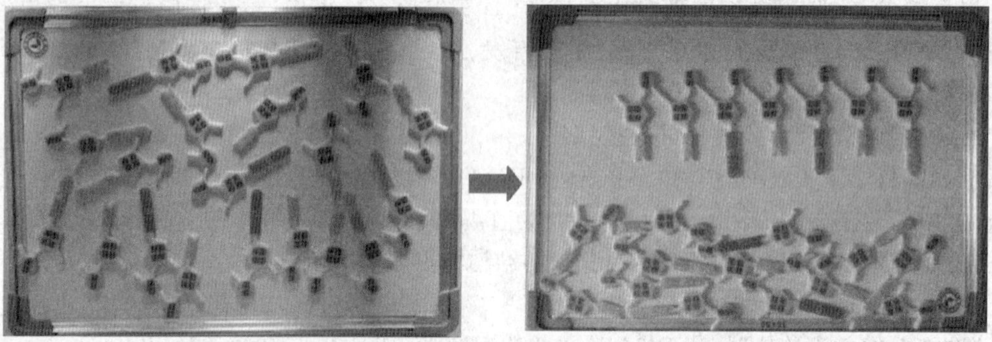

图 3-48　每个学习小组利用手中学具建构的一条脱氧核苷酸链结构模型

[师] 资料 1:威尔金斯分析和测量 DNA 分子 X 衍射图谱(图 3-49),发现 DNA 分子缠绕在一起像个圆筒。

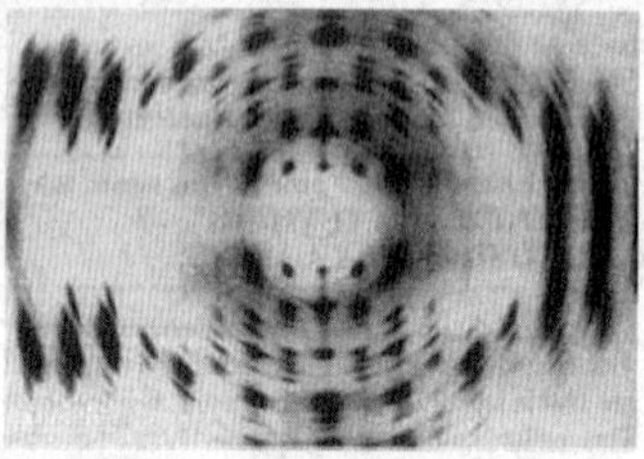

图 3-49　DNA 分子 X 衍射图谱

[设问 2] 沃森和克里克能从资料中得出什么信息?

[生] 能确定 DNA 分子不是直链,而是呈螺旋形。

[设问 3] 到底是单螺旋、双螺旋、三螺旋还是四螺旋呢?

资料 2:二战后有科学家用电子显微镜测定出 DNA 分子的直径约为 2 nm。数学家推算 DNA 分子的直径为2 nm,不可能是单螺旋和四螺旋。

资料 3:富兰克林拍摄到清晰的 DNA 晶体衍射照片,分析只能是由 2 条链组成,并且发现将 DNA 旋转 180°之后拍摄的图谱看起来和原来一样。

[设问 4]根据富兰克林的照片,沃森和克里克能够确定是哪种螺旋吗?

[生] 旋转 180°之后拍摄的图谱看起来和原来一样,说明 DNA 分子是 2 条链,并且这 2 条链方向相反。

[过渡] 根据新获得的信息,沃森和克里克构建了 1 个模型。“这个模型的特点是,DNA 分子由 2 条反向平行的脱氧核苷酸链盘旋而成,磷酸和脱氧核糖交替连接排列在内侧,碱基排列在外侧。”下面请每个小组利用你们手中学具来建构这个模型(图 3-50)。

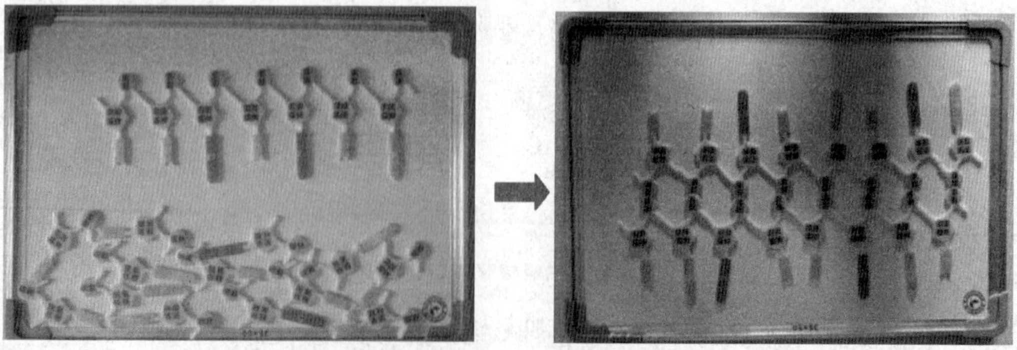

图 3-50　每个学习小组利用手中学具建构的沃森和克里克初始结构模型

［师］这个模型，一看就不是规则的结构。

资料4：脱氧核糖和磷酸具有亲水性，而碱基具有疏水性。

［师］同学们学习生物膜的流动镶嵌模型时知道，磷脂双分子层疏水的尾部排列在内侧，亲水的头部分布在外侧。

［设问5］你觉得沃森和克里克能从这则资料得到什么启示？

［生］磷酸和脱氧核糖交替连接形成骨架，排列在外侧，碱基排列在内侧。

［师］沃森和克里克根据新获得的信息，修正了上述模型。主要修正了"磷酸和脱氧核糖交替连接成DNA分子的骨架，排列在外侧；碱基排列在内侧，而且是相同碱基排在一起的。"请每个小组利用你们手中学具来建构这个修正后的模型（图3-51）。

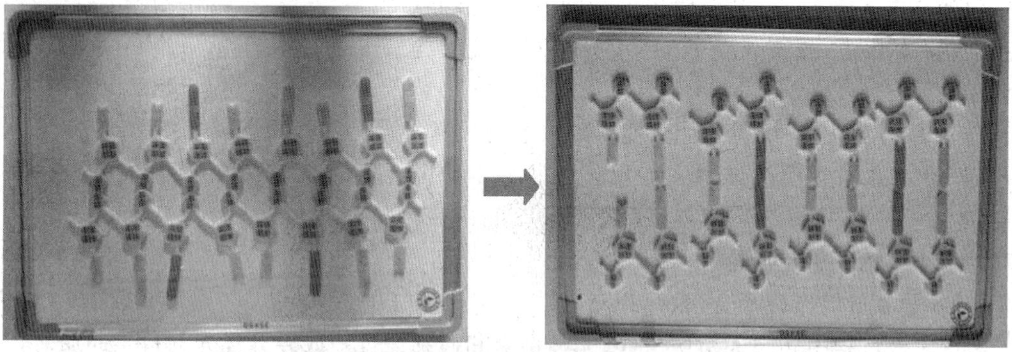

图3-51　每个学习小组利用手中学具建构的沃森和克里克修正后的结构模型

［师］这个修正后的模型，一看就不是规则的结构，还有化学家指出，这种配对方式违反化学规律，相同碱基之间不能形成氢键。

资料6：化学家查哥夫对多种生物DNA碱基做了定量分析。发现了DNA碱基组成的规律性是：每种DNA中A所占比例与T所占比例相同，C所在比例与G相同。

［设问6］这两则资料能给沃森和克里克提供什么信息？他们将如何修正模型。

［生］修正碱基配对方式，碱基按A与T配对，C与G配对。

［师］请每个小组利用你们手中学具根据上述信息来建构DNA分子结构模型（图3-52）。

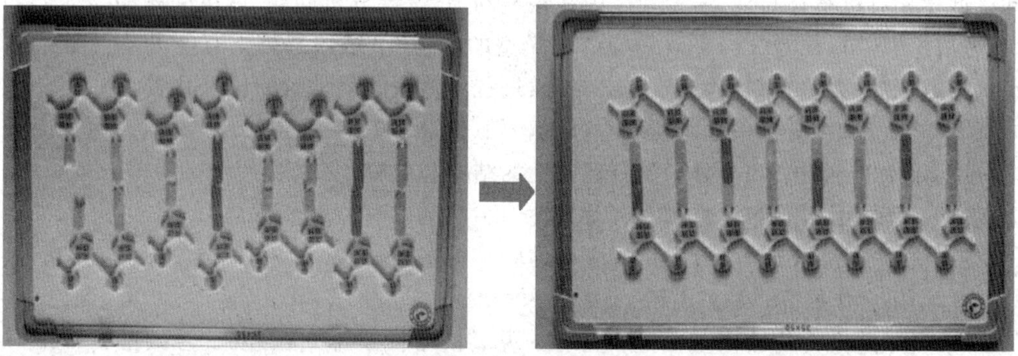

图3-52　每个学习小组利用手中学具建构DNA分子结构模型

［师］这个模型一看就很规则。A与T配对，C与G配对，这样就能解释A与T的比例、C与G的比例总是相等。同时由于总是嘌呤（大）和嘧啶（小）配对，还能解释DNA分子直径

总是保持 2 nm 不变。在这个模型中,磷酸和脱氧核糖骨架在螺旋外侧;碱基排列在内侧;A 与 T 配对,G 与 C 配对;2 条链上配对的碱基之间形成氢键。

构成 DNA 分子的 2 条反向平行的链经过盘旋形成双螺旋结构。为什么说 DNA 分子的双螺旋结构是规则的呢?原来,在所有的 DNA 分子中,每 2 个碱基对之间的距离都是 0.34 nm;每一个螺旋都包含 10 个碱基对,长度为 3.4 nm;每个 DNA 分子沿长度方向直径均保持 2 nm 不变。所以说 DNA 分子具有规则的双螺旋结构(图 3-53)。

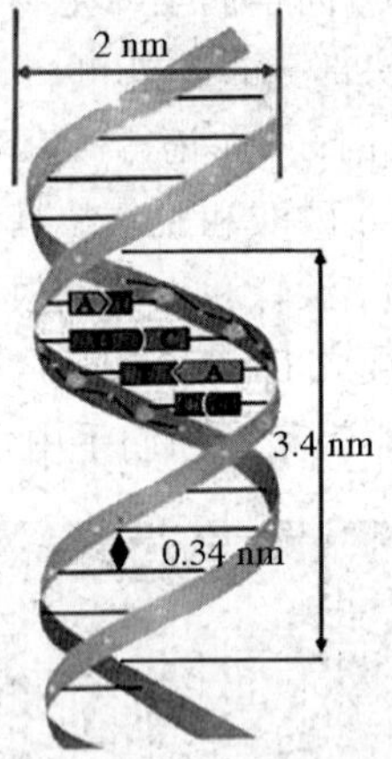

图 3-53　DNA 分子规则的双螺旋结构

[过渡] 在多位不同学科科学家的帮助下,沃森和克里克经过多次修正,最终确立了 DNA 分子双螺旋结构模型。

[思考讨论 1] 这一模型为什么能得到大家的认可?

[思考讨论 2] 建模的过程中体现了哪些科学研究品质呢?

[生] 小组内思考与谈论。

答 1:(学生可能作答不全,教师补充)

答 2:建模过程中体现了精诚协作、无私奉献和遇到挫折不放弃等优秀的科学品质。

[师] 当我们无法对研究对象直接进行操作时,可以考虑建立模型。模型构建就是用“模型”模拟“研究对象”,研究对象即“原型”。沃森和克里克用硬纸片排列出的结构就是“模型”,其“原型”是 DNA 分子。构建的模型是否正确,需与原型进行比较。当模型与原型相符,模型正确;当模型与原型不符,模型错误。沃森和克里克构建的 DNA 双螺旋结构模型之所以被大家认可,是因为将模型与拍摄的 X 射线衍射图谱进行比较,发现两者完全相符。并且 DNA 分子双螺旋结构模型还能很好地解释遗传信息的复制和传递等生物学现象。

设计意图:①还原沃森和克里克探索 DNA 分子结构的历程:“已有资料→构建模型→获得新资料→反复修正模型→确立 DNA 双螺旋结构模型”。体验科学发展的曲折性,将资料分析和模型建构有机结合起来,激发学生内在探究动力,发展分析问题、解决问题的能力。②设置[思考讨论]环节,在对“DNA 双螺旋结构模型的构建”小结的基础上有所升华。学生体验模型构建的原理、方法和判断标准。认同探索过程中体现的科学家的优秀品质。

[师] 出示 DNA 分子平面结构和立体结构图(图 3-54)。

[设问 1]你能说出 DNA 分子具有稳定性的结构基础吗?

[设问 2]你能说出 DNA 分子具有特异性的结构基础吗?

[设问 3]你能说出 DNA 分子具有多样性的结构基础吗?

[生] 小组合作探究,表达交流。

DNA 分子稳定性的结构基础是:①磷酸-脱氧核糖骨架排列在外侧;②碱基互补配对的规律不变;③DNA 分子规则的双螺旋结构。

DNA 分子特异性的结构基础是:每个 DNA 分子具有特定的碱基排列顺序。

DNA 分子多样性的结构基础是:碱基对的排列顺序可以多种多样。

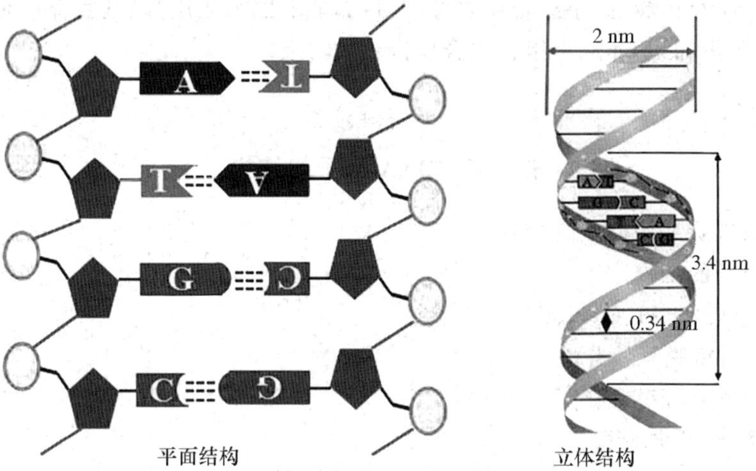

平面结构　　立体结构

图 3-54　DNA 分子平面结构、立体结构图

[师]DNA 分子结构的稳定性,有利于物种保持遗传性状的稳定。特异性是针对一个具体的 DNA 分子来说,特定的碱基对排列顺序构成了其分子的独特性。当针对一个物种中的不同个体,或者是整个生物圈,DNA 分子中碱基对排列顺序的千变万化就构成其多样性。

设计意图:课程标准中本节的目标是:“概述 DNA 分子的结构特点”。通过亲自动手构建 DNA 分子结构模型,并思考讨论其结构特点与分子特性,将抽象的问题形象化,学生的认知更加准确和具体,有效突破本节的难点,达成教学目标。

9.3　课堂小结

本节课我们一起重走了沃森和克里克探索 DNA 分子结构的过程,从构建模型,经过多次修正,最终确立 DNA 分子的双螺旋结构模型。DNA 分子含 C、H、O、N、P 5 种元素,这些元素构成磷酸、脱氧核糖和碱基 3 种物质,由这 3 种物质构成基本单位——脱氧核苷酸,其中由碱基的种类决定脱氧核苷酸的种类,所以有 4 种脱氧核苷酸。多个脱氧核苷酸连接成 2 条脱氧核苷酸长链,2 条长链反向平行盘旋成规则的双螺旋结构。DNA 分子结构最主要的特点是:由两链条反向平行的脱氧核苷酸链组成;脱氧核苷酸和磷酸交替连接,排列在外侧构成基本骨架,碱基排列在内侧;2 条链的碱基遵循互补配对原则,通过氢键连接成碱基对。DNA 分子的结构特点决定它具有稳定性、特异性和多样性的分子特性,为 DNA 分子承担遗传功能奠定了结构基础。

设计意图:总结要点,建立概念间的联系,帮助学生形成知识网络,有利于知识的理解和储存。

[过渡]这就是绝大多数生物的遗传物质——DNA 分子的结构,你掌握得怎样呢?

9.4　课堂检测

课本第 51 页基础题第 1 题。

设计意图:检测知识目标达成情况,强化知识要点。

9.5　课后练习

9.5.1　第 51 页基础题第 2、3 题,独立完成。

9.5.2　第51页拓展题，小组合作思考与讨论，能够熟练运用“碱基互补配对原则”。

设计意图：巩固知识；养成小组自主合作探究的习惯。

10.板书设计

第2节　DNA分子的结构

一、DNA双螺旋结构模型的构建

二、DNA分子的结构

1.元素组成：C、H、O、N、P

2.基本单位：脱氧核苷酸

3.结构：规则的双螺旋

①两条链：反向平行

②骨架：“磷酸-脱氧核糖”交替连接，排列在外侧

③碱基对：排列在内侧

遵循碱基互补配对规律：A与T配对，C与G配对

氢键

4.DNA分子的特性

稳定性、特异性、多样性

案例2　探究吸烟危害性活动设计

1.实验教学背景

每一包香烟上都印着“吸烟有害健康”的字样，但全世界依然存在大量烟民。目前我国烟民有3.2亿之多，每年约有100万人死于吸烟引起的疾病，居世界第一。青少年吸烟的问题不容忽视，2010年吉林省对800名青少年学生进行了调查，结果是青少年平均吸烟率为18.3%；13.7%的青少年尝试吸烟年龄在16周岁左右；41.6%的青少年在家里遭受二手烟的危害；38.1%的青少年在公共场所遭受二手烟的危害。吸烟对正处在生长发育阶段的青少年的危害更为严重，作为生物学教师，教育学生不要染上吸烟恶习责无旁贷。

2.教材分析

人教版普通高中课程标准实验教科书生物1第6章“细胞的生命历程”第4节“细胞的癌变”中有这样的描述，“吸烟是人体摄入化学致癌物的主要途径之一，从香烟的烟雾中可分析出20多种化学致癌因子。”但口头说教的教育效果很差，由此激励着我们设计了“探究吸烟危害性”实验活动，能生动形象地展现吸烟的危害。

3.学情分析

学生在初中已经接触过吸烟有害健康的课题，但认识不够深入，高中生物必修1第2章蛋白质的学习，学生知道了血红蛋白运输氧对人体生命活动的重要性，此时探究香烟烟雾中一氧化碳对血红蛋白与氧结合的影响，学生能理解得更为深刻；第5章学习了细胞呼吸以及酶的相关知识，明白了酶对新陈代谢至关重要，香烟的烟雾对酶活性影响实验的探究，起到“百闻不如一见”的教育教学效果。学生将理论与实验现象联系起来，认同“吸烟对健康具有

严重危害性”的观点。

4.教学目标

4.1　知识目标

4.1.1　通过模拟系列验证性实验，说出香烟烟雾中有害化学成分对多项生理指标的影响，进一步分析是否影响人体健康。

4.1.2　举例说明吸烟可对健康造成哪些危害。

4.2　能力目标

4.2.1　通过资料搜集，提高搜集、处理信息的能力。

4.2.2　通过引导学生自己设计探究实验，培养创新意识，激发创新思维，提升创新能力。

4.3　情感、态度与价值观目标

4.3.1　通过资料搜集和进行模拟实验，明白吸烟危害健康的事实，从而远离香烟，培养学生的生命观念。

4.3.2　通过设计能溶解烟雾的模拟吸烟装置，增强环保意识，更加关注身边的环境问题。

4.3.3　通过和教师一起动脑设计，动手实验，用心探究，发展学生理性思维，培养科学探究的兴趣。

4.3.4　通过小组在校园、社区演示实验和解释实验现象，宣传吸烟危害健康的知识，增强学生的社会责任感。

5.教学重点、难点和创新点

5.1　教学重点

师生搜集有关资料；自制探究吸烟危害实验装置；设计验证香烟烟雾主要有害成分对生命活动指标的影响实验方案。

5.2　教学难点

实验装置的构想和制作；探究实验方案的制定。

5.3　教学创新点

5.3.1　实验装置创新

①装置系统科学。能激发学生的探索热情。

②易于操作。可根据需要选择实验项目，每项实验可单独进行，也可以同时进行多项实验；装置内安装的小型抽水泵，能循环利用装置中的水。

③安全环保。装置能溶解剩余烟雾，减少实验过程中烟雾对师生健康的危害。

5.3.2　教学手段的创新

①全程参与。兴趣小组的学生参与搜集资料、设计并制作装置、进行实验和走进社区的全过程。

②合作探究。兴趣小组内既有明确分工，又有协同合作，在制定探究实验方案和提出新的探究问题等方面，小组合作显示出优越性。

③走近社区。活动实施阶段经历了“课堂教学→走入校园→走近社区”几个阶段，为更多同学及社区居民演示实验和宣传吸烟危害健康的知识。

6.课前准备

6.1 搜集材料

为了解香烟烟雾的化学成分及吸烟的危害，生物兴趣小组学生利用互联网，分组搜集相关资料，共同探讨一系列问题，如香烟烟雾主要含有哪些化学物质？吸烟对人体健康有哪些危害？吸烟危害人体健康的原因有哪些？被动吸烟者会受到危害吗？吸烟还有哪些方面的危害？可以怎样用实验证明吸烟对健康的危害呢？

6.2 确定实验内容

6.2.1 验证性实验

①验证香烟烟雾中含有烟焦油。

②验证香烟烟雾中含有尼古丁。

③验证香烟烟雾中一氧化碳的毒性(血液颜色发生变化)。

6.2.2 探究性实验

①探究主动吸烟和被动吸烟的危害性。

②探究香烟烟雾对过氧化氢酶活性的影响。

6.3 设计并制作实验装置

根据拟定实验内容，师生共同设计制作出能满足上述探究实验的装置，如图 3-55 所示。

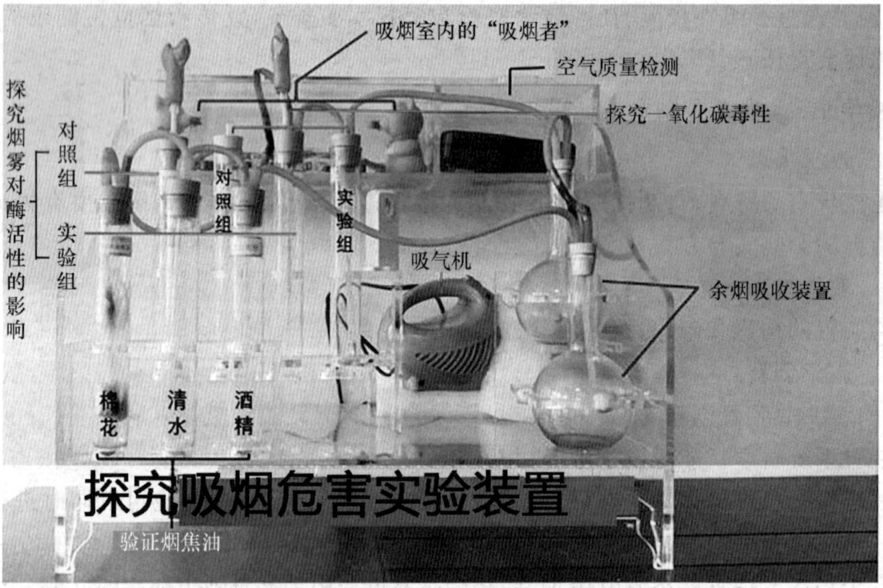

图 3-55 探究吸烟危害性实验装置图

7.教学过程

7.1 兴趣小组作资料搜集汇报

7.1.1 实验原理及相关知识普及

①装置吸烟的原理：用抽气泵吸烟；两个圆底烧瓶吸收多余烟雾。避免实验过程烟雾对师生造成危害。

②验证烟焦油的实验原理：烟焦油可以吸附在附着物上(棉花)，也可溶解在水中或酒精

中。烟焦油是指吸烟者使用的烟嘴内积存的一层棕色油腻物，俗称烟油。它是香烟在缺氧条件下的不完全燃烧产物，是众多烃类及烃的氧化物、硫化物及氮化物的极其复杂的混合物，其中包括苯并芘、镉、砷、胺、亚硝胺以及放射性同位素等多种致癌物质和苯酚类等致癌物质。

③验证尼古丁的实验原理：尼古丁是油状液态物质，可溶于水和有机溶剂，遇无色 $HgCl_2$ 或 $Hg(NO_3)_2$，溶液出现白色沉淀。尼古丁又称烟碱，分子式为 $C_{10}H_{14}N_2$，是一种存在于茄科植物（茄属）中的生物碱，也是烟草的重要成分。尼古丁会使人上瘾或产生依赖性，大剂量的尼古丁会引起呕吐、恶心，严重时会使人死亡。

④检验烟雾中一氧化碳毒性的原理：一氧化碳与红细胞中的血红蛋白结合，导致血液由红色变成樱桃红。一氧化碳是有机物在氧气不足时燃烧的产物，一氧化碳进入人体之后会和血液中的血红蛋白结合，生成碳氧血红蛋白，进而使血红蛋白不能与氧气结合，从而引起机体组织出现缺氧，导致人体出现恶心、呕吐、晕厥甚至窒息死亡。

⑤新鲜的肝脏研磨液中含有过氧化氢酶，过氧化氢酶能催化过氧化氢分解产生水和氧气，香烟烟雾会降低过氧化氢酶的活性。

7.1.2　学生展示探究实验方案，如下。

实验方案

提出问题

过氧化氢酶能将过氧化氢分解成氧气和水，香烟烟雾通过肝脏研磨液后，过氧化氢酶的活性是否会改变？

做出假设

香烟烟雾会降低过氧化氢酶的活性。

实验操作

①取两支试管，将有导管的气球连接到试管塞上，分别加入 3 mL 新鲜的质量分数为 10%的肝脏研磨液。

②一支试管连接吸烟导管，另一支不做处理。

③吸两支烟后，分别向两支试管中注入 20 mL 质量分数为 3%的过氧化氢溶液。观察并记录实验结果。

分析实验现象、得出实验结论

7.2　实验过程

7.2.1　按试剂瓶所贴标签分别加入相应试剂。

①在前排左起第 1 支试管中塞入洁白的棉花，第 2 支试管中分别注入 30 mL 清水，第 3 支试管中注入 30 mL 酒精。

②向探究香烟烟雾对过氧化氢酶活性影响的两支试管中分别加入 3 mL 肝脏研磨液。

③向探究一氧化碳毒性的两支试管分别加入 40 mL 鸡血稀释液。

7.2.2　检查装置的气密性

7.2.3　点燃香烟，观察棉花、清水、酒精和鸡血稀释液颜色变化情况。

7.2.4　吸烟完成后，在探究香烟烟雾对过氧化氢酶活性影响的实验中分别注入 20 mL 3%的过氧化氢溶液，观察实验组和对照组气泡产生的速度和气球膨胀的情况。

7.2.5 实验现象

吸烟后，通过香烟烟雾的棉花、清水和酒精均变得焦黄；通过香烟烟雾的肝脏研磨液催化效率明显降低；通过香烟烟雾的鸡血稀释液颜色变成樱桃红；空气检测仪上 PM2.5 的数值由吸烟前的 50 $\mu g/m^3$ 很快变成最大读数 999 $\mu g/m^3$。

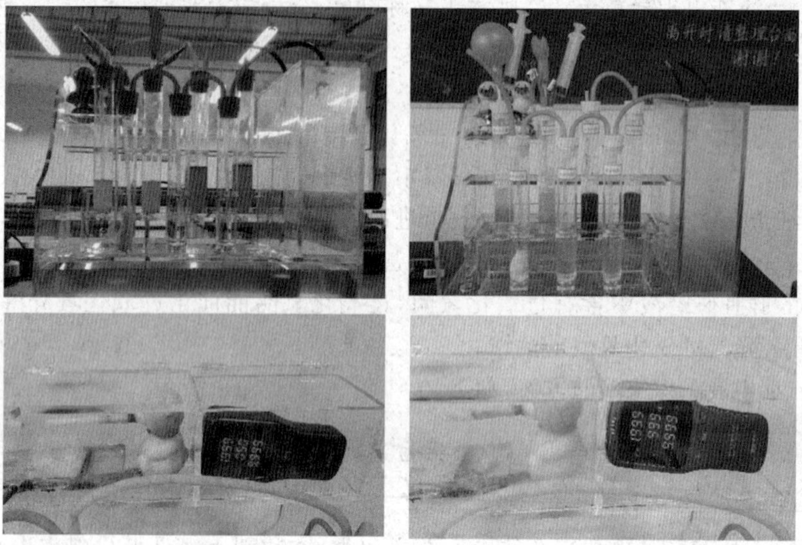

吸烟前　　吸烟后

图 3-56　实验前后对比图

7.2.6 检验香烟烟雾中含尼古丁

①取 3 支试管，分别标号为 1、2、3 号。

②向 1 号试管中加入 5 mL 清水；向 2 号试管中加入 5 mL 烟雾溶解液(上述 7.2.1 步骤①第 2 支试管中加入的清水吸烟后的烟雾溶解液)；3 号试管中加入 5 mL 烟丝浸出液。

③分别向 3 支试管中滴入 6 滴 1 mol/L 氯化汞溶液，观察现象。2 号、3 号试管中有白色沉淀产生。

7.2.7 实验结论

香烟烟雾中含有的烟焦油，能附着在棉花上，溶解在水和酒精中；香烟烟雾中的 CO 能与血红蛋白结合成碳氧血红蛋白，而使血液颜色由红色变成樱桃红；香烟烟雾能抑制过氧化氢酶的活性；香烟烟雾中含有会使人上瘾的尼古丁。

7.2.8 课堂小结

看到实验前后试剂发生的明显变化，吸烟危害健康的“事实”让学生触目惊心，学生们认同吸烟危害健康的观点，纷纷表示会拒绝吸烟。

8.课堂延伸

明显的实验现象触动了孩子们的心，兴趣小组的同学提议到校园开展实验，让更多的同学看到吸烟危害健康的事实，从而拒绝吸烟；还应该走进社区，为居民宣传吸烟的危害性，劝说烟民戒烟。兴趣小组的同学为了做好这次宣传活动，还绘制手抄报，设计宣传单，制作“吸烟有害健康”科普展板。分别在校园和社区进行了“吸烟危害健康”的科普宣传，如图 3-57 所示。由于实验效果明显，宣传方式多样，活动收到了良好的效果，更重要的是这个过程很好地培养了学生们的社会责任感。

图 3-57　兴趣小组在校园和社区宣传剪影

9.教学反思

9.1　收获

在这个实验活动中，学生通过动脑思考、动手实践、用心探究，认同吸烟危害健康的观点，养成拒绝吸烟新时尚，学生在活动中体验到“做中学，学中做”的乐趣，增强了学习主动性；学生获取信息的能力、合作探究能力、实践能力和创新能力均得到较好的发展，促进学生全面、健康、和谐发展。通过把实验从课堂扩展到校园和社区，培养了学生的社会责任感。

9.2　思考

在探究过程中有学生提出：香烟烟雾能影响酶活性，那也会影响动、植物的生命活动吧。丁是我们又着手开展香烟烟雾影响动、植物生命活动的系列探究实验，如：①探究香烟烟雾溶解液对种子萌发的影响；②探究香烟烟雾溶解液对幼苗生长发育的影响；③探究香烟烟雾溶解液对植物细胞有丝分裂的影响等。

9.3　展望

兴趣小组开展的这次“探究吸烟危害性”实验活动结束了，但是老师和学生对这个课题深入的思考还在继续，相信随着研究的不断深入，学生们还能提出更多有价值的问题，引领着我们的探究活动向前推进。

案例 3　绿叶中色素提取和分离及拓展实验活动

(一)使用教材

实验选自人民教育出版社高中生物必修 1《分子与细胞》第 5 章第 4 节“能量之源——光与光合作用”。

(二)实验器材和试剂

(1)自制器材：“绿叶中色素提取和分离及拓展实验”装置由密闭式色素分离器、柱层析装置、光谱仪和光质仪 4 个部分组成，见图 3-58。

(2)实验器材：分液漏斗、蒸馏装置、50 mL 烧杯、10 mL 量筒、研钵、玻璃漏斗、干燥定性滤纸、注射器、剪刀、药匙、天平、脱脂棉、纱布、铁架台、烘干箱。

(3)实验材料：大黄叶片、新鲜黑藻。

(4)试剂：无水乙醇、碳酸钙、二氧化硅、层析液等。

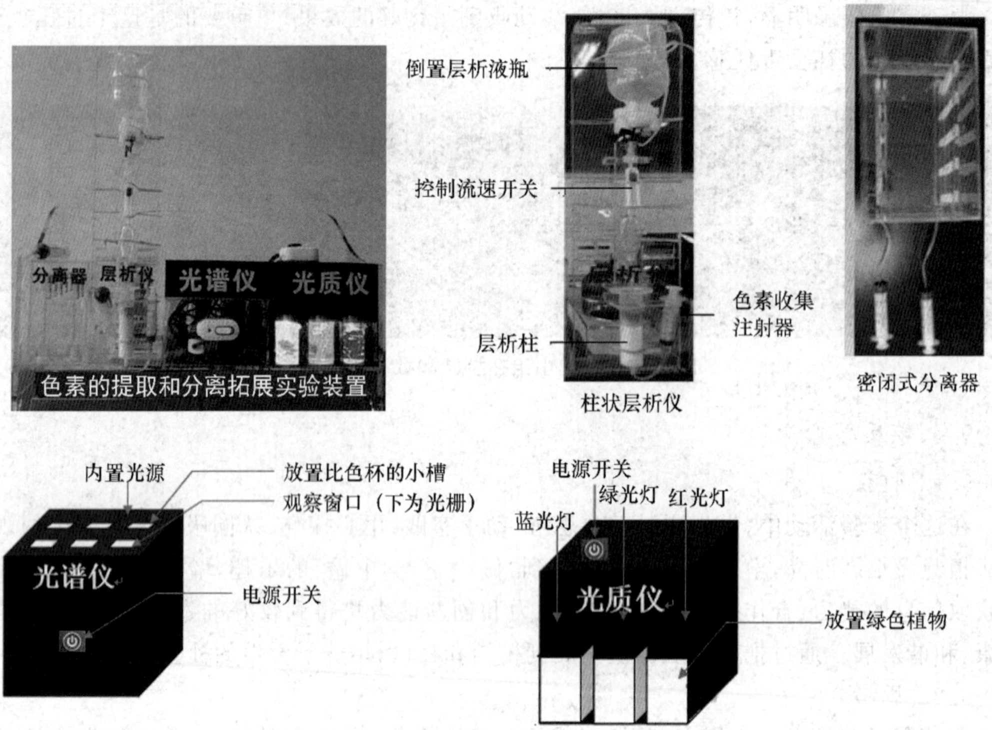

图 3-58　绿叶中色素提取和分离及拓展实验装置

(三)实验教学的创新点

1. 原实验不足之处

一是在进行色素分离时，常用方法为在小烧杯内盛放层析液，上面盖上培养皿，这样层析液挥发会对师生造成伤害；二是绿叶中 4 种色素只是通过纸层析法，看到了 4 种色素的颜色，而没有分离出 4 种色素的溶液；三是不同色素吸收光谱仅有图谱和文字说明；四是色素吸收不同光质的功能没有进一步的实验证据支撑。这样直接呈现静态的知识结论，难以激起学生的学习兴趣，更谈不上激发学生的探索欲望。

2. 实验创新之处

研制了“绿叶中色素提取和分离及拓展实验装置”，通过“环保型色素分离器”分离色素既安全环保又节约材料；柱层析法获得不同色素溶液、光谱仪观察不同色素吸收光谱、探究不同光质对光合作用的影响，将静态的知识结论转变成动态的探究过程，有利于学生体验科学探究过程，发展理性思维和创新意识，提高了实验教学的有效性。

(四)实验原理

实验 1:绿叶中色素的提取和分离

提取色素的实验原理:绿叶中的色素能够溶解在有机溶剂无水乙醇中，可以用无水乙醇提取绿叶中的色素。

分离色素的原理:绿叶中的色素不止一种，它们都能够溶解在层析液中；不同的色素在层析液中的溶解度不同，溶解度高的随层析液在滤纸上扩散得快，溶解度低的随层析液在滤纸上扩散得慢，几分钟后，绿叶中的不同色素就会随层析液在滤纸上的扩散而分离开。

实验2:柱层析法分离不同色素溶液

提取色素溶液实验原理:绿叶中的色素能溶解在有机溶剂石油醚中，石油醚不能溶解于水，所以用石油醚和水按2:1的比例能提取较纯的色素，再通过蒸馏获得色素浓缩液。

分离色素溶液的原理:不同色素在层析液中溶解度不同，溶解度不同的色素随层析液的扩散速度不同而彼此分离。

实验3:观察不同色素的吸收光谱

实验原理:光经过光栅可形成七色光谱，不同色素吸收不同波长范围的光，呈现出不同的吸收光谱。

实验4:探究不同光质对光合作用的影响

实验原理:绿叶中的色素能吸收特定波长范围的光，不同光质的光能影响植物的光合作用强度。

(五)实验教学目标

1.知识目标

(1)说出绿叶中色素的种类和作用。

(2)说出色素的特点及提取和分离原理。

2.能力目标

(1)师生共同研究实验装置，利用装置进行实验，体验科学探究的过程。

(2)尝试实验方案的设计。

3.情感态度与价值观目标

(1)寻找适合材料——培养学生探索精神和创新意识。

(2)分组实验——培养合作精神和社会责任。

(六)教学内容设计

依据课程标准，结合教材内容和学生实际，为了帮助学生更好地理解光合色素的功能，建构光合作用核心概念，设计了4个递进实验。实验1:环保型色素分离实验;实验2:柱层析法分离色素溶液;实验3:光谱仪观察不同色素光谱;实验4:探究不同光质对光合作用的影响。

(七)教学过程设计

创设情境，设疑导入。白化苗无法正常生长的原因是什么？色素有什么功能？如何获得绿叶的中色素？怎样研究它的功能？引入绿叶中色素的提取和分离实验。

实验1:绿叶中色素的提取和分离

(1)小组交流、讨论，归纳实验操作步骤及注意事项。

(2)学生分小组进行实验:提取色素→制备滤纸条→画滤液细线→分离色素。

教师巡视，给予操作指导。

(3)展示实验结果，分析比较，得出结论。

过渡：大家已经观察到绿叶中的 4 种色素，我们能否分离出 4 种不同的色素溶液呢？

实验 2：柱层析法分离不同色素溶液

1. 实验器材

如图 3-59 至图 3-62 所示。

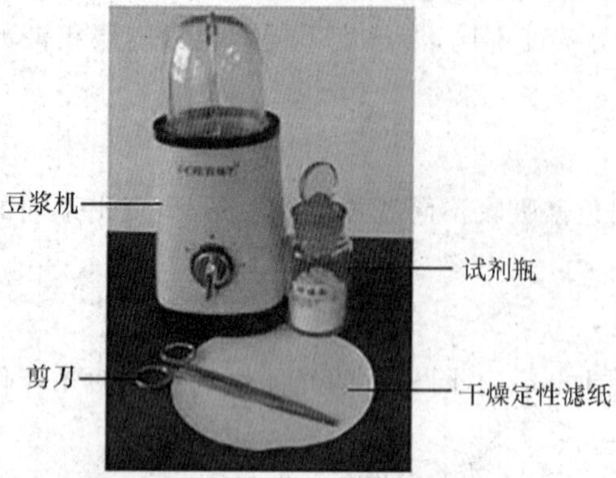

图 3-59　制备纤维粉所需器材

图 3-60　分液装置

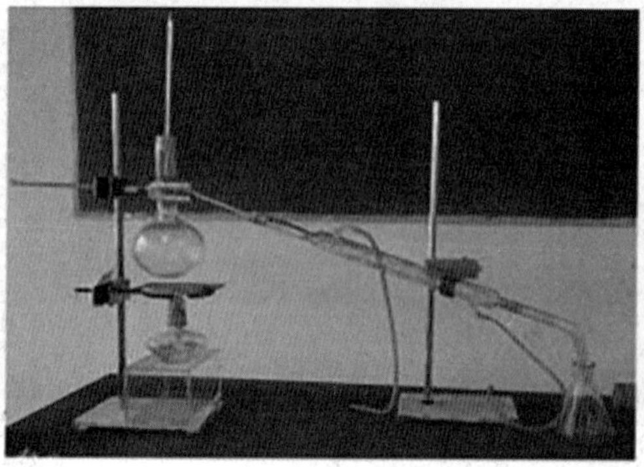

图 3-61　蒸馏装置

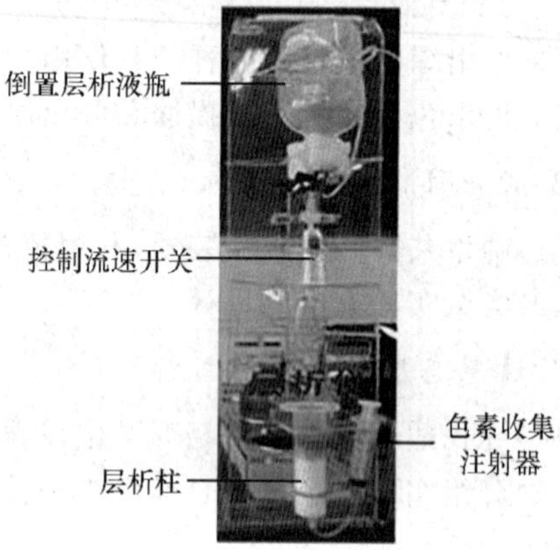

图 3-62　柱层析装置

2. 实验过程

(1)制备色素浓缩液

①研磨、过滤，提取色素溶液。

②分液。量取 30 mL 色素溶液、20 mL 石油醚、10 mL 水于烧杯内混合；注入分液漏斗分液，获得纯净的色素溶液。

③蒸馏。将步骤②中获得的纯净色素溶液进行蒸馏，获得浓缩的色素溶液。

(2)制备纤维粉

①剪定性滤纸。

②用豆浆机打磨成纤维粉备用。

(3)制备层析柱

①将纤维粉装入 20 mL 注射器筒，用活塞压紧至 4cm 高。

②将步骤(1)中浓缩色素注入适量纤维粉，搅拌，烘干。如此重复几次，获得含较多色素的纤维粉。

③再把含色素的纤维粉装入步骤①注射器筒上层，装 5 mm 高。

(4)柱层析不同色素溶液

①向柱层析装置倒置的试剂瓶中注入层析液。

②将步骤(3)中的层析柱置于其下，打开控制流速开关，控制层析液滴落的速度为每分钟约 40 滴。

③等待几分钟，就可在层析柱下方的小注射器依次收集类胡萝卜素、叶绿素。

④分别将步骤(1)得到的浓缩色素溶液、上一步分离的类胡萝卜素和叶绿素用注射器注入比色杯备用。见图 3-63。

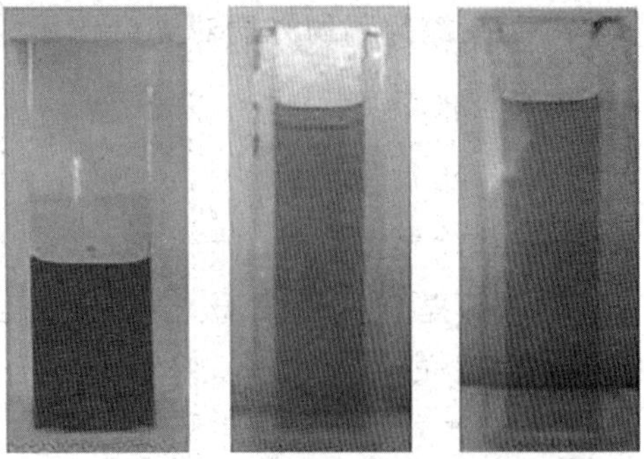

图 3-63　含不同色素的溶液

实验 3:观察色素的吸收光谱

1. 实验仪器

如图 3-64 所示。

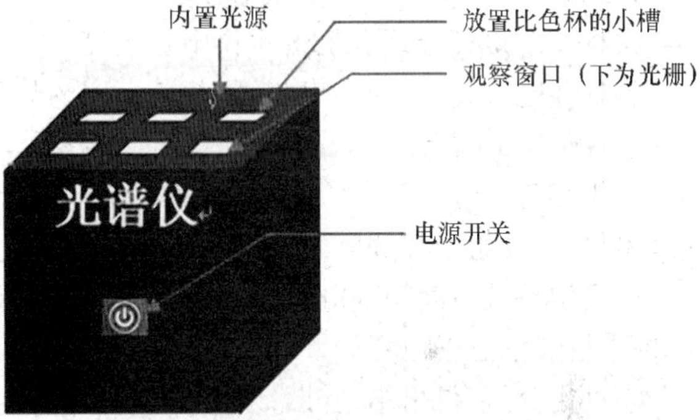

图 3-64　光谱仪构造模式图

2. 实验过程

(1)教师提问:色素有什么功能？不同色素吸收相同波长的光吗？如何验证？

(2)学生进行实验

①将盛有蒸馏水的比色杯置于光源与光栅间的小槽，打开电源，观察光栅上呈现的光谱。

②再将含 4 种色素、只含类胡萝卜素和叶绿素的 3 个比色杯分别置于光源与光栅间的小孔，观察不同色素溶液的吸收光谱。

③实验结果见图 3-65。

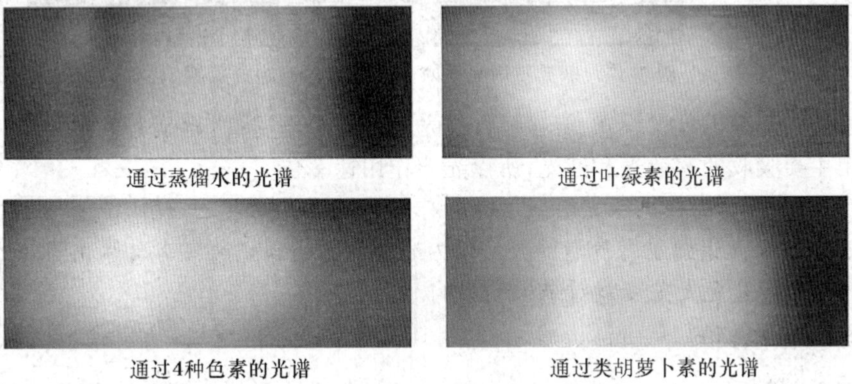

图 3-65　通过蒸馏水和几种色素溶液的光谱图

④对比分析，得出结论。

色素具有吸收光能的作用；叶绿素和类胡萝卜素的吸收区有差异；两类色素都几乎不吸收绿光。

实验4：探究不同光质对光合作用的影响

1. 实验仪器

如图3-66所示。

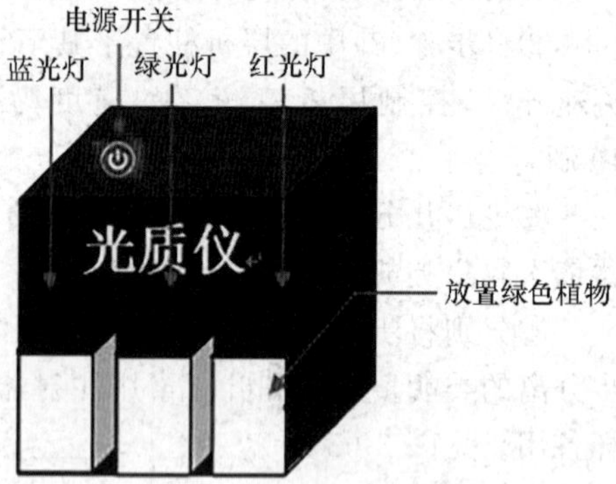

图3-66　光质仪构造模式图

2. 实验过程

(1)教师提问：通过实验3我们观察到不同色素吸收不同颜色的光，那么，如何能更进一步证明不同光质对光合作用中的影响呢？这个实验的因变量是什么？如何检测？

(2)学生进行实验

①取采集至同一环境，大小和形态一致的3段黑藻，分别置于3个50 mL的烧杯中。

②将3个烧杯分别置于光质仪中蓝光灯、绿光灯和红光灯下。

③打开电源开关，用功率相同、颜色不同的灯处理植物相同时间。

④观察实验现象

a. 随着实验时间的延长，白光组的氧气释放量迅速增大，至实验持续10 min时释放的氧气呈串状，绿光组未释放氧气，红光组释放少量氧气。

b. 实验持续时间至30 min时，3组的氧气释放量为白光组释放量很大，红光组释放量较少，绿光组偶尔有气泡释放。

⑤对比分析，得出结论(图3-67)

图3-67　探究不同光质对光合作用的影响效果图

a. 绿色植物几乎不吸收绿光；能够吸收红光进行光合作用；白光是七色光，同时含绿色植物光合作用主要吸收的蓝紫光和红光，所以光合作用速率快。

提问：30 min后，为什么绿光组偶尔也会有气泡释放呢？

b. 30 min后绿光组偶尔有气泡释放是因为通过前面的观察窗口有自然光照射到植物，这可以通过改进装置避免无关变量对结果的影响。

(八)实验效果评价

1. 创新之处

(1)纸层析时，利用密闭式色素分离器减少层析液挥发到教室，保护师生健康，实验时每班约用 50 mL 层析液，且实验后可回收剩余的层析液，所以每个班耗费的层析液小于 50 mL，具有安全环保、节省试剂和避免环境污染的优点，这样的设计思想能培养学生的环境意识、健康意识和节约的良好品德。

(2)通过柱层析法分离获得了不同的色素溶液。

(3)可见度高。通过观察不同色素的吸收光谱、探究不同光质对光合作用的影响，实验现象明显，能开启学生的学习兴趣，激发学生的探索热情。

4 个实验层层深入、环环相扣，实验过程中学生动手和动脑结合，体验了科学探究的过程，发展了学生理性思维。让学生逐渐“走近”，并最终“走进”光合色素功能的世界。

2.改进与展望

(1)“探究不同光质对光合作用的影响”实验增加一组蓝紫光，为学生得出结论提供更充分的证据。

(2)更换“探究不同光质对光合作用的影响”装置的灯，3 组均为白光灯，但每组的功率不同，就能探究“不同光强对光合作用的影响”。

(3)增加氧气传感器，可将定性实验转变为定量实验，有助理性思维的发展。

(4)借助物理学仪器，将色素吸收光谱放大，投影到屏幕上更具直观性和可对比性。

我们将带领学生探究不同植物绿叶中含有的光合色素是否有差异；观察不同植物光合色素吸收光谱等实验，通过亲身体验，在动脑和动手的过程中体验科学的乐趣和探求真知的方法。认同生物的统一性、多样性和物质组成结构，结构决定功能的生命观念。

案例 4 探究酶的性质

(一)教材分析

酶的特性是人教版必修 1 第 5 单元第 1 节“降低化学反应活化能的酶”的第 2 课时的内容，在此之前学生学习了“酶的作用和本质”以及初中关于消化酶的知识，这为本节内容的学习起到了铺垫作用。结合探究“影响酶活性条件”的实验，进一步理解酶的三大特性，特别是酶反应条件的温和性，为以后学习“光合作用”“细胞呼吸”以及理解复杂的实验设计步骤奠定基础。由于高二的学生已经学习过本部分内容，因此，本节课在教材中起到了承上启下的作用。

(二)教学目标

(1)通过探究影响酶促反应的条件，让学生知道细胞的生命活动完成需要酶及一定的环境条件为基础，认同生命活动物质性这一生命观念。

(2)通过进行有关酶的实验设计和分析，培养学生实验设计能力。

(3)通过小组合作学会控制自变量、观察和检测因变量，根据现象分析实验并得出结果。培养学生严谨的科学态度及动手实践的能力。

(4)通过比较不同生物细胞内酶的活性表达需要的条件不同，关注生活中酶制品在不同条件下的应用，从而使得学生社会责任意识得以达成。

(三)教学重点、难点

设计实验证明酶的特性为本堂课的重点和难点。

(四)教学方法

分析法、举例法、实验法、归纳法。

(五)教学过程

导入:利用刚接触到果酒、腐乳等发酵食品的生产离不开酶来导入,我们的生活需要酶,大家还能说出酶的特性吗?我们本节课就来共同探索。

学生回答:具有高效性和专一性。

教师:高效性的含义是什么呢?

学生回答:与无机催化剂相比,酶的催化效率约是无机催化剂的 $10^7 \sim 10^{13}$ 倍。

教师:酶的催化效率既然那么高,现有如下材料你能设计实验验证酶的高效性吗?教师介绍自制实验装置(图 3-68 和图 3-69)。

图 3-68 自制探究酶奥秘定性实验装置

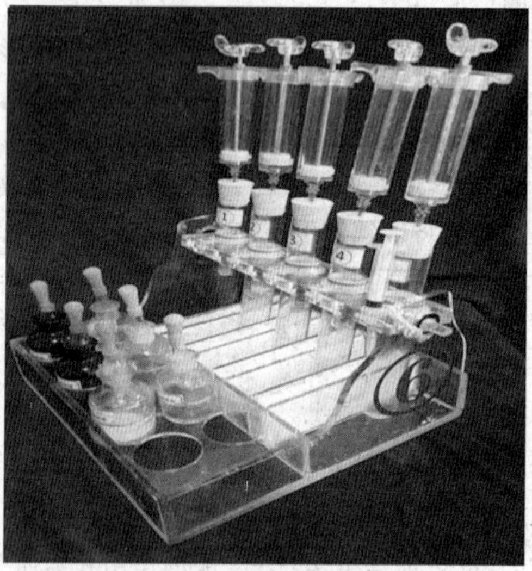

图 3-69 自制探究酶奥秘定量实验装置

【出示材料】15%的 H_2O_2、酵母菌研磨液、3.5% $FeCl_3$、量筒、试管、滴管、自制实验装置等。

学生活动:本实验中的自变量是什么?因变量是什么,如何检测?哪些属于无关变量?我们应该如何控制?本实验完成至少需要设置几组实验,你们准备设置几组?完成表 3-1。

表 3-1 探究不同的底物对酶高效性的影响

	A 试管	B 试管	试管 C	试管 D	……
第 1 步加底物					
第 2 步自变量控制					
第 3 步因变量观察(现象)					
结论					

学生活动:小组展示实验操作方案,其他小组成员质疑、讨论完善。

学生实践活动:验证酶的高效性(图 3-70)。

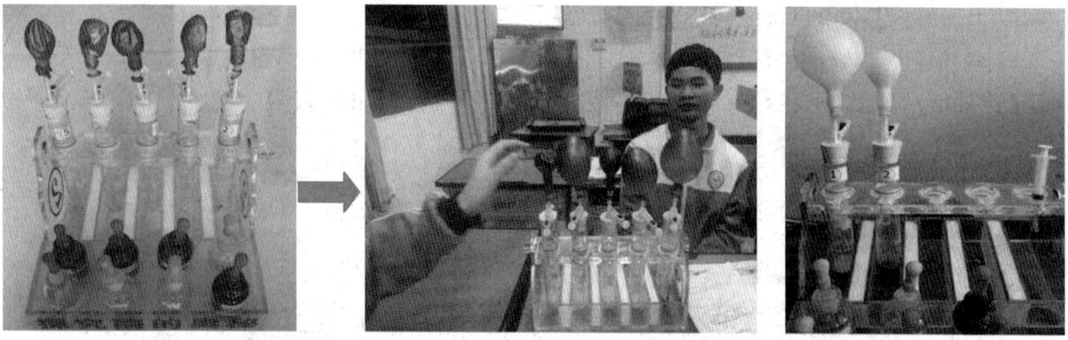

实验前　　　　实验后结果1　　　　实验后结果2

图 3-70　酶的高效性实验结果

教师：专一性的含义是什么呢？

学生：专一性指一种酶只能催化一种或一类化学反应。

【课件展示】如果给你淀粉、蔗糖、淀粉酶和蔗糖酶 4 种物质，假设无关变量均是理想状态下，你们如何设计实验来证明酶具有专一性呢？你们小组的自变量是什么？因变量是什么，如何检测因变量？谈谈你们小组的设计思路。

学生小组：设计证明酶具有专一性的实验并展示实验结果(图 3-71)。

教师：巡视学生设计情况，展示典型的 2 个小组并归纳(一个是底物相同、酶不同；一个是酶相同、底物不同)，并评价学生实验结果。

实验前　　　　实验后

图 3-71　酶的专一性实验结果

意图：培养学生的科学探究实验设计能力和合作与语言表达能力；同时对比不同实验的设计方案也有利于培养学生科学思维中的创造性思维。

教师：依据酶的专一性说说生活中我们所食的淀粉、蛋白质和脂肪分别需要哪些种类的酶来消化？在我们感冒发高烧的时候，美味的回锅肉放在你的面前为何没有食欲？说明酶的活性易受哪些因素影响？

学生回答：温度和酸碱度会影响酶的活性。

教师：pH 真会影响酶的活性吗？你能通过设计实验来证明吗？

【课件展示】假设现在给你酵母研磨液，15%的 H_2O_2、质量分数为 10%的 NaOH、质量分数为 10%的 HCl、滴管、量筒、自制实验装置等。你们能够设计 pH 对酵母菌体内的过氧化氢酶的活性影响吗？

学生小组：合作讨论，设计实验方案并展示实验结果(图 3-72)，点评完善。

学生活动：小组合作实验，完成表 3-2。

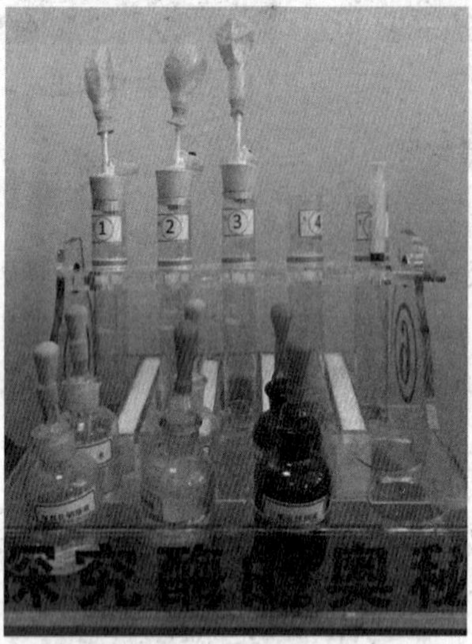

实验前

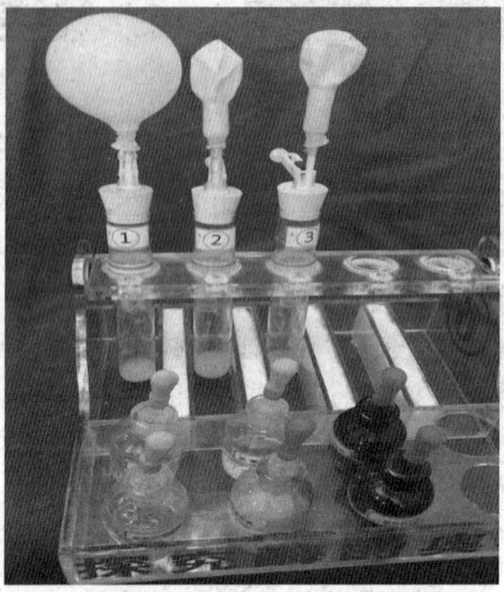

实验后

图 3-72　不同 pH 对酶活性的影响

表 3-2　探究 pH 对过氧化氢酶活性的影响

项目	试管 1	试管 2	试管 3	……
第 1 步				
第 2 步				
第 3 步				
第 4 步				
⋮				
预期现象				
实验结论				

教师：在 pH 对酶的活性影响中，哪组的催化效率较好，现象比较明显的 pH 组别就是该种酶的最适 pH 吗？如果不是，要想找到该种酶的最适 pH，还应该如何处理呢？对于本实验你们还有什么想法吗？

教师：温度会影响酶的活性吗？你能通过设计实验来证明吗？

学生小组：合作讨论，设计实验方案并展示实验结果（图 3-73），点评完善。

学生活动：小组合作实验。

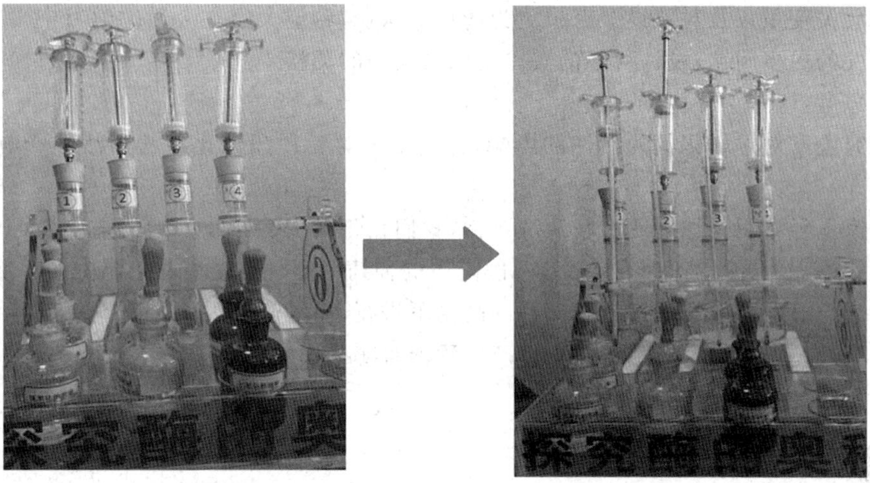

实验前　　实验后

图 3-73　不同温度对酶活性的影响

教师：科学家通过定量实验表明，酶所催化的化学反应一般是在比较温和的条件下进行的。不同的酶需要的温度和 pH 范围不同，比如动物体内的酶的最适温度在 35～40℃之间，植物体内的最适温度在 40～50℃之间，微生物体内的温度范围较大，动物体内的酶的最适 pH 大多在 6.5～8.0 之间，但胃蛋白酶的最适 pH 约为 1.5，植物体内的酶最适 pH 也不相同。下表是某研究小组通过实验得到某种酶在不同温度条件下的催化活性数据（表 3-3）。

表 3-3　不同温度下酶的相对活性

温度/℃	10	20	30	40	50	60	70	80	90
淀粉酶的相对活性/%	6	25	43	67	83	65	22	2	0

教师：请将表中的数据转化为坐标曲线图（图 3-74）。

教师：试着分析一下低温和高温对酶的活性影响是否相同，试着举出一个生活中的常见实例？pH 对酶的活性影响与温度对酶的活性影响差异表现在哪些地方？

教师：呈现教材 P85 图 5-3 和图 5-4。

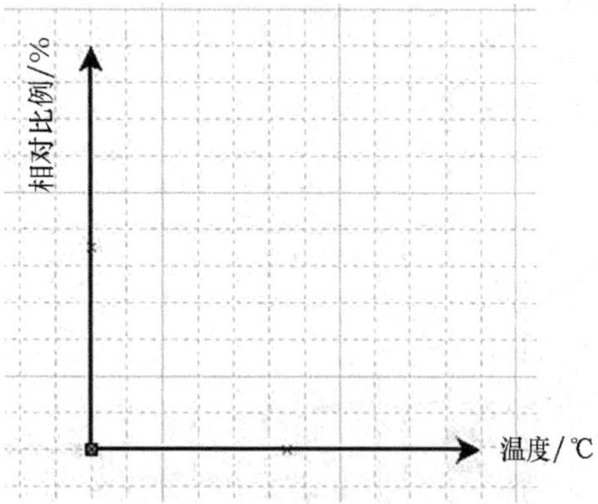

图 3-74　酶在不同温度下相对活性曲线图

师生归纳总结：温度与 pH 与酶活性之间的关系，强调酶一旦变性失活将不会恢复，而低温环境下的酶如果在最适温度前逐渐升高，酶的活性可以逐渐增强恢复，在最适值两侧一般可以有两个条件下的催化效率是相同的。

小结：同学们通过设计并实施实验验证了酶的高效性和专一性，而且还知道了酶的活性会受到温度和酸碱度等环境条件的影响。在实验的设计过程中，使得我们对实验的自变量、因变量和无关变量以及对照设置有了更为清晰的认识，希望大家在今后的学习中多关注酶及生物学相关的更多问题，设计科学的实验去探索其中的奥秘。

课后思考：

1. 探究温度对过氧化氢酶活性的影响，探究 pH 对淀粉酶催化淀粉的活性影响可行吗？为什么？

2. 在家里经常用到加酶洗衣粉清洗衣物，我们在冬天怎么样使用加酶洗衣粉可以提高衣物的清洗效果呢？20 世纪 60 年代以前，医院用的葡萄糖都是用盐酸催化淀粉水解生产的，过程需要在 245 kPa 的高压和 140～150℃的高温下进行，而且需要耐酸的设备。60 年代以后改用酶法生产。想一想用酶法水解淀粉生产葡萄糖有哪些优越性？

第四部分　中学生物实验室建设、管理和安全

生物学是一门以实验为基础的自然科学，中学生物学实验室是开展实验教学和学生的实践活动的重要场所，因此，应该高度重视中学生物学实验室的建设和管理。我国颁布的初中和高中生物课程标准的“实施建议”中都提出：“学校应逐步完善生物实验室的建设、仪器设备和用具的配置，保证实验教学经费的投入。”同时，初中生物课程标准中还指出：“应高度重视学校生物学实验室建设，积极营造良好的实验、实践环境，同时也应鼓励学生和教师充分利用身边廉价的器具和材料，设计富有创造性的实验和实践活动。”因此，对中学生物学实验室进行合理的设计、科学的建设和规范的管理是搞好生物学教学的前提和保证。

第一章　中学生物实验室建设

第一节　普通中学生物实验室建设

随着我国新一轮基础教育课程改革的深入，新的教学理念和教学目标逐步取代旧的教学理念，新的中学生物学课程内容也大大增加了学生主动参与的探究活动。因此，要依照《课标》的要求和国家相关标准、规范和规定，进行中学生物学实验室的建设和布局，以适应新课程对实验教学的要求，更好地推进中学生物学课程改革顺利进行。

一、中学生物学实验室的建设

(一)面积要求

中学生物学实验室的建设，需要地方和学校投入大量的资金，如果不按照具体标准和规范要求进行设计和施工，就容易造成大量资金浪费。因此，我国教育部于 1996 年制定了《农村普通中小学校建设标准(试行)》(建标[1996]640 号)，并于 1997 年 6 月 1 日起试行十多年，2002 年教育部颁布了《城市中小学校校舍建设标准》(建标[2002]102 号)，这两个标准对我国的中小学学校建设，特别是中学生物学实验室的建设起到了重大的作用。随着新课程改革的深入，根据新课程的实施要求，2006 年教育部教学仪器研究所制定并发布了《中小学理科实验室装备规范》，2008 年教育部对《农村普通中小学校建设标准(试行)》进行了修订，正式完成

《农村中小学校建设标准》(建标 109—2008)。这些标准和规范都对我国中学生物学实验室的使用面积提出如下具体的要求:

《农村中小学校建设标准》(建标 109—2008)规定:农村普通初级中学和农村全寄宿制初级中学分为 12 班、18 班和 24 班 3 种规模,实验室(包含物理、化学和生物实验室)相应地设置为 3 间、3 间和 4 间,每间实验室的使用面积均为 93 m^2。

《城市普通中小学校校舍建设标准》(建标[2002]102 号)规定:城市普通初级中学分为 12 班、18 班、24 班和 30 班 4 种规模,生物学实验室(包含物理、化学和生物实验室)相应地设置为 2 间、3 间、4 间和 5 间;城市普通完全中学和城市普通高级中学则分为 18 班、24 班、30 班和 36 班 4 种规模,实验室(包含物理、化学和生物实验室)相应地设置为 3 间、4 间、5 间和 6 间。各类中学的实验室使用面积均为 96 m^2。

《中小学理科实验室装备规范》规定:中学生物学实验室生均使用面积的基本要求为不小于 1.80 m^2,规划建议为 1.92 m^2。《规范》中没有对农村和城市中学进行具体的划分,而是根据学校班级规模和初高中的差异,对中学生物学实验室的间数和面积提出学校实验室“基本要求”和“规划建议”。“基本要求”指对学校装备的最低要求,而“规划建议”则是对有较高的实验装备能力的学校提出的要求。见表 4-1。

表 4-1 《中小学理科实验室装备规范》规定的中学生物学实验室建筑面积

学校类别	设置	4~8 个平行班(200~400 人)		8~12 个平行班(400~600 人)		12~16 个平行班(600~800 人)	
		间数	面积/m^2	间数	面积/m^2	间数	面积/m^2
初中	基本要求	1	90	1~3	90~270	2~3	180~270
	规划建议	2~3	192~288	3~4	288~384	3~4	288~384
高中	基本要求	1~2	90~180	2~3	180~270	3~5	270~450
	规划建议	2~3	192~288	3~4	288~384	4~6	384~576

注:班额人数以每班 50 人为参考

由于全国各地经济发展水平不一致,地区情况差异很大,所以在具体执行时,各省市又结合以上相关文件,根据自身实际情况,因地制宜,制定了适合本地办学情况的标准和规范。如《北京市中小学校办学条件标准细则(试行)》中规定,初高中生物学实验室的使用面积均为 96 m^2,生均使用面积达到了 2.13 m^2,超出了《中小学理科实验装备规范》的规划建议生均使用面积 1.92 m^2;《山东省普通中小学基本办学条件标准(试行)》对初高中生物学实验室的使用面积与北京市标准一致,均为 96 m^2,但由于它规定的班额较大,因此生均使用面积为 1.92 m^2,达到《中小学理科实验装备规范》的规划建议;《安徽省义务教育阶段学校办学基本标准(试行)》中则规定初中生物学实验室的使用面积不得小于 90 m^2,生均使用面积为 1.80 m^2,只达到《中小学理科实验装备规范》的基本要求。见表 4-2。

表 4-2　北京市规定的普通中学生物学实验室的使用面积

学校类型			普通初中	九年一贯制学校	普通高中
基本指标	18 班	间数	2	1	/
		面积/m^2	192	96	/
	24 班	间数	3	/	3
		面积/m^2	288	/	288
	27 班	间数	/	1	/
		面积/m^2	/	96	/
	30 班	间数	3	/	4
		面积/m^2	288	/	384
	36 班	间数	/	2	4
		面积/m^2	/	192	384

注:班额人数以每班 45 人为参考。

总之,各学校在建设中学生物学实验室时,要遵循国家和地方制定的标准进行合理规划和设计,在确定中学生物学实验室的面积时,应根据现实需要进行个性化的设计与改造,不必拘泥于标准的规定,可以高于标准的规定,但不能低于标准的规定和要求。

(二)位置选择

中学生物学实验和实践活动中用水量较大,为了避免水压不够造成实验用水困难,中学生物学实验室宜设置在较低的楼层。实验室房间应向阳(或为教学用房的最佳朝向),保持干燥、通风。实验室要保证良好的采光,主要采光面位于学生座位左侧,但要避免室内直射阳光。同一学科的实验室及辅助用房应该布置在同一楼层,有利于实验教学的开展。

(1)朝北:有些辅助房间或实验本身要求朝北。朝南:保持充足的采光和良好的通风,保证室内干燥、清新。

(2)实验室窗户朝南、朝北开启,尽量避免在东西墙上开窗,尤其是西向,实验室朝向布置成南北向,如果由于条件限制而采取不良朝向时,要设计遮阳。避免阳光直射仪器的实验室需要朝北,若条件不允许可安装空调、窗帘等。气瓶室不能安装空调,要注意遮阳,若不能朝北,要增加遮阳棚的长度,避免阳光直射。潮湿地区实验室尽量不安排在一楼。

(三)室内装修

窗:实验室的窗宜为南向或者东南向,室内窗台不小于 350 mm,适宜高度为 900～1 000 mm。由于生物学实验经常需要使用显微镜进行观察,在使用天然采光时,房间窗地面积比不应小于 1:6,如学校条件较好,窗地面积比可增至 1:4,实验室内可开启的窗户和通风窗口设置防虫纱窗。同时,还可安装双层遮光窗帘,便于进行多媒体教学、放映幻灯或录像时遮光。

通风换气:中学生物学实验室的换气次数要求不低于 3 次/h,所以除采用自然通风设施外,实验室应安装排气扇进行室内污染空气的强制置换。安装排气扇时,排气扇靠室内的一面应设防护罩，风扇的中心距离地面不低于 300 mm。

电源：实验室的电路设计要规范，应采取有防火要求的暗敷配线方式，有可靠的接地措施，并安装断电保护装置。实验室内的电源插座和照明用电要分路设计，实验室的电源插座宜设置在实验台上，安装牢固、安全可靠，不能使用多功能插座往每张实验台拉线供电照明。有可靠的电力供应和应急照明，实验室人工照明应均匀，不炫目，照度不低于 500 lx，配备应急灯。由于计算机已经成为现代教育的必备教学器材，在预埋电气管道时，应留出计算机的电源管道和网络接口。

水源：合理设置给排水设施，对于水到实验桌的实验室，水管沟槽要抚平封严。实验室宜设水槽和拖把池，排水口有水封装置。水槽安装处应有上下水，水槽安装两个低位水龙头，一个高位水龙头。建议安装洗眼设施和应急喷淋装置。

(四)布局设计

新课标提出要让学生尽可能多参加实验和其他实践活动，培养学生之间的合作与交流能力，因此实验室的布局设计要给学生营造良好的学习氛围，利于学生灵活分组，促进学生积极主动的探究学习。中学生物学实验室布局设计的基本要求是："实验室第一排的前沿与书写板的水平距离不应小于 2 500 mm，边座的学生与书写板远端形成的水平视角不应小于 30°，最后一排实验台的后沿距后墙不应小于 1 200 mm，与书写板的水平距离不应大于 11 000 mm。"根据实验台位置排布的不同，常见的实验室布局设计可分为以下几种：

1. 传统布局设计

现在大多数学校的中学生物学实验室均为传统布局设计，实验台的排布和普通教室桌椅板凳排布相仿，学生进行实验和活动时一律面向讲台(图 4-1)。实验桌的尺寸要求为：宽度不小于 600 mm，每个学生所占实验桌的长度不小于 600 mm。其优点为适合老师进行演示性教学，方便学生接受教师讲授；缺点是学生活动不方便，学生之间的交流较少，不利于老师对学生的指导和进行分组实验，也不利于公用仪器的使用和仪器试剂的摆放。

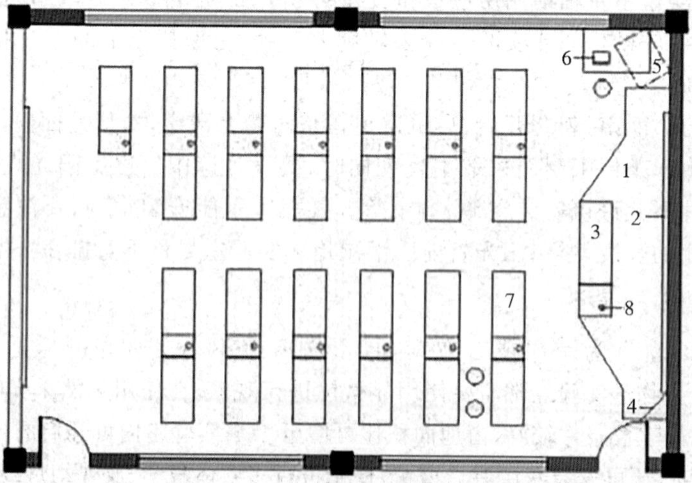

图 4-1 传统布局设计

1. 讲台 2. 推拉黑板 3. 教师演示台 4. 投影幕 5. 电视机位置 6. 计算机位置 7. 学生实验台 8. 水盘

2.横向中央台式设计

横向中央台式设计的实验台横向排列，学生相对而坐(图 4-2)。优点为容纳的学生数量较多，学生相向而坐便于交流讨论；其缺点是前排学生容易挡住后排学生的视线，部分学生的注意力不容易集中到教师身上或课堂中来。这种布局设计，学生实验桌中间的药品架需采用双层架子，宽 30 cm，与实验桌同长，每层高 30 cm，固定在桌子中间。

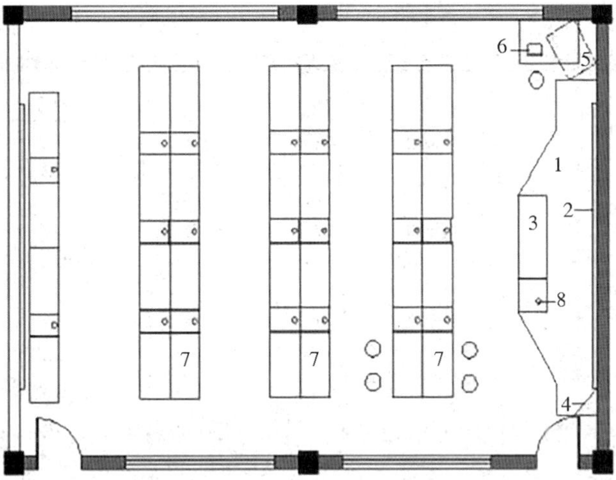

图 4-2　横向中央台式设计

1.讲台　2.推拉黑板　3.教师演示台　4.投影幕　5.电视机位置　6.计算机位置　7.学生实验台　8.水盘

3.纵向中央台式设计

纵向中央台式设计为实验台纵向排列，侧面边台可以放一些全班共用的仪器，如水浴锅等(图 4-3)。优点为师生活动空间比较大，便于分组及老师对学生的指导，学生上课时也比较容易集中注意力，较符合新课程实验教学的需求；缺点为容纳学生数量较少，不适合大班额的实验教学。

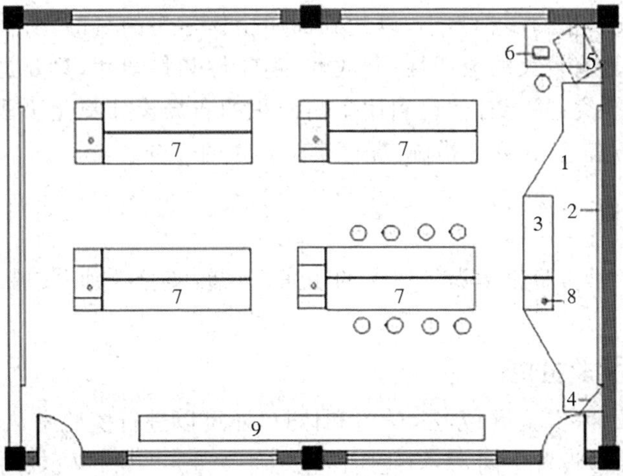

图 4-3　纵向中央台式设计

1.讲台　2.推拉黑板　3.教师演示台　4.投影幕　5.电视机位置　6.计算机位置　7.学生实验台　8.水盘　9.边台

4. 岛式布局设计

相对于以上3种布局设计，岛式布局设计是更加开放的实验室布局方式，实验台的设计如岛屿，学生以实验台为中心围坐成一圈（图4-4）。岛式实验桌的尺寸要求为：每个学生所占的长度不小于600 mm，实验桌宽度不小于1 250 mm。优点为方便学生的小组活动与讨论，利于学生与老师的互动教学，空间利用率更高，可满足更多学生的实验；缺点是整体造价较高，水电布局比较复杂。

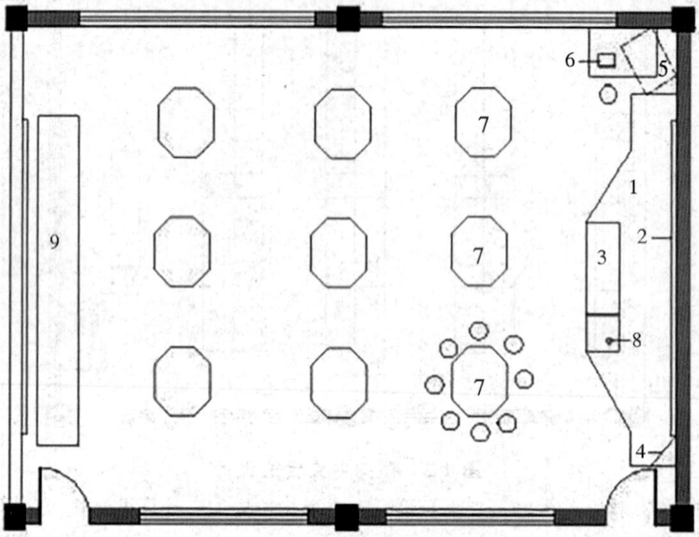

图4-4　岛式布局设计

1. 讲台　2. 推拉黑板　3. 教师演示台　4. 投影幕　5. 电视机位置　6. 计算机位置　7. 学生实验台　8. 水盘　9. 边台

无论中学生物学实验室采取何种布局设计，作为学生进行实验和探究活动的主要场所，首先它应设计为一个真实、开放的实验空间，如在窗台和边台上种植花草，饲养各种小动物，在墙上粘贴各种生物图片等，营造良好的学习环境，以促进学生的开放性思维；其次它的布局设计要力争满足不同学生的多种需求，以达到面向全体学生的目的，所以实验室的桌椅排布可以是多种多样的，具有较大的灵活性、开放性、趣味性和科学性，只要是有利于学生灵活分组、合作学习和共同探究，并能有效地利用室内面积的布局设计都是可取的。同时在布局设计中要考虑相应的防盗、防火安全措施，保证实验教学的安全。

二、辅助用房的建设

辅助用房是为中学实验教学提供服务的用房，包括：实验教师（实验员）室、准备室、仪器室、药品室和培养室。

（一）实验教师（实验员）室

主要用于实验教师（实验员）办公、学习和休息，还可以进行实验室档案、资料的储存。基本要求是每个学校单独设置一间，人均使用面积不低于6 m^2，条件较好的地区可增至12 m^2。如学校的用房比较紧张，实验教师（实验员）室可以与准备室合并一间使用，以靠近生物实验室为宜，但是不能与药品室合并使用。

(二)实验准备室

准备室主要供教师和实验员进行实验前的准备和仪器维修。它的位置应与生物实验室相邻,最好有通道或门直接与生物实验室相通。准备室内需设置一张较大的工作台,以便进行各种实验试剂的配制,实验材料的培养,仪器(如显微镜)的维护、维修工作,也可供制作、修复各种模型和标本。此外需设置专用实验台,供教师预做实验,还可设置玻璃柜,摆放教学用的标本、模型和用具等。中学生物学实验中,有毒、危险的药品比较少,如学校没有条件设置专门的药品室,也可将药品室和准备室合并使用,但是要注意采取防潮、通风等措施。

我国《中小学理科实验室装备规范》中规定,规模为4～12个平行班的初、高中,生物准备室配置的基本要求为1间;规模为12个平行班以上的初、高中,生物准备室配置的基本要求为2间。准备室的使用面积基本要求每间不小于18 m^2,规划建议每间不小于23 m^2。准备室中应安装通风排气设备,换气次数应符合GB 17226的相关要求3次/h,同时要求有灭火、照明和给排水(含地漏)等设施。

(三)仪器室

仪器室是存放实验仪器的重要场所。我国《中学理科实验室装备规范》中规定:初、高中分为4～8个班、8～12个班和12～16个班3种规模,相应的初中仪器室基本设置为1间、1～2间和2间;而高中仪器室基本设置为1间、2～3间和2～3间。仪器室使用面积的基本要求是每间不小于23 m^2,规划建议每间不小于43 m^2。

由于我国绝大多数学校的教学用房比较紧张,考虑到总体的经济水平,《城市普通中小学校校舍建设标准(建标[2002]102号)》没有单独规定准备室、仪器室和标本室的具体建设指标,而是将三者合为一室,称之为"仪器标本准备室",每间的使用面积为23 m^2。《农村中小学校建设标准(建标109—2008)》则将标本室纳入准备室的范畴,将准备室和仪器室合为一室,称为"仪器准备室",每间的使用面积为45 m^2。仪器准备室应紧靠实验室,最好有内通道相通,有利于实验教学的开展。见表4-3。

表4-3　教育部规定仪器标本准备室(含理、化、生)的用房标准

学校	每间面积/m^2	12班(600人)		18班(900人)		24班(1 200人)		30班(1 500人)		36班(1 800人)	
		间数	面积/m^2	间数	面积/m^2	间数	面积/m^2	间数	面积/m^2	间数	面积/m^2
农村初中	45	3	135	3	135	4	180	/	/	/	/
城市初中	23	4	92	5	115	6	138	7	161	/	/
城市完中	23	/	/	5	115	6	138	7	161	8	184
城市高中	23	/	/	5	115	6	138	7	161	8	184

仪器标本准备室除照明、排气、电源、给排水的要求与独立准备室的要求一致外,还要尽量避免阳光的直射,注意采取防潮、降温、隔热、防鼠和防蛀等措施。地面出水要科学、流畅、无淤积的现象。

(四)生物培养室

生物培养实验室主要用于组织培养。《中小学理科实验室装备规范》对组织培养室没有基本要求，对条件较好的地区和学校的建议规划为，每个中学配置1间培养室，使用面积应不小于43 m^2，学校可因地制宜，进行生物培养室的建设，培养室方向要求朝阳，通风良好，主要包含准备室和无菌室两大部分。准备间主要用于试剂的存放和配制、器具的洗涤和保存、培养材料的预处理等操作。由于培养实验室对无菌条件有严格要求，无菌室通常包括缓冲间、接种室和培养室三部分。在缓冲间可更衣换鞋，可以减少带入杂菌的机会；接种室主要放置超净工作台，用于进行材料的消毒、接种、培养物的转移等一切需要无菌操作的技术程序；培养室则是将接种的材料进行培养的场所，房间面积可根据培养架及其他附属设备的尺寸和数量而定，以充分利用空间和节省能源为原则，应根据空间的大小，安装相应的冷暖空调。整个实验室均以塑钢下玻璃隔断，须封顶并加装空调，墙面需要墙漆覆盖，天花板要选择光滑无灰尘的材质。见图4-5。

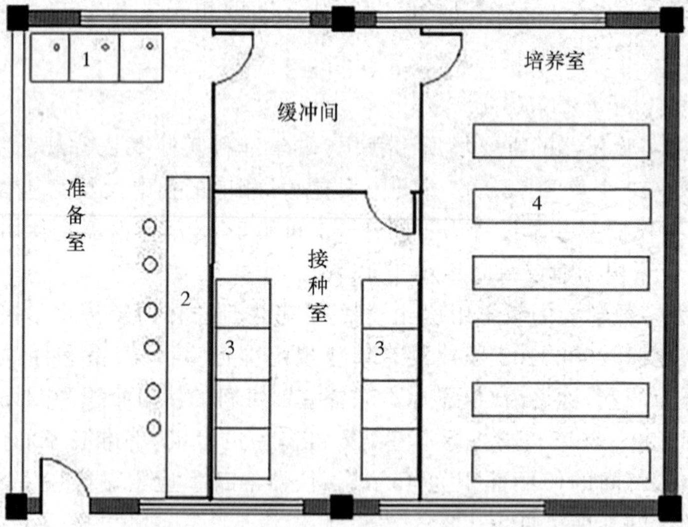

图4-5 培养实验室布局图

1.洗手台 2.实验台 3.纯净工作台 4.培养架

(五)生物园地

生物园地作为一种有效的课程资源，它为生物教学提供了实践和探究活动必需的材料、场所和条件，是激发学生学习兴趣，促进学生自主学习、主动探究的园地，是进行环境教育的重要场所。生物园地中主要进行植物的栽培、动物的饲养、学生实践活动和实习。《中小学理科实验室装备规范》对生物园地的使用面积没有具体规定，基本配置要求为：无论中学规模的大小，都应设置一个生物园地。因此，可因地制宜，根据不同地区、不同学校的办学条件，不同的地理环境，不同学生群体等实际情况来设计具有自身特色的生物园地，实验面积可大可小，布局设计灵活多样。

生物园地选址最好在校内(或是毗邻学校、交通便利的地方)，要求阳光充足、灌溉方便、排水良好和空气流通。南方地区，生物园地可以与校园绿化、美化相结合，在校园的空地和楼顶上进行布置；北方地区由于冬季温度过低，宜采取室内外结合布置的方式，也可布置在暖房和温室中。但不管如何选址，都应将生物园地与校园融为一体，让学生在日常学习和生活中直接接触、学习生物学知识，养成关爱生命、保护环境、人与自然和谐相处的情感、态度和价值观。

根据《生物课程标准》的要求并结合实际教学需要，在遵循科学性、美观性、趣味性、教育性和人文主义精神的原则下，生物园地可着力建设以下几个功能区：

1.环保生态区

在《生物课程标准》中为了让学生能够热爱自然、珍爱生命，理解人与自然和谐相处的意义，提高环境保护的意识，特别在初中阶段开设了以“生物与环境”为主题的学习内容，而高中则专门设置了必修模块“稳态与环境”，因此本区的建设主要突出自然生态系统和环境保护。可选择适合当地情况的水生生态区、阴生生态区、农田生态区、湿地生态区、沙地生态区和草地生态区等不同生态区进行建设。同时在此功能区还应种植一些对环境变化比较敏感的植物，如能监测二氧化碳浓度的牵牛花、能监测氟化氢的唐菖蒲和能监测二氧化硫的日本落叶松等。还可建立环境监测点和节水示范点。

2.专类区

专类区主要用于向学生展示生物多样性，在本区中可以分设动物区和植物区。植物区可选取各科属的物种，按照一定的数量和品种进行布局；也可选取有代表性的物种（如菊科、十字花科、豆科、蔷薇科、禾本科等），设计月季园、菊花园、竹园等主题花卉园；还可以植物的特殊用途为主题，设计药用植物园、经济植物园等专类园。动物区中的动物不要求集中养殖，可选择管理比较容易的动物进行放养。结合植物区和学校的环境，在乔木茂盛的地方设人工鸟巢和观鸟点；在灌木石块较多、较为潮湿的地方饲养蜗牛等动物；在水池中饲养鱼类、龟、青蛙等动物。

3.探究实践区

探究实践区主要为学生提供实地观察、调查分析、动手探究和课外实践的空间和资源，所以探究实践区的面积不能过小，应占整个生物园地面积的1/3以上。本区可根据《课程标准》和教材的要求，分设探究实验区、栽培区、养殖区和温室（或大棚）等不同用途的区域。探究实验区可进行与教材相关的探究实验，如遗传学实验、探究酸雨对生物的影响等实验；栽培区可进行食用菌的栽培、植物的营养繁殖（嫁接、压条、扦插等）；养殖区可进行家蚕、家鸡、家兔的饲养；温室则可进行无土栽培、植物的立体栽培等。

4.乡土特色区

《生物课程标准》中提出要培养和提高学生的生物科学素养，要让学生能将所学的生物学知识运用到实际生活中，并进行STS教育。所以乡土特色区主要让学生进行当地生产实践活动的探究，并获得一定的生产经验和技能，培养学生热爱祖国、热爱家乡的情感态度。本区进行布局规划时，应选择乡土经济作物。如在南方地区可选择烟草、甘薯、花生、马铃薯等经济作物进行种植；在北方地区可选择大豆、棉花、小麦等经济作物种植。也可选择当地特有的、珍稀植物进行种植，如贵州的赤水是世界上桫椤最集中的地区，有“桫椤王国”的美誉，当地中学的乡土特色区就可以桫椤为主要的栽培植物。

第二节　中学生物数字化实验室的规划与建设

一、目标功能

(一)数字化实验室的目标功能

数字化实验室建设目标是将信息技术与实验教学过程科学地融合在一起，来营造一种新型互动式的教学环境，通过数字化实验系统的应用，培养学生一种新的科学实验方法，完善现有实验教学手段，培养学生的实践能力和创新精神。

功能一：完善生化实验教学的方式。实验教学是理科学习的重要方式之一，但是，随着新课程标准的实施，信息技术的发展，大量的数字化实验仪器与手段已不断应用于新教材的实验教学，使传统生化实验室无法完成或者完成不好的实验得到了很好的改进。

功能二：实时实验、省时省力，提高学习效率和质量。数字化信息系统实验室的基本构成为：生化系列传感器＋数据采集器＋计算分析显示＋网络系统。数字化仪器具备"实时实验"功能，收集的是实验真实数据，学生能即时看到实验结果。数据收集、处理和图像描绘由计算分析显示＋网络系统完成，因此教学中师生们可以从数据读取、记录、公式运算和图像描绘等烦琐的事情中摆脱出来，为完成学习方式的改变与多样化，扶植学生自主探究钻研，进行广泛的体验、合作和交流提供了大量时间。学生数字化实验能力的提升，利用实时实验所节省的时间，可以对生化现象和规律进行深入的分析和讨论，从而提高学习过程的质量。

功能三：为学生自主学习、合作学习和拓展性学习的广泛开展提供有利条件，促进学生探究精神和探究性思维的发展。

(二)实现功能的方法

(1)生物数字化实验室可分3种方式建设：单独建设生物数字化实验室；生物与化学共建生化综合数字化实验室；生物与物理、化学共建理化生综合数字化实验室。

(2)生物数字化仪器配备能根据实验教学的要求，充分考虑数字化仪器的性质和特点，按照先进性、实用性、开放性、可靠性、集成性和经济性的原则，进行系统的优化设计和配置。既要突出数字化实验技术对实验教学改革的促进作用，又要本着"勤俭、务实"的原则，既要保证实用、够用，又要考虑建设成本。数字化仪器配备15套，其中学生用14套，教师用1套，能同时满足56名学生的实验需要，并配备相应的实验器材，以提高实验效果，保证教学质量。

(3)能够与现有实验教学模式和实验环境形成一定的延续性。充分结合学校的自身条件，无论是新建还是更新，都要以实验教学为中心，以数字化实验技术为有力手段，以必要的电教技术为支撑，在继承中发展，在兼容中提高，不重复投入、不浪费财物，力求效益最大化。

(4)数字化实验仪器配套软件应用高延展性技术和优化算法，提高了数据智能分析功能，实现了理科软件平台的统一和网络资源的合理利用。

(5)数字化实验室配备的计算机采用网络连接，老师可方便地进行在线考试、管理学生、与学生交流、对学生进行个别辅导讲评。

二、生物数字化实验室建设

(一)生物数字化实验室基本建筑要求与设施

生物数字化实验室整体设计思路应体现科学性、创新性、开放性与先进性。实验室内应提供良好的设备安装及运行环境,避免设备在恶劣的环境中运行,这既有利于提高设备系统的无故障运行时间,也会减少意外事故的发生。良好的环境还可以延长设备的使用寿命。

1.面积

每间数字化实验室面积不小于 96 m^2(生均使用面积不小于 1.92 m^2),准备室 1 间(可与普通生物实验准备室共用)。

2.地面

实验室与走廊的地面不设台阶,室内宜铺设防静电地板,且应整洁美观、经久耐用、防尘易清洁、耐磨防滑,如与化学数字化实验室共用,地板还应耐酸碱、耐腐蚀。

3.门窗及采光

(1)实验室要根据人流安全疏散的要求设置前后防火门、安全出入口。门洞宽度≥1 200 mm,门扇上有观察窗,门框上部设采光通风窗,门要向疏散方向开启。

(2)实验室应避免室内直射阳光,宜双侧采光,如不能避免阳光直射,需安装窗帘,以免阳光直接照射设备。

(3)主要采光面应位于学生座位左侧,主要采光窗窗台高度宜为 900～1 000 mm,实验室的窗间墙宽度≤1 200 mm。

(4)门窗开启后不能影响实验室内部空间的使用和室外走廊通行的便利与安全。

4.照明

(1)实验室采用自然光及辅助照明,灯具悬挂高度距实验台面≥1 700 mm,不宜用裸灯。

(2)照明灯具的数量、功率、布置方式和悬挂高度必须满足照度均匀度的要求,实验台面的平均照度应不低于 300 lx,照度均匀度不低于 0.7。

(3)教师讲台黑板或白板设局部照明,平均照度不低于 500 lx,照度均匀度不低于 0.7。

(4)实验台上按需设局部照明,前排灯不对后排学生视线产生直接眩光。

5.布局

(1)与普通生物实验室布置在同一楼层,尽量相邻或对门,准备室可与普通生物实验室共用,准备室与实验室相邻或对门。

(2)第一排实验台的前沿与黑板或白板的水平距离≥2 500 mm,边座的学生与黑板或白板远端形成的水平视角≥30°。最后一排实验台的后沿距后墙应≥1 200 mm,与黑板或白板的水平距离≤11 000 mm。

(3)学生均面向讲台实验,若按 4 人一组,8 人双侧操作时,两组实验台间前后的净距离≥1 500 mm;中间纵向走道的净距离≥900 mm(建议 1 200 mm)。

6.电源

(1)实验室内要有电源的总控制阀,也可设在准备室。

(2)实验室内电源插座与照明用电应分路设计、分别控制,配置网络信息口若干。电气线路应采用防火要求的暗敷配线方式,电线切勿外露,安装自动断电保护器,有可靠的接地措施。

(3)需供电到学生实验台,计算机电源插座应固定或嵌在实验桌内部。教师讲台有电源总控制设备,集中控制学生实验电源。

(4)若与化学共用数字化实验室,通风设备到桌,应单独设置三相动力电源,独立控制。

(5)实验室的配电线路和设备功率容量应留有余地,以满足教学设备逐渐增多的需要。

7.水源

(1)实验室内设给排水设施,水路铺设尽量采取隐埋式,有水槽和拖把池,排水口有水封装置,室内要有水源的总控制阀,也可设在准备室。

(2)水槽设置在实验台侧面或在实验室同一侧面。如与化学共用数字化实验室,设在实验台侧面。

8.通风换气

(1)有换气措施,实验室换气次数不低于4次/h,确保室内CO_2浓度<1.5‰。

(2)安装排风扇,应设在外墙处,风扇的中心距地面≥300 mm,风扇洞口靠室外的一面应设挡风措施,室内的一面有保护罩。

(3)若与化学共用数字化实验室,通风设备到桌,风速应连续可调,各风口风速应基本一致,最大风速下可实现换气次数不低于10次/h。

9.温度与湿度

(1)室内温度:一般情况下,保证计算机在室温为20～25℃的环境下运行。

(2)室内湿度:一般情况下,保证计算机在湿度为45%～65%的环境下运行,若湿度过大,可在实验室中配置除湿机。

10.多媒体设施

实验室配备数字化多媒体投影设备,包括计算机、数码投影机、视频展台和交互式电子白板、音响系统。

11.桌椅

实验台桌面材质的选择要耐磨、耐热、耐腐蚀,桌椅的质量要牢固、绿色环保,颜色搭配合理,方便打扫,能够营造安静、愉悦、创意的实验氛围。

12.墙面文化

墙面的设置不再是单一的"白墙+管理制度",充分利用空间,制作成文化墙,让其包含具备感染力的有现代信息技术和探究性实验的文化元素,进一步增强学生对信息技术与常规实验结合的认识度。墙面可以布置探究实验发展史、各类设备的图片介绍、主流信息、实验程序图等。

13.安全措施

配备防火、防潮、防盗等设施。

(1)用电负荷应留有余地,按规范设强、弱电线,空调专线铺设,安装漏电过载保护器和可靠的接地保护。

(2)至少有一处供水和排水设施。

(3)建议安装烟雾报警器,便于发现火警,确保安全。

(4)若与化学共用数字化实验室,应设置一个事故急救冲洗水嘴和急救箱。急救箱中的药品要注意使用期限,及时更换。

图 4-6 为数字化实验室平面结构示意图。

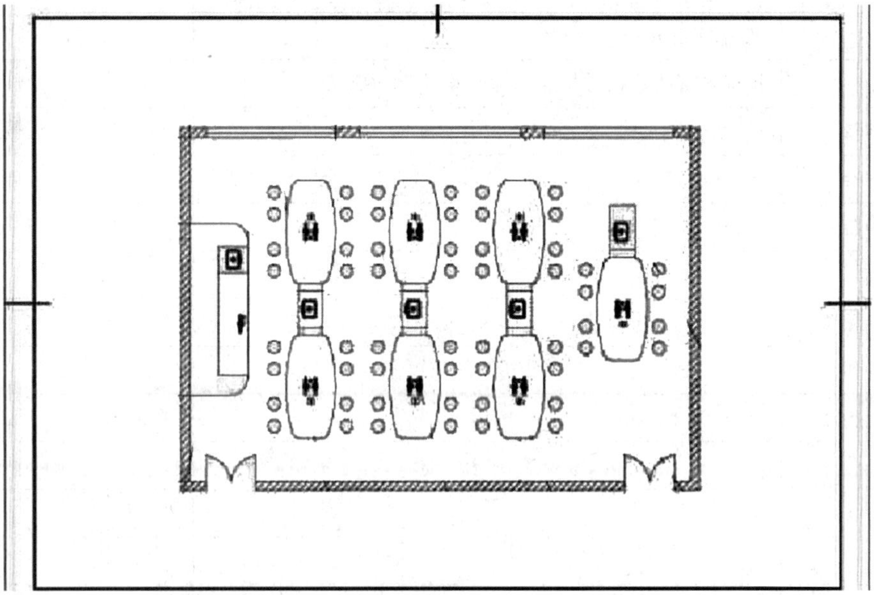

图 4-6　数字化实验室平面结构示意图(参考式样)

设计说明:

(1)生化数字化实验室采用一个多功能实验讲台,7 张实验操作台,1 个仪器橱,56 张学生椅的设计;

(2)实验台采用两端为直边的橄榄形设计,每条弧边各坐 4 名学生,4 人一组,每张实验台供两组学生使用;

(3)橄榄形实验台的设计增加了实验室的活泼与灵动,符合学生的年龄特点,也体现了创意与探究的理念;

(4)实验台采用墨绿色的理化实心板台面,台身则用蓝白两色,安静而不失活泼,给人以清新的感觉,又充满了学习的氛围;

(5)实验室后排设计了宽大的仪器橱,方便实验室管理老师放取常用产品与仪器,也增加了实验室的整洁度。

(二)数字化实验仪器设备配置方案

生物数字化实验仪器设备配置分为 3 类配置,分别是基础型配置、普及型配置和拓展型配置,实验室可根据实际需求装备。

(1)基础型配置[15 套:教师 1 套,学生 14 套(4 人/组,以每班 56 名学生分组)],每套配置标准如表 4-4 所示。

表 4-4　中学生物数字化实验室基础配置表

名称	量程	分辨率	精度
数据采集器	符合教育部2006年7月19日发布的《中小学理科实验室装备规范》要求，具有在线和离线功能。屏幕实际显示尺寸：120 mm×90 mm，分辨率：320×240；支持多通道采集数据；具有丰富的数据分析与图形数据处理功能；数据采集器与计算机之间、数据采集器与传感器之间均采用USB接口。		
分析软件	具有丰富的数据分析与图形数据处理功能。		
电流传感器	−1.0～1.0 A	0.01 A	±0.01 A
电压传感器	−15～15 V	0.01 V	±0.01 V
温度传感器	−25～125℃	0.01℃	±0.5℃
pH传感器	0～14	0.01	±0.1
电导率传感器	0～1 000 μs/cm	0.1 μs/cm	±0.5 μs/cm
呼吸率传感器	0～10 kPa	0.01 kPa	±0.5 kPa
心电图传感器	30～200 bpm	1 bpm	±1 bpm
包装箱			
数据连接线			
电源			
USB连接线			
使用指导书			

(2)普及型配置[15套：教师1套，学生14套(4人/组，以每班56名学生分组)]，每套配置标准如表4-5所示。

表 4-5　中学生物数字化实验室普及配置表

名称	量程	分辨率	精度
数据采集器	符合教育部2006年7月19日发布的《中小学理科实验室装备规范》要求，具有在线和离线功能。屏幕实际显示尺寸：120 mm×90 mm，分辨率：320×240；支持多通道采集数据；具有丰富的数据分析与图形数据处理功能；数据采集器与计算机之间、数据采集器与传感器之间均采用USB接口。		
分析软件	具有丰富的数据分析与图形数据处理功能。		
电流传感器	−1.0～1.0 A	0.01 A	±0.01 A
电压传感器	−15～15 V	0.01 V	±0.01 V
温度传感器	−25～125℃	0.01℃	±0.5℃

续表 4-5

名称	量程	分辨率	精度
pH 传感器	0～14	0.01	±0.1
电导率传感器	0～1 000 μs/cm	0.1 μs/cm	±0.5 μs/cm
呼吸率传感器	0～10 kPa	0.01 kPa	±0.5 kPa
心电图传感器	30～200 bpm	1 bpm	±1 bpm
光强传感器	0～15 000 lx	0.2 lx	±0.2 lx
二氧化碳传感器	0～5 000 ppm	1 ppm	±100 ppm
氧气传感器	0～100%	0.1%	±1%
包装箱			
数据连接线			
电源			
USB 连接线			
使用指导书			

(3)拓展型配置[15 套:教师 1 套,学生 14 套(4 人/组,以每班 56 学生分组)],每套配置标准如表 4-6 所示。

表 4-6　中学生物数字化实验室拓展配置表

名称	量程	分辨率	精度
数据采集器	符合教育部 2006 年 7 月 19 日发布的《中小学理科实验室装备规范》要求,具有在线和离线功能。屏幕实际显示尺寸:120 mm×90 mm,分辨率:320×240;支持多通道采集数据;具有丰富的数据分析与图形数据处理功能;数据采集器与计算机之间、数据采集器与传感器之间均采用 USB 接口。		
分析软件	具有丰富的数据分析与图形数据处理功能。		
电流传感器	−1.0～1.0 A	0.01 A	±0.01 A
电压传感器	−15～15 V	0.01 V	±0.01 V
温度传感器	−25～125℃	0.01℃	±0.5℃
pH 传感器	0～14	0.01	±0.1
电导率传感器	0～1 000 μs/cm	0.1 μs/cm	±0.5 μs/cm
呼吸率传感器	0～10 kPa	0.01 kPa	±0.5 kPa
心电图传感器	30～200 bpm	1 bpm	±1 bpm
光强传感器	0～15 000 lx	0.2 lx	±0.2 lx

续表 4-6

名称	量程	分辨率	精度
二氧化碳传感器	0～5 000 ppm	1 ppm	±100 ppm
氧气传感器	0～100％	0.1％	±1％
色度传感器	0～100％透射率	0.1％透射率	±0.5％透射率
溶解氧传感器	0～20 mg/L	0.01 mg/L	±0.2 mg/L
压强传感器	0～700 kPa	0.02 kPa	±1.75 kPa
湿度传感器	0～100％	1％	±3％
二氧化硫传感器	0～20 ppm	0.1 ppm	±0.3 ppm
亚硝酸根传感器	1～460 ppm	0.1 ppm	±3 ppm
包装箱			
数据连接线			
电源			
USB 连接线			
使用指导书			

第二章　中学生物实验室管理

中学生物实验室管理主要包括实验教学仪器设备管理、实验教学管理、实验室安全与防范 3 个方面。

第一节　中学生物实验室仪器设备管理

教学仪器管理，基本上有以下几个环节：

一、教学仪器、器材和配备

仪器和配备，首先要做好配备计划。这方面，要注意以下 3 点：

(一)掌握配备标准

按照省教育厅颁发的教学仪器配备目录和现行教材的要求，对照自己学校的类别并充分考虑到今后发展的趋势制定切实可行的配备计划，这是用好教学仪器经费的关键一步。值得注意的是，许多配备目录中所要求的配备数量仅仅是最低的要求，因此，我们不反对在经济条件许可的情况下适当增加教学仪器配备数量。但应该注意的是：目前教学仪器经费比较紧张，应避免不必要的浪费。

(二)摸清家底

由于经费的限制，也由于教材配备目录的变动，一般地，学校配备教学仪器都难以一次性配齐。就是已经基本配齐的学校，也有补充更新的问题。所以，制订教学仪器配备计划，特别是补充更新的计划，一定要摸清家底：就是学校实验室目前已经配了哪些仪器，还缺哪些仪器，有多少经费能用于购买仪器。这样才能做到心中有数，计划才能切实可行，做到不滥配、重配。

(三)制订、上报仪器配备计划

根据学校可提供的经费情况，确定要配的仪器品目及数量，认真填写订货单，经学校领导审批后上报进行政府采购。

总之，制订教学仪器购置计划首先要根据配备标准满足教学需要，其次要考虑实际情况(如目前的经济实力)和长远发展规划。要注意用好经费，让有限的经费发挥出最大的效益。

二、教学仪器的保管

这一项工作包括仪器到货后的验收、登账造册、排列存放、维修保养等。

(一)验收

所订的教学仪器到货以后，应立即开箱验收。开箱验收时应核对到货仪器品种(名称)、型号规格、件数以及所应附的零配件是否齐全。核对无误后还得逐台开机试用，看是否达到原定要求。对新增加的或改型的品种，应仔细阅读说明书后，按说明书的指导程序进行各项功能的试机工作。若发现问题应及时与供货单位或教仪站联系，做善后处理，如保修、退换、索赔等，并将新仪器说明书收集、整理、装订、收藏，以备后用。

(二)登账造册

教学仪器是学校的资产，我们有责任保管好。为便于财务上的管理，学校会计应有仪器、器材的经费账；学校保管有固定的资产账；实验教师从学校保管处将仪器、材料领回各自负责的实验室后，应及时登入“学校实验室仪器设备登记卡”或库存材料(一般指低值易耗品)明细账，并做到账账相符(账卡相符)、账物相符。

“学校实验室仪器设备登记卡”是各科实验室仪器、设备管理的基本依据，实验教师应认真填好各个项目。为便于长期管理，登记卡应坚持一种仪器设备一张卡；一项变动、一张单据(指相对一个品种)记一行。在每一本登记卡的扉页应有该本仪器登记卡的查找索引。

在一般财务管理中，把单价低于 200 元的设备，都作为低值处理。但我们普教多作为低值不易耗，如一根直尺才几元钱，若正常保管使用，可以十几年乃至二三十年不坏。这一学科这样的普教仪器，总价值达几万元、十几万元。因此，我们强调：除部分实验材料(如电池、小灯珠、导线等)及药品，一些玻璃器皿等外，都应登记入卡，相对固定，加强管理。

(三)排列存放

到货仪器验收合格、登记入册后应马上贴上小标签(太小的仪器和试管等易耗品可以不贴)，写上编号、名称、序号等，然后入橱定位存放。一般地，仪器在橱内的排列存放要遵循配备目录中的序号顺序。但考虑到仪器的特殊情况(如轻、重、长、宽、高等因素),也可以在小范围内(如同一架或相邻两架的仪器橱)进行调整,以合理利用仪器橱的空间容积。为便于查找、核对,务必要做到定室、定橱、定位存放。在所有仪器橱的同一位置贴有大标签,上有仪器序号、编号、名称(规格、型号)、数量等内容。

仪器的排列存放,至少要做到防尘、防潮、防锈蚀、防腐、防碰(挤、压)等。这就要求:①仪器室要有足够的使用总面积;②要有足够总容积的仪器橱,所有的仪器都能入橱存放;③仪器橱内层板的位置应能调整,以适应不同尺寸的教学仪器;④放置个别较重的仪器的层板应事先予以加强,个别特别重的仪器和模型等宜放在底层位置;⑤个别仪器如头颈躯干模型、活动挂图的规格尺寸比较特殊,一般标准尺寸的仪器橱难以放入,需特制部分特殊尺寸的仪器橱框;⑥为保证仪器摆放合理、美观,一些仪器橱内应添置一些辅助设施,如阶梯式层架、集装化的盘子等;⑦仪器室、标本室视情况可设置排风扇、去湿机等设施。

必须再次强调的是,务必要坚持仪器(除玻璃器皿外)与药品不能同室存放,更不允许同橱存放。仪器与药品同室存放会造成锈蚀。国家标准说得很明确:"生物实验室附属用房除药品贮藏室可以与准备室合并设置外,其他房间均宜分开设置。""分开设置"即要完全隔开。有的学校的药品室或准备室是用旧房间改造的,分隔的墙壁应"顶天立地、左右碰壁",被分开作为药品室或准备室的房间与其他房间不能自然通气。化学药品中的易燃、易爆、有毒的危险药品,应单设危险品室存放。同一般药品室一样,危险品室应设有照明、通风(含强制通风)、防潮、干燥、防爆、防震、防压、遮光、防火、防盗等设施,还应有冲洗用的水槽、水龙头、水管和地漏等设施。危险品室内应设双人双锁的剧毒品专柜。照明、排气等电气开关应设在靠门处。

三、有关领用等制度

关于教学仪器、药品和实验用的其他材料的领用、归还,学校必须建立并严格执行各种有关的制度。

(1)教学仪器、设备的领用制度:课堂实验用的教学仪器、设备的领用、归还,可与实验通知单、实验记录单的填写、签收相结合,既可严格借用、归还手续,又简单方便。采用这种办法,实验教师在实验记录单上的签字就意味着授课教师领借出去的仪器、设备都已如数并且完好地归还实验室。所以,实验教师在记录单上签字之前,除了要核实实验教学是否如实开展外,还要仔细检查领借仪器的完好程度。若发现有丢失、损坏等现象,应在办理完有关手续(如报损、赔偿等手续)后方予签字。双方签字后授课教师与实验教师各存一联备查。

(2)化学药品、低值易耗材料,可实行填写领用登记卡的制度。当领用人清点领出的品名及数量后应签名以示负责;实验教师在清点完归还的品名及数量后签名,表示已按归还的数量收回归还物。化学药品及低值易耗材料的消耗,实验室在每学期末进行一次结算。

(3)报废、报损制度:学校在正常使用中损坏的仪器,消耗的药品、材料,应填写报损报告单,根据报损报废金额的审批权限,经有关领导批准后在学校财务和学校实验室仪器设备登记卡或低值易耗品库存账中做好账务处理。

(4)赔偿制度:如发现经教师或学生使用的非正常损坏的教学仪器、设备等,应立即填写赔偿报告单报告有关领导审批。此单与总务处开出的交款收据及报损、报废手续一起留档，作为有关财产账务处理的依据。

(5)外借手续:学校仪器外借给兄弟学校开展实验教学，应由借方填写借单，经有关领导批准后方可借出。借单上要注明出借仪器的归还期限。到期未还的，实验教师应及时追回。借单中出借单位留存的那一联应妥善保存待查。

(6)危险药品、剧毒药品管理制度:毒品与易燃、易爆药品和强酸、强碱都属化学危险药品。危险品应贮放在专用的危险品库内(内设一个剧毒品专柜)。尚未单设危险品库的学校，至少应在化学药品室内分别设危险药品专柜和剧毒专柜。危险品室应严格执行双人双锁管理，剧毒药品的管理应严格执行“双人验收、双人双锁、双人领用、双本账册”的“五双”制度。领用时须经有关领导批准，确保安全。

四、保养、维修

发现仪器故障或损坏，只要能修复的，都应及时维修，不应随便作报损报废处理。仪器的保养、维修是实验管理人员和实验教师应尽的职责。

实验完毕，领出(或借出)使用的仪器、器材都应认真清点、妥善保养后，上橱(柜、架)归原位存放。如显微镜镜头应从镜架上卸下，并擦拭干净后放入镜头盒中，若发现镜头盒中硅胶变色应及时烤干;又如学生电源开关应处于“关”的位置，输出旋钮回归至最低档，电阻箱应处于阻值最高状态，天平的两端要上好橡胶垫等。

仪器模型在长期的使用和存放中，会有自然的老化现象，要做到定期维护、维修和保养，使其处于良好的使用状态，延长使用寿命。仪器模型的保养维护分为:用后保养和定期保养两种。用后保养:实验完毕后，应检查仪器模型的主件和零附件，并做好保养、清洁工作，如有的需要擦油、有的需要除尘、有的要将关键部件复原(例如显微镜使用完毕之后，就要将镜筒下降到最低，反光镜直立等)。定期保养:一般每学期结束前普遍给所有的仪器模型做一次防尘、防潮、防锈、上油等工作，同时要根据仪器特点，进行定期通电、去潮、检查浸液等保养工作。对剥制标本、昆虫标本、蜡叶标本等要实施定期检查，放置樟脑丸和氯化钙(或硅胶、生石灰等)，以防虫蛀、受潮和霉烂。对浸制标本、玻璃标本，每年要检查封口，要及时补充固定液和保存液，以防浸制标本中的标本因保存液的挥发而裸露腐烂。对显微镜、解剖镜、天平等精密仪器，必须做到定期维护、除尘、防锈，定期涂抹凡士林，并经常检查存放的干燥剂是否失效，及时更换，保证设备完好。对生物模型不宜用湿毛巾擦拭，应用鸡毛掸拂去灰尘，拂拭不到的地方可用洗耳球吹去灰尘。金属仪器或工具，表面的防锈层、合金薄膜要注意保护，不使用时，应涂上一层中性凡士林或机油，并用油纸包裹起来。

为了节省开支，延长仪器模型的使用寿命，凡在教学使用和存放过程中损坏的仪器模型要尽量就地进行维修。维修前要仔细分析故障原因，找准故障部位，调整故障部位，不要随意拆卸仪器模型。实验室中应将已经报废的仪器模型的零部件保留下来备用，维修时对仪器模型中容易松动或磨损的紧固件进行加固或更换，如显微镜的粗准焦螺丝容易产生失灵的现象，可以将镜筒取下，在齿条下垫适当厚度的塑料片等。也可采用“合二为一”的办法，将已报废的两台仪器设备或模型整合起来。仪器设备模型维修之后，要将故障原因，维修方法和结果记录存档。

第二节　实验室的药品管理

应根据药品的性质，采用不同的方法进行存储保管，以安全为原则。注意外界条件对药品的影响(如温度、湿度、空气、杂质、储存时间等)，要做好防光照、防挥发、防变质、防火、防水等工作。试剂瓶上的标签要涂蜡，以防脱落受腐蚀而影响识别。

1.贴好标签

新配制的试剂要在瓶上贴好标签，标明试剂的名称、浓度和配制日期，标签外涂石蜡。

2.分类存放

按一定规律存放，如金属单质可按金属活动顺序或周期表中所属分族顺序来排列。应分：①库房储存；②准备室存放；③学生分组实验成套药品存放。库房储存应符合一定温度与湿度，温度过高，应通风降温，特别是夏季更应注意药品保存情况。相对湿度超过 80%，应通风，可用生石灰、硅胶、木炭等防潮。准备室存放主要是试剂溶液，按规定的浓度配制，在标签上要注明浓度。学生分组实验的药品，要分类分装试剂瓶中配备成套，每种药品一套，配备 25～30 个瓶，用盘盛装在一起。配试剂溶液要用蒸馏水。

3.按特性保管

危险品应与其他试剂分开保存，经常检查。①易分解或变质的试剂，如硝酸银、碘化钾、亚硝酸盐、双氧水、氨水要用褐色瓶装，放在不透光的柜中。②易挥发、潮解、风化的试剂，长期不用，用石蜡封好。③装碱液的瓶子要用橡皮塞，不能用磨口瓶塞；装浓硫酸的瓶子不能用软木塞或橡皮塞。④易挥发而又难以封牢的乙醚、溴水与二硫化碳，则分别用熟石膏粉加封瓶口和在溴与二硫化碳的上层添加蒸馏水以阻止挥发。⑤固体试剂应装在广口瓶内；液体试剂应盛放在细口瓶或滴瓶内；见光易分解的试剂应装在棕色瓶内。

4.按科学要求取用药品

无标签药品，不能使用，必须经鉴定，否则以报废处理。

5.氧化剂管理

有的氧化剂与其他化学物质混合，会形成爆炸物，如氯酸钾、硝酸钾、硝酸钠、硝酸铵、亚硝酸钠、硝酸银、硝酸铜、硝酸铅、30%过氯化氢等。强氧化剂如高锰酸钾、重铬酸钾、铬酸，在受热、机械作用、强光照射之下会发生化学变化放出氧气和产生高热，帮助燃烧或者与可燃物构成混合物爆炸。因此在保管中不要混入可燃物，单独分柜存放。硝酸钠有潮解性，保管时应防潮；过氧化物遇水易爆炸，应注意。

6.易爆试剂的管理

如三硝基甲苯、硝化纤维、三硝基苯酚等，存放时，应隔绝热源和火源，采用防爆灯照明。室温不能超过 30℃，要经常采取通风措施，防室温过高。与易燃、可燃物、酸类、易被氧化物等隔离存放。移动时，不要剧烈振动。一旦发生着火事故时，可用灭火器和水扑灭。

7. 自燃试剂的保管

如白磷，存放时密封在贮水的容器中，要注意隔绝空气、热源和火源，不与酸类、氧化剂一起存放。一旦引起火灾，可用沙土、灭火器扑救，禁止用水扑救。

8. 易燃试剂的保管

如汽油、苯、二甲苯、乙醚、丙酮等。易燃试剂单独存放于阴凉、通风、干燥处，避免日晒和隔离热源、火源。一旦发生火灾，应用沙土、灭火器扑救，不宜用水。

9. 腐蚀性试剂的保管

如浓酸、浓碱应存放在阴凉、干燥、通风处，防日晒、防雨水。与易燃、易爆试剂隔离存放。

10. 有毒试剂的保管

如汞、汞盐、砷和砷化物等应单独保管，制定和建立严格的保管制度，设专柜加锁存放。必须二人同时在场的情况下，才能开锁取用。剧毒品决不能随便外借或外调。使用毒品要登记、销账、定时查对。

11. 石蕊试纸和 pH 试纸的保管

试纸应密闭保存，不要用沾有酸性或碱性的手去取试纸。

第三节　中学生物实验室教学管理

建好实验室，配好教学仪器，管好实验室设施和教学仪器设备，为正常开展实验教学打下良好、坚实的物质基础。为保证能开齐开好演示实验和学生分组实验，还要加强实验教学管理。这一工作，至少有以下几方面内容。

一、实验教学计划

为便于实验教师能全盘有序地掌握本学科各年级各项实验的开展进度，教研组在每一学期开始都应周密安排好实验教学计划，并绘成一张总表在实验教师办公室墙上张贴（或张挂）；实验教师根据实验教学进度和通知单，每周末或周一都应安排好下一周或本周的实验教学内容，用小黑板列表挂在实验教师办公室墙上。这样做，至少有以下 3 点好处：

（1）有利于各个实验正常有序地进行，不碰场，避免冲突。在安排实验总表时，就可考虑各年级、各个班级的实验进度。遇到不同年级、或同年级不同班要同时使用同一实验室和同一批实验仪器时，可事先安排，避免冲突。若遇到外单位要借用本校实验仪器时，也能安排在适当的时间借出。

（2）有利于提前采购和准备一些材料、药品等。这一点在生物实验的安排中尤其重要。生物实验中的一些材料，有的就需要花费一定时间进行培养，而且这些材料的培养不是一天、两天就可以完成的。实验教师根据本学期的实验安排总表就可以适时地进行采集、栽种或培养，不会因此而耽误实验的进行。

（3）有利于了解授课教师是否按期完成实验教学。有了本学期的实验教学计划总表，学校领导、教研组、实验教师等就能方便地了解授课教师是否如期完成本该进行的实验教学。

因此，每学期教研组和实验教师一定要根据每学期的情况、教学进度、实验室设备和教学仪器的现状等精心安排，制订教学计划总表，并认真实施。

二、实验通知单

按规定，演示实验授课教师应提前 3～5 d，学生分组实验应提前 5～7 d 书面通知实验教师，以便及早做好准备工作。因此，授课教师在备课时应该认真填写实验通知单，并在规定时间内交给实验教师签收。填写实验通知单时应认真填写以下几个项目：年级，班级，实验课题，实验性质(分组或演示)，实验时间(年、月、日、上午或下午第几节课)，学生数和分组数，实验仪器和材料或药品的品称、规格、计量单位及领出数量等。

实验通知单一式两份，授课教师和实验教师各存一份。实验教师签收实验通知单时应立即填写收到实验通知单的时间。授课教师如果没有按照规定时间提早通知实验室而造成实验准备不及时的，应由授课教师负责。

三、实验记录单

实验记录单用于记录实验教学情况，是学校领导检查学科实验教学完成情况的一种依据，亦是实验教师、授课教师享受劳保福利、保健津贴的凭据之一。实验通知单按实验项目在同一授课教师名下可合班填写，实验记录单因多了实验完成情况、安全情况、仪器损坏情况及处理意见、仪器质量情况及改进意见等栏目，不宜合班填写，应坚持一课一单。实验记录单由授课教师填写，也可由班级科代表填写后经授课教师签名认可负责。

实验记录单亦一式两份，各存一份备查。实验教师在签收之前应认真查对借出的仪器是否完好无损；若有损坏，报废报损及赔偿手续等是否已经办理清楚；实验材料、药品的损耗是否填写清楚。一经签名，即可认为实验记录单中记录的实验已如实完成，借出的仪器已如数、完好地清点归还实验室，该办的手续皆已办妥。事后若发现有所差错，则应由实验教师负责。

四、实验完成率

我们投资建设实验室，配备教学仪器，把实验室管理得井然有序，目的就是为了按教学《课标》和教材的要求开齐开好所有的演示实验和学生分组实验。因此，实验完成率是我们实验室工作中的重要内容，学校领导应予以重视，要采取经常性检查和各种激励机制等有力措施以及提高实验教学的管理水平等，保证开齐开好所有的演示实验和学生分组实验，提高实验完成率，提高实验室的投资效益。

第四节　中学生物实验室安全与防范

实验室是中学实验教学的重要基地，是教授中学生实验技能、培养中学生创新精神和实践能力的重要场所。实验室安全是实验室活动正常开展的基本条件。作为中学生物实验教师和生物实验室管理员，要在实验活动过程中，有效地防止各种实验因子对人、环境、学校和社会造成的危害或潜在危害，教会学生安全的实验操作，建立明确的安全意识，牢固树立实验安全红线，规范使用和管理中学生物实验室。

每一起严重的安全事故背后都有 29 起轻微事故，以及 300 起未遂事故的先兆，这就是著名的海因里希法则，同样也适用于实验室安全事故。根据事故统计原则，对事故的管控要从 4 个主要方面入手：物的方面、人的方面、作业环境的方面和管理的方面。本节从中学生物实验室安全管理制度与安全教育、实验室常见的安全事故类型、实验室一般安全、常用生物实验仪器安全使用、实验室常用药品安全隐患及处理、实验室安全应急处理、实验室常用安全标识、实验室安全事故应急处理等方面进行介绍。

一、实验室安全管理制度与安全教育

随着现代生物学的快速发展，一些现代生物学实验开始逐步被纳入中学生物实验教学或者研究型实验教学的内容中，以前中学使用频率很低的实验仪器设备、化学试剂、生物材料等也越来越多地出现在中学生物实验室中，由于使用少、缺乏处理可能出现事故的经验，各种各样的实验室安全隐患随之而来。因此，加强中学生物学实验室的安全管理成为首要任务。

(一)规范中学生物实验室的安全建设

按照《中小学建筑设计规范》(GB 50099—2011)、《中小学理科实验室装备规范》(JY/T 0385—2006)和《科学实验建筑设计规范》(JGJ 91—93)等国家标准，建设中学生物实验室时严格对标，如实验室面积和间数、实验室地面、门窗、综合布线、用电负荷、采光、照明、遮光、温湿度、通风换气、环保、消防设施等，如生物培养室宜设置在人流较少的位置，每间实验室要配备灭火器，实验室配电线路和设备功率容量要能够满足现代化教学手段和教学设备逐步增多的需要等。

(二)完善中学生物实验室的管理规章制度

根据国家相关的安全管理制度，从实验室安全责任人、实验室综合管理、仪器设备耗材管理、危险品管理和劳动保护等方面建立和完善校级层面的实验室管理规章制度(部分管理制度见附件)。

(1)明确实验室安全责任人对实验室管理职责和安全教育职责，如负责实验室的建章立制、实验室设备的安全保障、实验教师与学生的安全教育等。

(2)实验室综合管理制度主要包括“中学生物实验室管理制度”“中学生物实验室安全工作条例”“中学生物实验室开放管理制度”“中学生物实验室废弃物及排污管理制度”“中学生物实验室实验教师实验技术人员岗位职责”“中学生物实验室学生实验守则”“中学生物实验室安全事故紧急处置预案”等。

(3)仪器设备耗材管理制度主要包括“中学生物实验室仪器设备管理制度”“中学生物实验室仪器设备、药品试剂借还制度”“中学生物实验室低值耐用品管理办法”“中学生物实验室耗材和低值易耗品管理办法”“中学生物实验室活体动物采购管理办法”“中学生物实验室仪器设备维护维修管理制度”“中学生物实验室仪器设备损坏赔偿制度”等。

(4)危险品管理制度主要涉及生物实验中使用的危险品，如强酸、强碱、活体动物、培养基等。

(5)劳动保护管理主要包括"中学生物实验室安全教育管理办法""中学生物实验室安全防护管理办法""中学生物实验室安全隐患与防范措施""劳动防护用品配备和使用管理制度"等。

(三)加强中学生物实验室的安全教育

安全教育的主要对象是实验教师、实验技术人员和学生,包括应急预案演练、实验前安全教育和实验教学活动中安全保护。

(1)每年开展一次应急预案演练,如观察实验室的紧急疏散地点,灭火器的使用,学习安全使用操作规程、应急措施和救援预案等。

(2)每学期在使用实验室前,要组织实验教师、实验技术人员和学生学习实验室的各项管理规章制度;每次实验前,实验教师应根据每个实验的要求对学生进行安全教育,让学生了解实验过程及可能出现的安全问题,做好保护措施。

(3)开展实验教学活动中,可能对人体产生安全危险的实验,应教会学生采取相应的安全防护措施,如佩戴护目镜、穿实验工作服、戴防护手套等。在使用仪器设备时,严格遵守仪器设备操作规程,如使用离心机时,要待仪器停止转动后再取样;使用高压蒸汽灭菌锅时,要注意用水量,并确保安全阀完好可用;使用紫外灯时,不能让紫外线直射人的眼睛;使用烘箱或培养箱时,不能长时间开机且无人值守。

二、实验室常见的安全事故类型

1.危险试剂类事故

中学生物实验室使用的化学试剂较多,其中涉及的危险化学试剂主要有强酸、强碱、有毒试剂等。实验教师或学生在使用时,若稍有不慎就会对自己或他人造成伤害。强腐蚀性试剂如强酸强碱会灼烧皮肤;易挥发性易燃易爆的有机试剂容易引发火灾或爆炸;长期使用有毒试剂或储存较多有毒试剂,但没有有效的安全防护措施,会对实验者或管理人员身体造成伤害,有毒试剂管理不当发生遗失或泄露,会对学校、社会等造成巨大的危害。

2.微生物类事故

在生物实验中会使用和培养微生物菌种,培养过程中可能会出现致病菌,若无菌操作不当或培养基没有及时进行灭菌处理,都会造成有害微生物污染实验室并扩散到实验室外的情况,对人的身体健康造成巨大的危害。

3.电气火灾安全事故

导致电气火灾事故的主要原因有线路老化短路,超负荷大电流,电气设备发生火花或电弧,静电放电产生火花、过载,操作人员用电不慎等,从而引起火灾、触电灼伤、触电休克死亡等事故。

4.漏水安全事故

生物实验室需要用水安装水槽,可能会出现因水压过大出现爆管水淹实验室,若在数字化实验室中，处理不及时会导致计算机和传感器因湿度过大或浸泡而出现损坏，造成国有资产损失，甚至会诱发火灾，造成更严重的安全事故。

5.气瓶类事故

气瓶容易出现的安全事故有：气瓶放置固定不当等于定时炸弹；装有易燃气体的气瓶发生泄漏达到一定浓度时，遇明火会发生爆炸；有毒气体气瓶泄漏会造成中毒和环境污染；在封闭环境中使用气瓶，气瓶发生泄漏会导致人员窒息甚至死亡。

6.仪器设备类事故

仪器设备类事故包括仪器设备损坏和仪器设备伤人。仪器设备损坏多因实验人员操作错误、设备老化、设备故障、突发停电、实验室漏水等情况造成。仪器设备伤人多因实验人员不按操作规程使用，缺乏安全防护措施和保护等造成。

7.污染类事故

主要包括化学污染和生物污染。实验结束后，实验人员未按规定处理产生的化学废液、培养基、实验后小动物等，而是随意倾倒、排放、丢弃或煮食动物等，造成环境污染，更甚者对人的身体健康造成严重影响。

8.盗窃类事故

盗窃类事故主要因实验室管理不当或安防措施不当导致。

三、实验室一般安全

(一)标本室

标本室应有专门的标本架，标本整齐放置，标本容器应牢实坚固，可以是玻璃或塑料材质，制作封闭后要确保无泄漏，容器外无残留物。标本容器上正确粘贴唯一性标识标签以便识别，标本说明书放于防水袋中，置于标本旁。

(二)生物培养室

实验室入口处须贴上生物危险标识，注明生物安全级别、涉危生物因子、实验室负责人和联系方式、实验室准入要求和使用须知。

(三)中毒

(1)所有试剂瓶必须贴有标签，剧毒药品试剂有专门的使用、管理制度，安排专人专柜双锁管理。

(2)严禁试剂入口，严禁直接用鼻子凑近瓶口闻试剂。

(3)严禁在实验室中喝水和进食，离开实验室前一定要洗净双手。

(四)燃烧和爆炸

(1)储存易燃易爆药品，要按照药品的保存方式妥善保管，远离热源，放在低温处保存。

(2)使用挥发性试剂时要在通风橱进行。

(3)易发生喷溅、爆炸的实验操作不能对着人进行。

(五)化学腐蚀、灼伤、烫伤

(1)取用强酸、强碱、刺激性药品时,要佩戴安全防护措施,如橡胶手套、护目镜、口罩等。

(2)稀释浓硫酸等强酸、溶解强碱如氢氧化钠时,要严格遵守稀释操作规范,并在耐热容器中进行。稀释酸时边搅拌边将浓酸缓缓加入水中,要注意防止液体飞溅。酸碱进行中和时,若浓度较大,应稀释后再进行中和。

(3)从烘箱中取高温烘干的玻璃器皿或药品时,要戴上隔热手套或使用坩埚钳,以免发生烫伤危险。

(六)仪器设备使用及用电

(1)使用仪器设备前,先检查电源开关等是否正常,以免突然通电出现短路等情况。

(2)实验室内不能有裸露的电线,不能用来接通电灯、实验仪器设备等。

(3)实验过程中若突然停电,要及时关闭一切实验仪器设备开关。

(4)电气设备或线路上不能有水,实验室漏水要及时处理,以防漏电。

(5)禁止私拆实验室中的仪器设备。

(6)若发生触电事故,立即切断电源,用绝缘物体将触电者和电器分开。

(七)酒精灯

酒精灯主要是作为热源,在使用时要注意:

(1)酒精灯的灯芯要平整,若灯芯低端不平或者烧焦,需及时清理。

(2)添加酒精时,不超过酒精灯容积的 2/3,不少于 1/4。

(3)禁止向燃着的酒精灯里添加酒精,以免失火。

(4)禁止用一个酒精灯引燃另一个酒精灯,以免引起火灾。

(5)使用完毕后,必须用灯帽盖灭,禁止用嘴吹,以免发生酒精灯内的酒精和灯芯引起燃烧,发生危险。灯帽盖灭后,须打开再盖上,以免发生内部燃烧危险。

(6)使用时不要碰倒酒精灯,万一出现酒精洒出并燃烧,应立即用湿布盖灭。

(八)玻璃器皿

(1)根据玻璃器皿能否受热分为可加热和不宜加热的器皿。

(2)玻璃器皿要保持干燥洁净,每次实验前要检查,实验后要及时清洗,晾干或烘干。洗净的玻璃器皿内外壁应能被水均匀地润湿,且不挂水珠。

(3)清洗烧杯、量筒、锥形瓶、培养皿等一般玻璃器皿,可用试管刷蘸取去污粉或洗涤剂刷洗,用自来水冲洗干净,再用蒸馏水或去离子水润洗 2～3 次,根据需要进行烘干或晾干。

(4)带有刻度的玻璃量器不宜在高温下烘干,带盖或塞的玻璃器皿,要取下盖或塞后烘干。

(5)洗涤玻璃器皿时不要局部勉强用力或冲击,以免发生玻璃器皿破裂割伤手的情况。

(6)壁厚较薄的玻璃器皿在放置或使用时易因操作不当而破碎,使用时要轻拿轻放,注意安全。

(7)不允许对密闭的玻璃容器进行加热。

(8)加热后的玻璃器皿,要待冷却后再取,若需趁热使用,要戴隔热手套或使用坩埚钳等,并做好安全防护措施。

(9)破碎的玻璃器皿,要放在指定的垃圾桶内,不能随意丢弃。

(10)取放较重的玻璃仪器时,要用双手。

(九)洗眼器

(1)洗眼器须安装在危险工作区域附近。

(2)洗眼器的 1.5 m 半径范围内,不能装设电气开关。

(3)洗眼器须每周定时清洗。

(4)使用洗眼器时,用手轻推开关(或采用脚踏式),清水自动喷出,受伤的眼睛对着水柱冲洗,眼部和脸部的清洗时间根据有害物质的侵害程度进行选择,冲洗完后将开关复位(或松开脚踏板)。清洗期间,其他人要准备应急救援措施。

四、常用生物实验仪器设备安全使用

(一)干燥箱

(1)干燥箱要按铭牌上规定的温度范围使用,插头必须保持接地良好。

(2)干燥箱应放在室内干燥和水平处,防止振动和腐蚀。

(3)干燥箱附近不能堆放易燃物品,禁止在干燥箱旁进行洗涤等操作。

(4)打开干燥箱前,必须先断电。使用干燥箱时,不能用湿润的手触摸箱体和开关。加热过程中实验人员不得离开。

(5)使用时应将干燥箱顶部的风口适当旋开,以便湿气逸出。

(6)灭菌的玻璃器皿不可有水,有水的玻璃器皿在干热灭菌中容易炸裂。干燥样品时,应将样品放置在干燥箱置物架上,不能过大过密,以免影响热气上流,防止出现干燥箱内热感应器无法探测到实际温度而使设备受损。避免容器装满液体,以免加热后发生溅出。灭菌物品不能直接放在干燥箱底板上,以防止包装纸或棉花被烤焦。

(7)干燥箱不使用时,应切断电源,以免发生线路短路引发火灾等情况。

(8)严禁将易燃、易爆、易挥发及腐蚀性物品放置在干燥箱中烘烤,培养基、塑胶制品、塑料制品等不能使用干热灭菌。

(9)要防止其他物品落入干燥箱底部与电阻丝接触造成短路。

(10)干燥箱要进行定期保养,保持清洁,经常检查电源等部位有无松动、烧坏等现象。

(二)离心机

离心机是借助离心力分离液相非均一体系的仪器设备。当含有细小颗粒的悬浮液静置不动时,由于重力场的作用使得悬浮的颗粒逐渐下沉。粒子越重,下沉越快,反之密度比液体小的粒子就会上浮。离心机在生物实验中占有极为重要的地位,是分离、纯化细胞、病毒、蛋白、核酸和酶的最方便有效的仪器设备。使用离心机时要注意:

1.合理使用转头

选用与离心机配套的转头,实验时根据转速要求选用合适转头,不允许超过转头的额定转速使用。不允许使用带伤转头,组装时要准确放置转头,以免在高速运转时转头飞出。

2.平衡离心管及其内容物

使用离心机时,必须精密地平衡所有的离心管、离心管载具、盖帽、护罩、套管等。如可用水平衡与之质量相当的试样。装载离心管时,必须是对称装载,以便使负载均匀地分布在转头周围。

3.装载溶液量

根据离心机的具体操作说明进行溶液的装载,无盖离心管中溶液不能装的过多,以免离心时飞出,造成转头被腐蚀等情况。

4.离心机启动

装载好溶液后,要将离心机的盖子盖紧后再启动。实验人员要在离心机运转过程中随时观察运行情况,如发生异常,要立即停机。若使用过程中突然断电,要立即切断电源,等转头减速直至停止后,再打开离心机盖取出样品和转头。

5.离心机停止工作

待离心机转头减速直至完全停止后,才能打开离心机盖,及时取出样品和转头。将离心管中样品取出后,要立即清洗离心管,并让离心管自然干燥。

6.转头的清洗

实验结束后,要将转头用温水清洗并干燥,禁止将转头浸泡在去污剂中。

(三)高压灭菌锅

高压灭菌锅是应用最早、效果最好、使用最广泛的一种灭菌装置。分为外层锅和内层锅,可用蒸汽、煤气或电源作为热源。在使用高压灭菌锅时应注意:

(1)使用前锅内要加入适量清水至止水线,用烧开过的热水为宜,可防止大量水垢的积存,同时能够缩短灭菌时间。

(2)放入锅内的待灭菌物不能过于紧密,以免影响蒸汽流通导致灭菌效果不理想。

(3)蒸汽产生3～5 min后再关紧放气阀,让温度随蒸汽压增高而上升,待上升至所需压力时,控制热源,把握好灭菌时间。

(4)灭菌结束后,关闭热源,待压力自动降至0时,立即开盖取出被灭菌物进行处理。

(5)灭菌锅周围不能存放易燃物,仪器必须接地良好。

(6)不同类型、不同灭菌要求的物品,不能同时在同一锅内进行灭菌处理。

(7)对液体进行灭菌时,应装在耐热的玻璃瓶中,不超过容器体积的3/4。

(8)易燃易爆物品严禁使用高压灭菌锅进行灭菌处理。

(9)定期检查安全阀,使用前要再次检查安全阀的性能是否良好,以防因安全阀故障,锅内压力过高时发生爆炸事故。

(10)定期更换高压灭菌锅的橡胶密封垫。

五、实验室常用安全标识

1. 警告标识

2. 禁止标识

3. 指令标识

4. 提示标志

图示	意义	建议场所
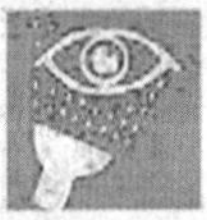	紧急洗眼	洗眼器旁
	紧急出口	紧急出口处
	通道方向	通道墙壁
	灭火器	消防器存放处
	火警电话	

六、实验室安全事故应急处理

在实验室操作应按规程进行，预防事故发生。如不能用手直接取化学药物，取危险品要戴防护手套和防护镜。要设卫生箱，配备各种药品，进行临时救护。

(一)割伤

在伤口擦红药水或龙胆紫药水，然后用纱布包扎。

(二)烫伤

在伤口擦烫伤药膏或用浓高锰酸钾溶液擦灼伤处至皮肤变棕色，再擦凡士林或烫伤药膏。

(三)强酸腐蚀

立即用大量水冲洗后，用2%～5%碳酸钠或碳酸氢钠冲洗，再用水冲洗。

(四)浓碱腐蚀

立即用大量水冲洗后，用2%的醋酸溶液或硼酸溶液冲洗。

(五)液溴灼伤

用甘油或苯液冲洗伤处，然后用水冲洗。

(六)氢氰酸灼伤

先用水冲洗，再用碳酸氢钠溶液冲洗，然后用甘油氧化镁软膏涂搽。

(七)碳酸灼伤

先用水冲洗，再用4体积酒精(10%)和1体积三氯化铁溶液(1N)混合后冲洗。

(八)割伤止血

用棉花浸饱和药剂(双氧水或三氯化铁酒精溶液)放在伤口上，即可止血。也可用云南白药、止血粉。

(九)吸入刺激性或有毒气体

如吸入氯、氯化氢气体时，可吸入少量酒精和乙醚的混合蒸气使之解毒。吸入硫化氢气体而感到不适时，立即到室外呼吸新鲜空气。

(十)毒物进入口内

用5～10 mL硫酸铜溶液加入一杯温水中，内服后，用手指伸入咽喉部，促使呕吐，然后立即去医院治疗。

(十一)剧毒的水银及其蒸气

会破坏神经系统。防止水银与皮肤接触，应戴不透气的橡皮手套。如果手接触了水银，应彻底洗净，以减少皮肤吸收量。水银外溢，先检查个人衣着，用簸箕和扫帚或橡皮打扫把水银收集在一起，然后倒进密封的容器中。如在地板裂纹和缝隙里留有微粒水银，仍对人体有害，可在污染部位用钙、多硫化钠或硫处理，这些物质与水银化合而生成一种不易蒸发的惰性化合物，在操作时，要准备硫黄放在近处备用。

(十二)触电急救

发现触电事故,不要惊慌,采取措施,进行现场急救。

1.脱离电源

(1)迅速切断电源,拉开开关,拔掉插头。

(2)若导线搭在触电者身上或压在身下时,可用干燥的木棒、木板、竹竿等不导电的物体做工具,迅速挑开。

2.紧急救护方法的运用

主要是依据触电救下后的情况来决定:

(1)触电人昏迷,还未失去知觉,应立即送往医院或请医生来诊治。

(2)触电人已失去知觉,应找一个不妨碍工作的地方,将他平放,解开衣服,周围不让人围观,使空气流通;用棉花蘸阿摩尼亚水(氨水)放在鼻子下边,用冷水向身上洒,并用毛巾擦全身,使之发热,迅速请医生。如果触电人呼吸困难(断续不常),不时发生抽筋现象,须施行人工呼吸。

(3)触电人没有回生象征(呼吸脉搏及心脏跳动停止),仍然不可认为死去,触电人常有假死,立即施行人工呼吸,多数是可救活的,有的历时三四小时,甚至六七小时,确实证明无效(尸体僵硬,出现尸斑)必经医生诊断方能停止。

3.人工呼吸法

人工呼吸(图 4-7)是触电急救唯一行之有效的科学方法,也是人们应该学会的方面,特别是实验室工作人员在平常要学会,以便在抢救时争取时间。人工呼吸的准备工作:

(1)把触电人身上妨碍呼吸的衣服(包括衣领、上衣、裤带等)全部迅速解开,放在干燥平整、空气流通的地方。

(2)如果触电人牙关紧闭,设法将嘴巴张开,将口中食物和可能出现的鲜血、黏液清出。

(3)在触电人身下垫被毯,身上盖毛毯或外衣。人工呼吸方法有 2 种:俯卧压背法和口对口(鼻)呼吸法。

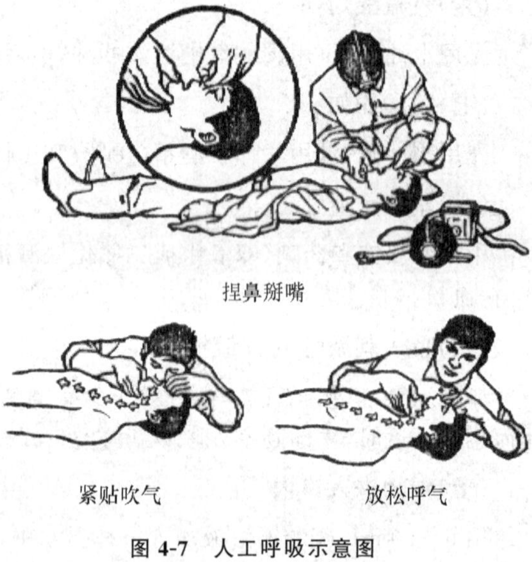

捏鼻掰嘴

紧贴吹气　　放松呼气

图 4-7　人工呼吸示意图

第五节　实验室信息化管理

实验室信息化建设是校园数字化建设的重要组成部分,也是提高实验、教学质量,优化资源配置和提升管理水平的有效途径和手段。以实验室管理为契机,提出实验室建设中信息化平台的定位和设计原则，综合利用网络技术，构建集网络平台、硬件平台和软件平台为一体的高度自动化、立体化、开放化的教学和管理体系，更好地服务于学校的教学和管理。

一、教学实验室信息管理系统简述

实验室信息管理系统是通过计算机网络，采用科学的管理思想和先进的数据库技术对实验室的各种信息进行全面管理的计算机软、硬件系统；是计算机技术、管理科学和分析测试技术的集合体，是一个包括信号采集设备、数据通信软件、数据库管理软件、实验室的内部管理在内的高效集成的管理系统。它以实验室样品分析数据的采集、录入、处理、检查、判定、存储、传输、共享、报告发布以及业务工作流程管理为核心，将实验室的人员、材料、设备、技术、方法、资料档案等资源有机结合起来，组成一个全面、规范的管理体系，为实现测试资料自动采集、网上调度、实验信息安全共享、人员量化考核、实验室管理水平整体提高等各方面提供技术支持。同时它也是连接实验室、管理部门及用户的信息平台。

二、教学实验室信息管理系统的设计

(一)信息化平台的定位

实验室作为实验教学的平台和载体，其建设和管理水平直接决定着实验教学质量的高低，因此，实验室建设的指导思想应定位于实用、高效、节约，着眼于构筑和时代发展相适应的信息化环境，确保实验室内部知识信息从创新到应用各环节间相互协调和高效运作。建设的核心是将教学资源、教学软件、实验室仪器设备等采用现代化的手段加以科学管理，为实验室管理者提供有效的网络管理环境，为教师提供有效的网络教学和科研环境，为学生提供有效的网络学习环境。

实验室信息化平台，服务于“以学生为本，知识、能力、素质协调发展”的实验教育理念和“以能力培养为核心”的实验教学观念，是一个开放、深度、学术、实战多方面结合的平台，是一个提供全面系统的知识产品和知识服务的平台，是一个既重理论更重实践的平台，也是一个服务于知识经济、知识传播、知识分享、知识学习、知识创新和所有知识者的平台。该平台打破了传统的实验室管理模式和实验教学方式，充分体现以内容为主、学生优先、师生互动、资源共享的原则。

(二)总体规划

系统所运行的平台是以网络为基础，利用先进的信息化手段和工具，实现实验室数据信息资源的全部数字化，在传统的管理基础上构建一个数字空间以拓展现实信息管理的空间维度，从而提升了传统管理方法的效率，扩展了传统管理方式的功能，最终实现全面信息化。实验室信息管理系统的建设是分阶段、分层次的，它经历的是由硬到软、由下而上、螺旋上升的建设过程。其体系结构可以用一系列同心圆表示，内圆是核心，是基础，外圆是在内圆的基础上提供的更进一步的服务。按照功能划分，可以分为 4 层：

(1)网络基础　网络是校园综合信息平台最基础的硬件设施，没有相应的网络基础设施，信息不能流动，就不可能形成信息空间。

(2)数据仓库　数据仓库是整个信息平台的信息基础,是由若干个数据库等信息资源组合而成,不同的数据库之间有很强的相关性,在数据仓库的基础之上,可以进行更高级的应用扩展。

(3)基础信息服务　基础信息服务是信息流动的软件基础,包括电子邮件、文件传输、信息发布等。

(4)高级应用服务　高级应用服务是在基础信息服务基础之上,对数据仓库的应用挖掘,生成的各个应用系统直接管理各种信息资源,并根据相关的逻辑提供给用户使用。

(三)系统采用的模式

软件结构采用浏览器/服务器结构。它是随着 Internet 技术的兴起,对结构的一种变化或者改进。在这种结构下,用户工作界面是通过 WWW 浏览器来实现,极少部分事务逻辑在前端实现,但是主要事务逻辑在服务器端实现,形成所谓 3 层(3-tier)结构。这样就大大简化了客户端电脑载荷,减轻了系统维护和升级的成本和工作量,降低了用户的总体成本。

以目前的技术看,局域网建立结构的网络应用,并通过 Internet 模式下数据库应用,相对易于把握,成本也是较低的。它是一次性到位的开发,能实现不同的人员,从不同的地点,以不同的接入方式(HLAN,WAN,Internet/Intranet 等)访问和操作共同的数据库;它能有效地保护数据平台和管理访问权限,服务器数据库也很平安。尤其是在 Java 这样的跨平台语言出现之后,架构管理软件更是方便、快捷、高效。目前,软件系统的改进和升级越来越频繁,架构的产品明显体现着更为方便的特性。对一个较为大型单位来说,系统管理人员假如需要在几百甚至上千部电脑之间往返奔跑,效率和工作量是可想而知的,但架构的软件只需要管理服务器就行了,所有的客户端只是浏览器,根本不需要做任何的维护。无论用户的规模有多大,有多少分支机构都不会增加任何维护升级的工作量,所有的操作只需要针对服务器进行;假如是异地,只需要把服务器连接专网即可,实现远程维护、升级和共享。

(四)信息化平台的构成

实验室管理和教学信息化平台是一个高度集成的平台,由网络平台、硬件平台和软件平台共同组成。

(1)网络平台　随着数字化校园建设的日益完善,校园信息化、网络化逐步实现,计算机实验室已成为数字化校园的重要组成部分。为便于管理和维护,每个实验室分别组建局域网,通过校园网接入 CERNET 和 Internet,从而使实验室在教学、科研、信息服务、资源共享等方面发挥了巨大功能。

(2)硬件平台　计算机实验室以教师和学生上机实验为主,兼顾多媒体教学,因此在硬件设备方面,除微机之外,还配备有服务器、交换机、功放和音箱等设备,从而为各种应用提供强力的支持。为了防止计算机病毒的侵袭,以及避免由于学生误操作或其他原因引起的硬盘数据混乱或丢失,实验室采用硬件控制方法,即通过海光蓝卡来保障硬盘的数据平安。

(3)软件平台　网络平台和硬件平台的建设是计算机实验室存在和发展的物质基础,软件平台的建设则是实验室提高教学质量和管理水平的核心。软件平台包括系统软件、教学应用软件以及实验室门户网站、实验教学论坛、多媒体教学系统、实验设备管理信息系统、开放机房自动化管理系统等应用系统平台，其中，应用系统平台的建设是软件平台建设的关键。

(五)应用系统平台的建设

应用系统平台采用面向构件的、基于总线的、开放式的3层体系架构，以实验室门户网站为载体，集成其他应用系统，建立一个松散连接的、可预测的分布式系统平台，实现各种教学资源和信息的整合和高度共享。

(1)实验室门户网站　实验室门户网站是实验室信息化平台的重要组成部分，是实验室对外宣传的窗口。网站以用户体验为中心，采用多线索的信息组织方式，整合信息发布、实验室建设、实验教学、管理体制、规章制度、教研成果、在线留言、在线调查、内容检索、教学论坛、实验设备管理等功能模块于一体，为实验教学、科研、社会服务和管理等各项工作提供数字化资源共享环境。

(2)实验教学论坛　论坛是一个以交互形式为师生提供信息服务的交流平台，其特征是：网络用户均可以利用其功能进行信息交流，包括提供新闻和各种信息、表达自己的观点和意见、回应别人的观点和意见等。实验教学论坛按照实验课程的不同分为多个主题版块，由实验教师担任相应课程版块的版主，协助管理员管理该版块的秩序，活跃版块讨论和交流气氛，为专家学者以及师生之间建立和维护一个良好的学术交流和观点辩论的乐土。教师通过论坛上传丰富的教学资源，包括课件、参考资料、习题、课程录像等，学生可以不受时间、地点限制下载资源，进行课后学习、作业提交、在线测试、网上讨论等，教师根据学生的反馈信息调整教学进度，修订教学计划，并进行在线答疑。

(3)多媒体教学系统　为了提高实验教学质量和教学效率，满足实验教学过程中讲解和演示实验的需求，计算机实验室安装了洪恩多媒体网络教室系统。它是基于局域网的多媒体教学管理软件，能够构造强大的多媒体网络教室及教学环境，实现纯软件方式的广播教学、教学示范、遥控辅导、师生对讲、分组讨论、电子抢答、文件传送、远程管理等网络教室教学功能。洪恩多媒体网络教室，彻底解决了以往网络教室建设中存在的成本高、周期长、操作复杂等一系列难以解决的新问题。

(4)实验设备管理信息系统　实验室采用基于Web的实验设备管理信息系统实现对实验设备的登记、管理、规划、调配、报废等整个生命周期的监控，减轻了实验室管理人员工作量和工作烦琐程度，提高了工作效率。通过该系统的实施，提高了实验设备利用率，减少了库存的无谓积压和重复购置；能够及时、准确地提供各种统计数据，自动生成用户所需要的各类报表，为各级领导提供有力的决策信息支持；同时，使异地办公成为可能，实现了特定范围内的资源共享。

(5)开放机房自动化管理系统　实验时间和实验周期固定的传统实验教学模式，无法保证实验过程的连续性，不利于提高学生独立思索和独立操作能力及从事实验探究的喜好。因此，实验室采用安圣开放机房自动化管理系统实现实验室从时间、空间上全面对学生开放。系统采用C/S架构，基于TCP/IP协议通信，支持课表上机、自由(课时)上机、自费上机等多种上机模式，通过校园IC卡可以实现对上课、上机过程的全自动化管理，包括布置课时上机任务、自费机时的预收费、赠予学生自由机时、学生卡片管理、机房值班管理等。管理人员通过系统及时把握开放机房的使用情况和学生课内外上机情况，从而合理布置实验教学任务和开放时间，为学生提供一个宽松、自由的学习环境。实验室的开放，尊重了学生在实验教学中的主体地位，极大地调动了学生学习的主动性和积极参与意识，为学生走进实验室创造了更多的机会，是知识型、综合型、探究设计型实验正常开展的必要条件，也是实验室资源能够得到更充分、更合理利用的有效手段。

三、结束语

在教学实验室中使用信息化管理技术，是实验室的必然发展趋向，将会对实验室管理产生较大的影响。建立实验室信息管理平台的目的，首先要发挥系统的质量控制和质量管理功能，其次是提高实验室整体的自动化水平，同时提高实验室的管理水平和学术水平，促进教学模式、教学体系、教学内容和教学方法的改革，加速了教育手段的现代化。

第五部分　中学生物学低成本实验

科学实验是科学教育的重要组成部分，是学生进行探究性学习的重要载体。通过亲手做实验，学生可加深对科学知识的理解，提高探究能力，培养学生的创新意识。其中，低成本科学实验有着不容忽视的作用和意义，应当重视挖掘和研究。

第一节　低成本实验的价值

一、低成本实验的概念

科学实验总是需要有一定的物质条件，但一般基础科学课程教学活动中，学生的科学知识学习、技能训练、实验探索的过程，不要求严格的环境和精密的仪器，尽可能在易于获得的、贴近生活的、低成本的条件下来进行实验探究，让每个学生都能参与其中。中学生物课程标准要求科学实验教学要从学生熟悉的事物出发，设计学生喜爱的活动，提倡用自制教具和低成本实验进行探究活动，注意将课内课外、校内校外的探究活动结合起来，努力开发并鼓励学生参与开发各种层次的、以小型为主的探究性课题；提倡使用身边随手可得的物品进行探究活动和各种科学实验，这不仅可以拉近科学与生活的距离，而且让学生深切地感受到科学的真实性，感受到科学和社会、科学和日常生活的关系。在低成本科学实验开发中，让学生经历从自然到科学，从生活到科学的认识过程，走进真实的科学王国。

那么什么是低成本科学实验呢？从字面上理解，应该有两层含义：其一是指所使用实验材料价格低廉；另一层含义是指所需要的费用低。可见，其突出特点就是成本低。但如果我们的认识仅仅停留在实验所需费用低的层面上，那我们就无法解释在众多的发达国家为何它也能长盛不衰。从当今世界的基础教学改革中，显然可以看到这样一种现象，无论是发达国家还是发展中国家，都对教师自己设计和制作的教具和低成本实验非常感兴趣，因此，我们不能把低成本实验仅仅看作解决经济欠发达地区进行科学实验教学的权宜之计，而应当重视和开发低成本科学实验在新课程理念下的教育价值和功能，低成本实验真正的魅力是它可以做到成本低而智慧不低、技术不低、价值不低。开发高智慧、高技术和高教育价值的低成本实验应该成为我们研究的重点。

二、低成本实验的研究历程

低成本实验在教学方面的最先应用是在物理实验教学方面。1987 年 4 月 10—16 日在开罗大学召开了由国际物理教育委员会主办的“国际低成本物理教学和演示实验会议”，会议指出低成本物理教学实验不只是第三世界国家的需要，也是一个世界性的问题。由此，在各方面的响应下，各学校及学者纷纷对低成本物理实验展开探讨和进行开发。如1995年杭州教育学院低成本实验研究课题组就利用废旧日光灯及废旧启辉器各开发了的一组低成本的物理实验，价格低廉，制作简单，效果明显。最初，低成本实验除了物理实验教学方面的运用，在农作物(小麦最多)及家畜饲料等也都有相应的研究。随着国家课程改革的提出和加快，低成本实验在其他学科也广泛应用起来。比如朱恩在《高中化学新课程低成本实验研究》里介绍了以高中化学新课程理念、绿色化学与微型化学实验的核心思想为指导，利用小试管、点滴板等现有装备以及注射器、青霉素瓶等物品在苏教版《化学1》开展的低成本实验方面的若干实践；又如张国宝提出的几个低成本的地理小实验等。

低成本中学生物学实验最初主要集中体现在中学生物实验改进方面，通过改进实验装置或更换实验材料，使实验现象更加明显，便于学生观察、理解。而在实验改进的同时往往会使实验的总体费用降低，宋兆楼、李文敏"用废饮料瓶改进初中生物演示实验"就对"光合作用放出氧气"的实验改进做了相关探讨，在改进实验的同时兼顾了低成本。

刚开始有些低成本中学生物学实验还包含在科学课程的低成本实验中，如科学课程中"塑料袋内挂满水珠"实验：可以用塑料袋把一株花盆里的植物从茎的基部以上全部包起来，用胶带扎紧，不要漏气；然后将包好的植物放在阳光下晒4～5 h，仔细观察会发现塑料袋内挂满水珠等。

(一)低成本中学生物学实验的发展

根据前面的概念界定，在利用价值低廉的材料或器材、材料一物多用、自制教具、因地制宜做实验等方面都与低成本中学生物学实验有一定的关系，这些实验许多学者往往把它们归纳在中学生物学实验改进里进行阐述。随着2001年我国新课改的开展，中学生物实验教学逐渐受到重视，在2002年中学生物学实验中实验改进方面的文献发表量出现第一个高峰期，截至2012年正慢慢趋于上升趋势，这也意味着低成本中学生物学实验的研究在慢慢加大。主要体现有重点阐述某些实验的改进，如曹燕波的《几例生物实验的改进》、古小琴的《对几个生物实验的改进拙见》，及对开展实验教学上如何低成本化的改进建议，如刘亚琴《浅谈新课标下初中生物实验教学的改进》等。

(二)低成本中学生物学实验的正式提出及趋势

《生物课程标准》的实施建议、课程资源的开发与利用等方面，强调了实验教学要操作简便明了，强化了环保意识，提出低成本实验的开设。

为了响应课程标准提出的实施建议，全国各地逐渐开始了对"低成本中学生物学实验"的开发应用和研究。此后在一些经济欠发达地区的农村中学为了开好生物学实验，加大了低成本实验开设力度，尽量做到朱元老教授说的"坛坛罐罐当仪器，拼拼凑凑做实验!"浙江省教育装备科学规划中2007年度研究课题的主成果，朱恩的《高中新课程低成本实验的研究报告》中提到生物新课程低成本实验更要以绿色化学与微型化学实验的核心理念为指导，突出实验的生活化、趣味化、绿色化、低成本；同时对高中生物高考或实验会考中占据重要地位的生化类实验"色素的提取与分离实验"和"DNA的粗提取和鉴定实验"进行低成本化的改进，更利于实验的普遍开展和提高学生的学习兴趣。

罗益群在2010年所发表的《谈农村中学低成本开设生物实验》中，分享了其结合所在农村中学的实际，为了开设好实验，节约成本进行的一些低成本开设的尝试，提出了实验材料一物多用、就地取材、弃物利用、生活中要勤收集实验用品，实验员自己种植培养材料、自制和维修教具等有利于开设低成本生物实验的手段和方法，也是第一篇标题含有“低成本中学生物学实验”相关关键词的文章，为低成本中学生物学实验开辟了先河。

2010年获得国家第6批高等学校特色专业建设基金项目(TS12367)资助的张福平所发表的《中学生物学简单化低成本的实验开发》一文中，结合了中学生物教学探讨农村中学开发低成本生物实验的基本原则和基本途径，为农村中学和农村生物学教师所必须关注的如何立足于农村，抓住新课程改革的机遇，因地制宜，加快农村中学生物学实验教学的发展问题做出了合理的建议。

在2011年版的《义务教育生物学课程标准》第四部分实施建议中第四点加强和完善生物学实验教学再次提到教师应创造条件，就地取材，因陋就简地开设好生物学实验，实验设计应多样化，可采用比较规范的实验仪器设备设计实验，也可以设计低成本实验。这意味着低成本实验在生物学实验中已经是不可或缺的一部分。

紧接着，2012年在《中学生物学》刊出的刘彤军所发表的《因地制宜拓展农村中学生物实验》中也对低成本生物实验做出了相关阐述和开展建议，认为农村中学应该因地制宜，充分利用农村生物资源，开辟田野课堂，搞好“低成本实验”，促进农村中学生生物课程教学质量的提高。

由此，我国正加大步伐地从不同领域对“低成本中学生物学实验”进行研究与开发。

三、低成本实验的价值

(一)低成本科学实验的社会意义

当前科学教育领域内，科学实验教学仍是薄弱的环节。仪器设备不足是主要原因之一。据粗略统计，我国大约有20万所中学，其中绝大多数是县以下的农村中学，这些学校大都缺乏科学实验仪器。但是，在大多数农村中学，可以开发无成本或低成本实验以解燃眉之急；通过变废为宝、自制实验仪器，来弥补实验的仪器缺口。

(二)低成本科学实验的教育意义

低成本科学实验，还具有其独特的教育价值。学生在实验中，亲自感受做科学实验的乐趣，体验科学的奥秘，更有利于对学生进行探究能力、实践能力和创新能力的培养，提高学生的科学素养。

1.低成本科学实验易于激发学生学习科学的兴趣

孔子说过：“知之者不如好之者，好之者不如乐之者。”兴趣是推动学生学习的内部驱动力，能够激发起学生的积极性和主动性，而利用低成本实验来激发学生科学兴趣是重要途径，因为：

(1)它具有简单、生动、形象、明了和贴近生活的特点，有利于激发学生的好奇心和求知欲。

(2)它的一个重要特点是“自己制作、亲自操作，动眼、动脑”。设计低成本实验是一种有目的的、操作性强的探究活动，既能满足学生的求知欲望，又能培养学生的探究兴趣和科学探究能力。

(3)低成本科学实验活动形式多样，内容丰富多彩，类型和层次千差万别，课内课外都可以进行实验，能满足各种不同学生的需要和爱好，有利于发展学生的个性特长，使不同的学生都有可能得到成功的满足，从而树立起自信心。

低成本科学实验让科学不再神秘。在无成本实验开发中，让学生真正感受到生活中处处都是学问，身边时时都有道理，在轻松欢快中学习，激发学生学习科学的兴趣，培养实践和创造能力。

2.低成本科学实验易于培养学生的节约意识

“勤俭节约”是中华民族的传统美德，也是现代社会共同推崇的先进文化理念。低成本科学实验的开发不仅具有重要的社会效益，同时对培养学生的节约意识，从小养成勤俭节约的好习惯是非常有益的。低成本实验取材容易、随手可得，把生活、生产中的废旧物品经过改造利用，变废为宝，有利于对学生进行勤俭节约、热爱劳动的教育，并培养学生的节约意识。

3.低成本科学实验易于对学生进行STS教育

低成本科学实验的仪器大多来自学生的身边，与生活实际联系紧密。例如，使用塑料瓶、易拉罐、泡沫塑料垫等生活中的废弃物品，既体现环保，又拉近科学与生活的距离，让学生深切地感受到科学的真实性，感受到科学和生活、科学和社会的关系。

4.生物低成本实验易于培养学生的创造能力

在低成本科学实验中，学生每个人都必须经过自己设计和思考，都要亲自动手，这样可以培养学生动手动脑、主动探究的习惯，使学生经历探究，体验探究过程，培养探究能力。而学生在自主开发低成本科学实验的同时，必定会融入自己的智慧和创造发明，这对培养学生的创造能力，使学生在小小实验中体验创造的乐趣，树立信心。只有经历一次次磨炼，才能了解自身的价值和能力，有利于培养自己的创造精神和探究激情。

总之，低成本科学实验，有利于在教学活动中，构建起让学生经历从自然到科学，从生活到科学的认识过程；能有效地开展科学探究实践活动，让学生通过自主学习和合作交流，经历科学探究过程，学习科学研究方法，培养学生的探究精神、实践能力以及创新意识。利用低成本科学实验来开展实验教学活动，最能体现科学教育的核心理念和培养目标，应当重视开发和研究。

第二节　中学生物学低成本实验教具的开发和利用

一、酒精灯的制作

(1)在废弃维C银翘片的药瓶盖上插入玻璃导管，装上棉线即为灯芯，在瓶中加入酒精即可使用，用塑料瓶盖作为灯帽。

(2)用50 mL小口药瓶作为灯座，用实验室废弃的灯管和灯帽组装成自制的酒精灯。

(3)在废弃的墨水瓶盖上或废弃的电蚊香瓶上插入玻璃管,装上棉线即为灯芯,在瓶中加入酒精即可使用,用小药瓶、胶水瓶盖、化妆品盖作灯帽。见图 5-1。

二、自制温度计

在小药瓶内装入红水,插入中性笔管即可。见图 5-2。

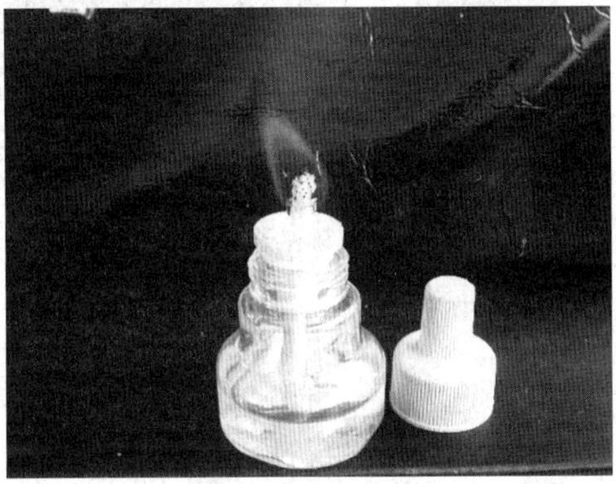

图 5-1　自制酒精灯

图 5-2　自制温度计

三、探究种子萌发的环境条件的演示装置

(一)特点

本教具能演示种子萌发所需要的环境条件:空气、水分、温度;本教具操作方便、简单,实验效果明显,可视性强;材料几乎零成本易找,学生也能制作,且可重复使用。

(二)用途

本教具可用于探究种子萌发的环境条件的演示装置;可用于模拟酸雨对生物的影响的演示装置和探究废电池对生物的影响的演示装置;还可以用于化学上模拟酸雨对植物种子发芽率的影响的演示装置。

(三)制作材料

550 mL 左右矿泉水瓶、一次性纸杯、毛线扦子或解剖针、细铁丝或棉线(带缝毛衣针)、剪刀、火柴。

(四)制作方法

(1)取 550 mL 左右的矿泉水瓶一个。

(2)将矿泉水瓶顶部去掉。

(3)将去掉顶部的矿泉水瓶大致分为 3 层(从下往上依次是第 1 层、第 2 层、第 3 层),并将烧红的毛线扦子或解剖针在第 2 层、第 3 层的底部位置穿孔,注意每一层孔的位置要穿在同一水平面上。

(4)在第 2 层的侧面开一道口,形如一道门(此门便于放置种子、穿织成网、添加水)。

(5)将穿孔的位置用细铁丝或棉线穿织成网。

(6)将 2 个一次性纸杯(采用纸杯,目的是当第 2 层纸杯内的种子水分不足时,可以通过纸杯底从第一层中吸收水分,以供种子的萌发)的杯身剪掉,只留杯底。

(7)将2只剪好的杯底分别放在第2层、第3层穿好的网上,装置完成。

(8)按上述方法再做一套此装置,以供对照实验(温度)用。见图5-3。

图5-3 自制种子萌发装置

四、自制塑料滴管

(一)特点

材料易找,制作简单、方便,不易损坏。

(二)用途

多用滴管。

(三)制作材料

废弃的输液器、废弃的口径较小的圆珠笔芯、塑料小滴瓶、酒精灯、剪刀、细铁丝、火柴。

(四)制作方法

方法一:取一次性输液管上的墨菲管,一端封口,另一端留8 cm左右长。

方法二:把塑料管(废弃的口径较小的圆珠笔芯拔掉头部)和输液管上的墨菲管(或塑料小滴瓶)洗净、晒干,用一根细铁丝穿过塑料管,再伸进塑料滴瓶尖嘴中,使塑料管口与滴瓶尖嘴相距0.5 cm,用酒精灯外焰加热,当管口和瓶口熔化、着火时,立即使两者对接。趁热把熔接处鼓起的塑料捏平,来回拉动铁丝,使内部畅通。若是墨菲管,将一端封口,把拔掉头部口径较小的圆珠笔芯从另一端深入。一支塑料滴管即做成。见图5-4。

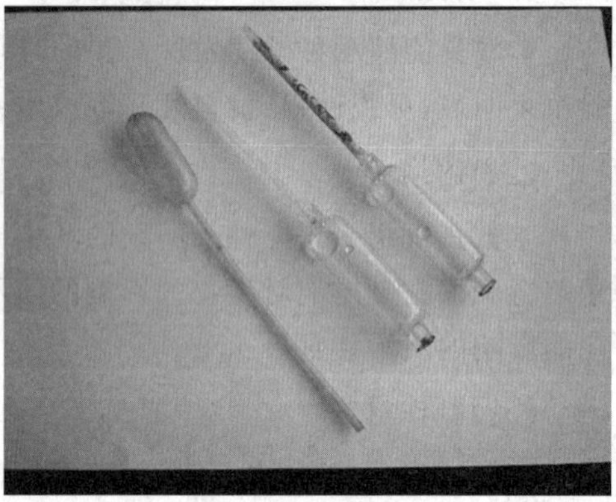

图5-4 自制滴管

五、蚯蚓的饲养装置

(一)特点

简便、科学、材料易找,师生都能完成。

(二)用途

探究蚯蚓生活的环境。

(三)制作材料

大塑料饮料瓶、矿泉水瓶、剪刀、酒精灯、火柴、火钩(解剖针或毛线扦子)。

(四)制作方法

一个去掉上部的大塑料饮料瓶和一个去掉上部的矿泉水瓶，将矿泉水瓶用火钩烙孔(此孔要烙大些，便于蚯蚓的进出)，然后把烙孔的矿泉水瓶装上潮湿的土壤置于装有干燥土壤和蚯蚓的大塑料饮料瓶中。见图 5-5。

图 5-5　蚯蚓饲养装置

六、呼吸时二氧化碳体积分数的变化实验

(一)特点

不用费力地在橡皮塞上打双孔，省时、省力，实验效果好。

(二)用途

探究呼吸时二氧化碳体积分数的变化。

(三)制作材料

50 mL 小药瓶、废弃的中性笔芯、剪刀、酒精灯、解剖针或毛线扦子(或铁丝)、废弃输液器、火柴、饮料吸管。

(四)制作方法

(1)剪取输液器上插输液瓶“三通”部分一个和带开关部分的输液管两根洗净。

(2)在洗净的插输液瓶“三通”的尖端套上一节饮料吸管。

(3)将两支拔掉笔头(金属部分)废弃的中性笔芯以 1∶2 的比例(靠笔头端比例为 1)剪成两段。

(4)取两个 50 mL 小药瓶清洗干净，并在瓶盖上烙两孔(此孔刚好让中性笔芯穿过)。

(5)将剪好的中性笔芯一长一短插入烙好的孔中。

(6)将带开关部分的两根输液管分别套在中性笔芯上(注意：一根输液管套在一瓶长中性笔芯上，另一根输液管套在一瓶短中性笔芯上)，装置便完成。见图 5-6。

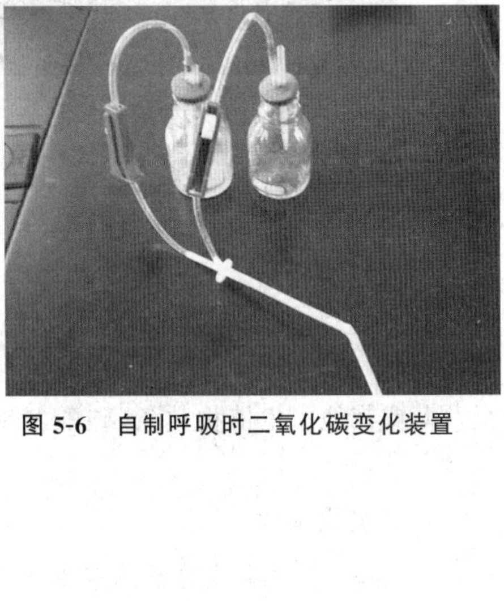

图 5-6　自制呼吸时二氧化碳变化装置

七、验证种子呼吸作用产生二氧化碳实验

(一)特点

废物利用、制作简单、操作方便，实验效果明显，可在不同班级连续使用(换下装石灰水的小药瓶即可)。

(二)用途

验证种子呼吸作用产生二氧化碳。

(三)制作材料

50 mL 小药瓶(带瓶盖)、10 mL 小药瓶、废弃的输液器、凤尾夹、350 mL 矿泉水瓶。

(四)制作方法

制作方法一(图 5-7 左):

(1)剪取输液器上插输液瓶"三通"部分和开关并洗净。

(2)将"三通"部分尖端插入 50 mL 小药瓶的瓶盖。

(3)将输液器上的开关安在"三通"部分的输液管上。放入萌发种子时,将开关关闭;验证通入澄清石灰水时,将此装置放入热水中,把开关打开。

制作方法二(图 5-7 右):

(1)剪取输液器上的一段带开关的输液管。

(2)在矿泉水瓶瓶盖上烙孔,孔的大小刚好让输液管穿过。

(3)放入萌发种子时,将开关关闭;通入澄清石灰水时,将开关打开,挤压矿泉水瓶瓶身。

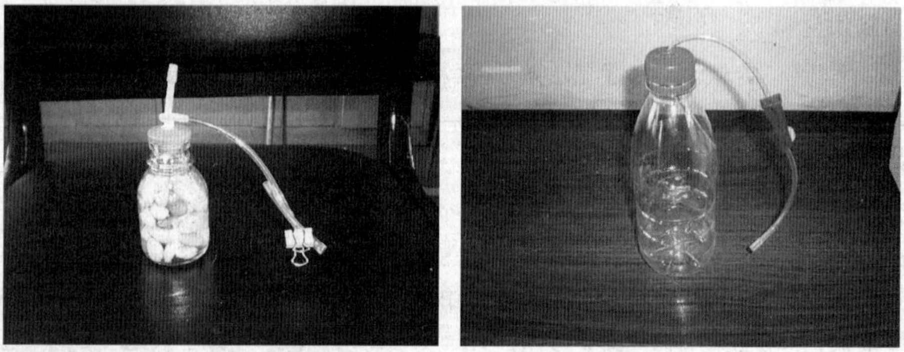

图 5-7　呼吸作用产生二氧化碳装置

八、光合作用释放氧实验

(一)材料用具

500 mL 左右无色透明的矿泉水瓶(其中瓶盖中间打孔)一个、一次性输液管一条(长度约 22 cm 左右)、金鱼藻或其他水生植物数条、碳酸氢钠少量、火柴、小木条。

(二)实验过程

(1)将一次性输液管插入矿泉水瓶盖的孔中,一次性输液管在瓶里面的长度 15 cm 左右。

(2)将金鱼藻(或其他水生植物)放入矿泉水瓶中。

(3)准备清水 500 mL,加入碳酸氢钠(每 100 mL 水放入 0.1 g 碳酸氢钠),倒入矿泉水瓶中,直到将瓶加满水为止。

(4)将瓶盖拧紧。

图 5-8　光合作用产生氧装置

(5)将此实验装置放置在教室内有阳光的地方，学生很容易观察到软管里面不断滴出来的水滴，待到水面距瓶口大约 5 cm 处时，就可将带火星的小木条伸进矿泉水瓶口内，此时可观察到木条立刻复燃。见图 5-8。

第三节　中学生物低成本实验教学资源的开发

中学生物实验特点是：每次实验，很多实验材料要临时购买、培养，实验准备工作烦琐、复杂、工作量大。如果能就地取材，巧用材料，不仅能简化实验，而且能将生物学实验与学生的生活联系起来，渗透 STS 精神，有效地激发学生的学习兴趣，提高学生的生物科学素养。因此，就地取材、简化材料和步骤、一物多用进行实验教学是中学生物低成本实验设计和开发的宗旨之一。

一、低成本实验资源的开发

(一)开发低成本实验的原则

1. 科学性

任何实验首先都应该正确反映生物现象和规律，反映生物现象变化的客观过程。低成本实验的设计应当注意遵循科学的实验方法，使我们的实验设计在科学方法的指导下进行，避免盲目性。

2. 简易性

麦克斯韦说过：“一项演示实验使用的器材越简单，学生就越熟悉，就越想彻底地获得所验证的结果。”我们在设计实验时就应该用材简单易寻、就地取材，如利用生活中的廉价材料(如气球、塑料袋)、易得材料(如水杯、硬币)和废旧材料(如易拉罐、饮料瓶)等。

3. 直观性

实验的重要作用就是让学生用感官能够直接观察和感受具体的生物现象与实验过程，实验现象要清晰明显。实验器材虽简单，但结果出乎意料。

4. 安全性

自制教具的安全性要高，实验过程中不能出安全问题。高温、高电压、易碎易爆、有毒的不易推广。在设计实验时应该尽量避免一切有危险的和对身体有害的物品和操作。

(二)开发和设计低成本实验的途径

1. 利用生活材料、物品或器具做生物实验

生物学实验材料的适当选择是实验成败的关键。生物课程标准指出：“生物教师应创造条件，就地取材，因陋就简地开设好生物学实验，来加强和改善生物学实验和其他实践活动的教学。”从农村中学生物学教学的情况看，由于实验设备不齐全，往往导致探究实验教学成为纸上谈兵。有的农村中学教师对新课程要求的生物学探究实验只说不做，甚至不说不做，表现出畏难情绪。如何在教学资金不足的情况下最大限度地提高实验开出率是农村中学生物

学教师必须解决的问题。其实，农村的实验材料是非常充分的，生物学教材中实验涉及的材料很多在农村是可以找到的，如观察蛙的发育过程、观察种子萌发过程、观察植物的形态等，这些都是农村本身所具的优势。选择实验材料时，应该用当地易找、花钱不多或不需花钱的材料替代那些本地不产或价格较高的材料用于实验，如解剖蚯蚓实验，有条件的学校可以购买蜡盘，若一组实验有 30 位学生，那么购买 30 个蜡盘就是一笔不小的开支，而利用生活废品泡沫板或小木板代替蜡盘，同样可以取得满意的实验效果，教师平时只需要留意将泡沫板积累起来就可以了。再如采集眼虫、变形虫、涡虫等动物时，可以用矿泉水瓶或百事可乐瓶，还可以将塑料瓶剪掉上半部分替代烧杯或玻璃水槽培养这些小动物，完全不受实验经费的限制，做到实验材料就地取材及实验形式丰富多样，使学生对生物学实验产生兴趣，丰富了知识，增强了情感，更有利于实验能力的提高。

2.注重实验的创新

生物学实验如何做到科学、直观、高效和有说服力，要求教师要勇于探索、力争创新实验，使实验成为培养学生多种能力的科学方法。生物学实验重在过程，不管实验最终是成功或失败，都会是一种经历的收获，我们要善于从失败中获得经验，尝试实验条件、实验方法的创新，把某些验证型实验改为探究型实验、把课本中的问题设计为课外实验等。例如，《生物学》八年级下册探究实验“酒精对水蚤心率的影响”，实验的目的是通过实验了解酒精对生物体的危害，进一步讨论酗酒对人体健康的危害。因水蚤在农村池塘非常容易采集到，若把实验进一步延伸，让学生采集水蚤后在实验室培养，还可以观察水蚤的繁殖。在温暖的季节，水里食物丰富，水蚤一般进行孤雌繁殖。雌水蚤每次产卵几枚至几十枚，这些卵不需要受精，在母体的孵化囊里直接发育成小水蚤，这些小水蚤通常都是雌的，一只雌水蚤可以一批一批不断生殖，产出的小水蚤成长后又同样生殖下一代。这种孤雌生殖方式使水蚤能在短时间内大量繁殖。为了证明水蚤是否进行孤雌生殖，可以将采集到的水蚤单独分离，每一个塑料瓶只放 1 只水蚤，当水蚤繁殖第 1 代小水蚤后，马上将小水蚤分离单独培养，小水蚤成熟后又产下第 2 代水蚤，因实验过程中，水蚤没有受精的机会，就可以证明水蚤是孤雌生殖的。水蚤孤雌生殖实验是教材第七单元第一章“生物的生殖和发育”内容的延续和非常好的补充，该实验的材料非常简单，只需要购买 1 小袋鱼饲料、准备一些废弃的塑料瓶和 1 根吸管就可以了，真正做到简单化低成本。实验前多提出几个有探究价值的问题，如“水蚤的繁殖周期多长?”“水蚤的母本与子代的基因是否一致?”等，在实验教学中让学生带着实验目的和要求大胆去实验，并适当加以指导，只要学生积极参与实践，那一定会有新的感触和收获的，也会获得意想不到的实验成果。这有利于学生获得生物学知识的成就感，感受生物学实验的趣味性，激发做实验的激情，培养学生的探究精神和实验技能。

3.充分利用校内外资源，增加学生实验实践机会

在农村建立生物学实验园或实验实习基地，这对大多数农村中学是可以做到的。但要创造更便利的实验条件和更多的生物学实验机会，这就要求教师对中学生物学实验做整体规划，合理安排实验进度，适时指导学生到实验区进行实验，同时让学生直接参与实验区的设计与管理，把实验的准备工作交给学生来做，增加学生锻炼的机会。如果学生能把实验的准备做好，就说明他们已经掌握了实验的精髓，并且也会更多地思考实验的利弊，这是培养学生主

动性的好方法，可以扩大学生视野、激发求知欲、提高实验兴趣。组织学生参观农、林、牧、渔业等生产基地，请有专长的技术员现场讲解和示范，加强有关生物学实验的调查和研究，学生通过参观和实践，能使学生有效获得科学的实验方法和正确的实验态度，能迅速获取更系统更广泛的生物学知识，了解更多的生物学实验技术手段，是生物学实验现实价值的体现；还可以在寒、暑假组织学生开展多方位的集学习、科研和服务社会为一体的社会实践活动，如参加农业生产、科研试验、自然生态旅游、农科常识培训等农业科技示范点的活动。在实践活动中，不仅使学生学到了更多的专业知识，也提高了他们的综合能力，并在实践中得到巩固。

现代社会提倡建设资源节约型社会和发展循环经济，提倡开发与节约并重、节约优先的原则，低成本开设生物实验，可为学校节省部分资金，同时可以培养学生爱护资源、节约资源的意识。农村中学通过开发简单化低成本的实验，因地制宜地利用农村生物资源有效进行生物学实验教学，可以提高生物学实验的开出率，激发学生学习生物学的兴趣，培养学生实验技能，提高学生科学探究能力、创新能力和科学素养。

二、低成本生物实验资源设计示例——以贵州省安龙县为例

生物课程资源是课程资源的一个分支，从广义而言，生物课程资源指的是有利于生物课程教学目标实现的各种自然资源以及社会资源的总和，狭义的生物课程资源则指的是形成生物课程的直接来源。地方性生物课程资源的定义目前没有统一的说法，是课程资源的一个延伸。本书中的“地方性生物课程资源”是指：当地的中学生物教学资源，即安龙县当地的中学生物教学资源。

（一）安龙县概况

安龙县位于贵州省西南部，在云贵高原向广西丘陵过渡地段，地势西高东低。东、东北、北、西分别与册亨县、贞丰县、兴仁县和兴义市接壤，南隔南盘江与广西隆林自治县相望。是一个典型的贵州省西南部经济欠发达的地区，但拥有丰富的社会资源以及自然资源。

1.安龙县的资源状况

对安龙县现有的自然资源与社会资源初步整理如下：

自然资源包括江河资源（坝子河、南盘江、筏子河、乌寨水库、白水河、晒纳水库、新桥河、马别河等）、土壤资源（红壤、紫色土、黄壤、燥红土、山地黄棕壤、石灰土等）、矿产资源（金矿、煤矿、铁矿、锰矿、钾矿、汞矿、方解石、冰洲石、电石用石灰岩、水泥用石灰岩、水晶）、动物资源（穿山甲、白腹锦鸡、红腹锦鸡、猕猴等珍稀物种）、植物资源（贵州苏铁、苏铁蕨、红豆杉、楸树、麻栗坡兜兰、柏树、硬叶兜兰、翠柏、黄杉、喙核桃，马尾树、杉树、椿树，桫椤，毛红椿等）。

社会资源包括农业资源（水稻、玉米、小麦、大豆、油菜、五谷、桃树、梨树、李树、板栗、刺梨、季节种植蔬菜、莲藕等）、文化教育机构（兴义府市院、明十八先生墓、南明历史博物馆、王宪章将军纪念园地等）、风景资源（安龙招堤、桅峰山、绿海子、卧龙洞、大扁山等）。

2.安龙县中学生物地方性课程资源的分类整理结果

结合文献研究、访谈调查、问卷调查及对安龙当地资源考察的结果，以2011年版初中生物学课程标准中义务教育阶段生物学课程内容中的10个一级主题为依据，初步将收集到的安龙县中学生物地方性课程资源分类归纳到相对应的二级主题中，以便生物学教师将其当作

中学生物教学的参考。由于笔者水平和时间有限，高中部分仅初步分类整理出选修1《生物技术与实践》中安龙县现有的课程资源，并展现安龙县当地一部分特色中学生物课程资源图片。见表5-1、表5-2和图5-9。

表5-1 安龙县中学生物地方性课程资源一览表(初中部分)

一级主题	二级主题	具体内容	安龙县对应的当地生物课程资源
科学探究	理解科学探究	举例说出水、温度、空气、光等是生物生存的环境条件。	安龙县荷塘锦鲤适应的生活温度； 探究安龙县非生物因素对鼠妇的影响； 探究温度对安龙县锦鲤的呼吸影响； 探究安龙县食物保鲜方法。
	发展科学探究能力	描述种子萌发的条件和过程。	安龙县小麦种子的萌发； 安龙县玉米种子的萌发。
生物体的结构层次	细胞是生命活动的基本单位	使用显微镜和制作临时装片； 阐明细胞是生命活动的基本结构和功能单位； 说明单细胞生物可以独立完成生命活动。	莲藕"藕断丝连"现象与生物结构的对应关系； 给学生提供安龙县多种动物与植物材料，通过制作临时装片，进行观察、比较和归纳； 观察安龙县荷塘草履虫的取食、运动、趋性。
	多细胞生物体的结构层次	描述绿色开花植物体的结构层次：细胞、组织、器官、个体。	通过安龙荷花器官的角色扮演，理解植物体各器官的功能及其相互联系。
生物与环境	生物的生存依赖一定的环境	举例说明生物和生物之间有密切的联系。	调查安龙县学校附近的农田、森林、荷塘林荫小道边的草地中生物之间的关系。
	生物与环境组成生态系统	概述生态系统的组成； 列举不同的生态系统； 描述生态系统中的食物链和食物网。	安龙县荷塘生态系统； 安龙县卧龙洞溶洞群生态系统； 安龙县晒纳水库生态系统； 安龙县大扁山森林生态系统； 安龙县梔峰山森林生态系统； 安龙县仙鹤坪原始森林生态系统； 安龙县乌寨水库生态系统； 安龙县大西南果园种植基地； 安龙县龙头大山森林生态系统。
生物圈中的绿色植物	绿色开花植物的一生	概述开花和结果的过程。	安龙县校园、果园、家乡庭院开花结果，植物人工授粉； 尝试栽培安龙县荷花或菊花； 安龙县荷花的根、茎(空心莲子草)、叶的教学资源参考。
	绿色植物的生活需要水和无机盐	描述绿色植物的蒸腾作用。	收集或实测安龙县荷塘与校园附近环境中的大气温度数据，并进行比较分析。
	绿色植物的光合作用和呼吸作用	阐明绿色植物的光合作用。	探究安龙县酸膜、红豆光合作用的条件、原料、产物。

续表 5-1

一级主题	二级主题	具体内容	安龙县对应的当地生物课程资源
生物圈中的人	人的食物来源于环境	概述食物的消化和营养物质的吸收过程。	探究安龙县藕粉发生在口腔内的化学消化； 探究安龙县剪粉发生在口腔内的化学消化。
	人体生命活动的能量供给	概述血液循环。	荷塘锦鲤的血液循环。
动物的运动和行为	动物的运动	说明动物的运动依赖于一定的结构。	安龙县荷塘野鸭的骨骼观察。
	动物的行为	区别动物的先天性行为和学习行为。	安龙县荷塘锦鲤的活动； 安龙县荷塘锦鲤抢食现象分析
生物的生殖、发育与遗传	人的生殖和发育	描述受精过程，胚胎发育过程。	安龙县网络图片与新闻。
	动物的生殖和发育	举例说出昆虫的生殖和发育过程。	安龙县家蚕的饲养； 安龙县不同种蝗虫的发育。
	植物的生殖	列举植物的无性生殖。	安龙县招堤柳树的扦插； 安龙县果树的开花与种植。
	生物的遗传和变异	举例说出生物的变异。	观察安龙县荷塘锦鲤的变异现象。
生物的多样性	生物的多样性	概述植物(藻类植物、苔藓植物、蕨类植物、种子植物)的主要特征以及它们与人类生活的关系。	安龙县桅峰山、大扁山以及周围环境中藻类、苔藓、蕨类植物的观察； 安龙县绿海子藻类植物参观。
		关注我国特有的珍稀动植物。	仙鹤坪动植物资源鉴赏； 安龙县稀有植物图片鉴赏。
生物技术	日常生活中的生物技术	举例说出发酵技术在食品制作中的作用。	练习酸奶的制作； 练习安龙县甜酒的制作； 安龙县豆豉的制作； 安龙县小锅酒的酿制； 安龙县霉豆腐的制作。
	现代生物技术	举例说出转基因技术的应用。	网络收集关于转基因的资料并分析； 调查安龙县市场上的转基因食物。
健康生活	传染病和免疫	列举常见的寄生虫病、细菌性传染病(淋病等)、病毒性传染病(艾滋病等)。	收集安龙县当地的传染病宣传图片； 安龙县中学生疾病防治宣传讲座。
	威胁人体健康的当代主要疾病	关注心血管疾病的危害。	尝试收集安龙县的心脑血管疾病防治资料。
		关注癌症的危害。	尝试收集安龙县的癌症资料并分析宣传。

表 5-2　安龙县中学生物地方性课程资源一览表(高中部分)

一级主题	二级主题	具体内容	安龙县对应的当地生物课程资源
生物技术	日常生活中的生物技术	举例说出发酵技术在食品制作中的运用。	安龙县豆豉的制作过程； 安龙县酸汤丝娃娃汤的制作； 安龙县酸菜的制作； 安龙县泡菜的制作； 安龙县泡菜中亚硝酸盐的含量检测； 安龙县果酒的制作； 安龙县果醋的制作； 安龙县自制腊肉中亚硝酸盐的含量检测； 安龙县小锅酒的酿制工艺； 安龙县霉豆腐的制作； 安龙县布依族染布技术。
		运用食品保鲜的一般的方法。	探究安龙县荷塘莲藕的保鲜方法。
	现代生物技术	举例说出克隆技术的运用。	利用网络平台收集和整理当前克隆技术最新成果与运用的实例。
		举例说出转基因技术的运用。	网络收集关于转基因的资料并分析； 调查安龙县市场上的转基因食物。

荷塘（生态系统）

锦鲤抢食（动物学习行为）

荷花（花的结构）

荷（果实与种子）

藕粉（食物的消化与吸收）

染布（生物技术）

绿海子（藻类植物）

豆豉（发酵）

桂花酒（果酒制作）

莲藕（茎）

图 5-9　安龙县低成本生物实验课程资源

三、基于安龙县当地课程资源的开发与利用课堂教学示例

安龙招堤位于安龙县的城东北隅，是安龙县有名的风景胜地，修建于康熙年间的招公堤横贯于 10 里平畴中，以十里多长种植荷花而著名，称为“招堤十里荷塘”。在荷塘中，生长着数目较多的荷花，成千上万的金色锦鲤存活于荷塘内，荷塘的底部，有田螺以及少许野鸭、泥

鳅、黄鳝。其中，锦鲤在游客的食物(酥稻米、酥玉米、小馒头)吸引下，在河堤边的水中，张大嘴，等待游客的食物，成群的锦鲤形成荷塘一处靓丽的风景。荷开花季节为每年的7月初至8月中旬，开花的季节，有白色的荷花和粉红色的荷花，交织成一片，又成为荷塘最美的风景之一。到了10月，莲藕开始长成，当地农民开始收获莲藕，作为食材的一种，数量较多时，用于加工成为当地的特色藕粉，可保存的时间较长，有粉末状和颗粒状的成品，销售到外地，成为当地的特色食品经济收入之一。荷塘的岸边，是一排排的柳树，柳树成荫的小道上，有鹅卵石铺成的小径。清晨和傍晚很多当地的居民都会散步于其中，体会炎热夏季荷塘周围的凉爽。

在整个荷塘中，存在有很多的生物资源，例如荷花、锦鲤、田螺、野鸭、水蛇、青蛙以及一些水生的微生物等，荷塘上生存的这些生物，构成一个荷塘整体，为彼此的生存提供各方面的作用，每一个生物都有他自身的作用。但是这些当地自然生物资源的存在，很少引起教育工作者的重视，仅仅发挥了荷塘的旅游资源功能。因此，鉴于荷塘生物资源的多样性，特别提倡发挥荷塘的教育功能，让荷塘资源进入生物课堂，实现地方性特色生物资源的课堂化，生物课堂的本土化，从而提高生物教育教学平均水平。

以此为背景，选择一部分有代表性的荷塘资源运用于安龙县中学生物课堂教学设计中，让学生在课堂中收获知识的同时，也收获当地风景区资源的乐趣。

课堂教学设计一："生物与环境组成生态系统"课堂教学设计

1.教材及教学内容分析

"生物与环境组成生态系统"是初中人教版七年级上册第一单元第二章第二节的教学内容，是本章的重点之一。本节内容主要包括3个部分，分别是"生态系统的结构""食物链和食物网""生态系统具有一定的自动调节能力"。七年级学生在学习本节之前，已经有生物与环境的关系相关的生态学基础知识，通过本节课"生物与环境组成生态系统"的学习，为随后的"生物圈是最大的生态系统"认识和环保意识的形成做相应的铺垫。本课的重点为"生态系统的结构""食物链和食物网"，难点为将多个相关概念(生产者、消费者、分解者)联系起来，形成对生态系统的系统性理解。因此，适合运用学生熟悉的实例辅助学生理解，旨在帮助学生构建"生态系统"的重要概念。

为了突出重点，突破难点，选择安龙县荷塘的生物资源，为本节课堂教学提供当地的典型生物资源，以安龙县的特色生物课程资源贯穿于本节课的教学内容。

2.学情分析

七年级的学生从认知水平来看对生物学的学习兴趣浓厚，求知欲强，思维抽象需要用具体的语言来帮助进行描述，尤其以熟悉的实例为线索，更能激发学生对新知识的兴趣，以完成对抽象思维的支撑。就知识方面而言，在学习本节之前，学生已经对生物与环境的关系有了初步的认识，只是没有形成对"生态系统"系统性的理解，通过本节生态系统结构的学习，将进一步构建"生态系统"的概念，并加深对其系统性概念的理解，为学习生物圈的内容打下基础。

3.落实课程标准

具体内容	活动建议
概述生态系统的组成。	
列举不同的生态系统。	收集和交流不同生态系统的资料。
描述生态系统中的食物链和食物网。	
举例说出某些有害物质会通过食物链不断积累。	
阐明生态系统的自我调节能力是有限的。	收集和交流超过调节能力而使生态系统受到破坏的实例。

4.教学目标

(1)知识目标　说出生态系统概念;描述生态系统的食物链与食物网;阐明生态系统的自动调节能力有限。

(2)能力目标　尝试练习与分析观察熟悉的图片;情感态度价值观目标;认同生态系统具有一定自动调节的能力。

5.教学重点、难点

(1)重点　生态系统的结构,食物链的特点。

(2)难点　多个生态学概念的联系。

6.教学策略

合作学习教学策略。

7.教学媒体

多媒体 PPT 课件

8.教学过程

教学内容	教师活动	预设学生活动
1.导入	(一)知识回顾 1.环境中的生态因素 2.非生物因素对生物的影响 3.生物因素对生物的影响 4.生物对环境的适应和影响 (二)情景导入 1.分小组讨论书本 P19“想一想,议一议”实例中的问题,并派代表回答问题。 2.教师小结讨论题具体答案。	1~4.回顾相关知识。 1.小组讨论,并派代表回答。 2.听教师小结,明确不足之处。

续表

教学内容	教师活动	预设学生活动
2.生态系统	1.PPT展示安龙县荷塘图片、安龙县大扁山森林图片、安龙县棆峰山森林图片、安龙县绿海子水域图片、安龙县晒纳水库图片、安龙县卧龙洞岩溶图片。提示学生说出这些熟悉的图片中的生物与非生物分别有哪些？它们之间存在什么样的关系？ 2.小结：都存在生物与非生物，它们之间是一个不可分割的整体。 板书“生态系统概念”。 在一定的空间范围内，生物与环境所形成的统一的整体叫作生态系统。	1.观察老师提供的熟悉的不同的安龙县自然资源风景图，并说出图中的生物与非生物，尝试分析它们之间存在的关系。 2.听教师小结，初步构建生态系统概念。
3.生态系统的组成成分	1.PPT展示一幅安龙招堤荷塘的图，提示：写出这幅图中的生物与非生物，请分别用箭头表示它们之间的食物关系。 2.小结：从荷塘的图片中，可以看出荷塘生态系统中有生产者（荷），消费者（锦鲤、田螺、野鸭、水蛇黄鳝、泥鳅），分解者（看不见的微生物），非生物部分（阳光、空气、土壤）。 【讨论】讨论以上生产者、消费者、分解者以及非生物之间的关系。 3.从图片看出生态系统的组成（PPT展示）。 4.讲解生态系统中组成成分之间的关系。 5.食物链的认识梳理。	1.看图，并写出图中生物，并按要求用箭头表示它们之间的关系，代表汇报。 2.听老师小结。 每5人一小组讨论。 3.明确生态系统中各组分关系。 4.巩固生态系统中组分之间关系。 5.明确食物链的正确写法与起点。
4.食物链和食物网	1.以荷塘生态系统为例，根据前面所写的生物与非生物之间的联系，以一条明显的食物链为例，分析食物营养结构。 2.以荷塘生态系统的多条食物链为例，PPT展示并分析营养级关系，完成食物网学习。 3.分析课本P23资料分析，完成能量流动的学习。	1.根据老师要求完成分析食物链的营养结构。 2.看课件，完成食物网的学习。 3.明确食物链的能量流动。
5.生态系统具有一定的自动调节能力	小组分工合作，收集生态系统被破坏和完整对比相关图片，分析原因，并写出200字自我感受。	小组明确分工与合作，自主学习。
6.总结	回顾本节重点、难点。	回顾本节重点、难点。
7.任务布置	1.小组为单位，周末游荷塘，用生物学观点解释荷塘生物与非生物之间的关系。 2.预习下节内容“生物圈是最大的生态系统”，完成本节习题。	明确课后任务。

9.板书设计(提纲式板书)

第二节　生物与环境组成生态系统

一、生态系统的概念

二、生态系统的范围

三、生态系统的组成

四、食物链和食物网

10.教学反思

本节课的生物学概念较多,怎样才能让学生高效构建科学概念值得教师深究。

笔者围绕生态系统的概念,设计以安龙县生物资源贯穿始终的教学过程,教学设计环节紧扣主题,在教材课程资源之外,充分利用安龙县当地的特色资源,利用学生身边最典型的生态系统——招堤荷塘,帮助学生建构知识框架和相关概念。通过资料分析、图片观察分析,在进行学生素养培养的同时,提升了自己的教学研究能力,从而促进生物教育的发展。

课堂教学设计二:"植物对水分的吸收和运输"课堂教学设计

1.教材及教学内容分析

"植物对水分的吸收和运输"是初中人教版七年级上册第三单元第三章"绿色植物与生物圈的水循环"中第一部分的教学内容,在本章有很重要的作用。本次课的教学内容主要包括植物对水分的吸收和植物对水分的运输。本课之前,学生已经具备探究"种子萌发的环境条件"以及"种子萌发后有根"这一重要结构,同时要经历植株生长、开花结果的过程基础知识,通过本课"植物对水分的吸收和运输"的抽象知识的学习,为后续认识植物的蒸腾作用、绿色植物参与生物圈的水循环做重要铺垫。本次课的重点为水分在植物体内通过相应的结构吸收和运输,难点为探究水分的运输实验。

为了突出本节的重点,突破难点,本节特采用"提出问题—做出假设—论证假设—得出结论"的探究式活动,完成本节课的教学。

2.学情分析

七年级的学生求知欲强,思维开始有质的变化,需要具体事物来支持。在学习了根尖的结构之后,对于根尖吸收的水分如何被运输至植物体参与代谢存在一定的疑惑,因此通过本课的学习,解决此疑惑,并为后续内容蒸腾作用和生物圈的水循环的学习打下基础。

根据课程标准要求及学情分析,制定以下教学目标。

3.教学目标

(1)知识目标　概述植物根部吸收的水分如何被运输到植物体的各部位;设计验证水分运输的实验。

(2)能力目标　尝试设计水分在植物体内运输的探究实验。

(3)情感态度价值观目标　参与探究实验;交流实验感受。

4.教学重点、难点

(1)重点　水分在植物体内如何运输和散失。

(2)难点　探究水分的运输实验。

5.教学策略

探究式教学策略。

6.教学媒体

PPT课件。

7.教学准备

学生每组(5人/组)准备4支荷花(2支白色,2支深粉红色)、2个500 mL的塑料矿泉水瓶、预习报告;老师准备红墨水和纯净水、放大镜。

8.教学过程

教学内容	教师活动	预设学生活动
导入	1.采用课本109页的“想一想,议一议”,激发学生思考,小组代表回答。引入主题——植物对水分的吸收和运输。	1.思考问题,组代表回答。明确本节课主题。
植物对水分的吸收和运输	2.[提问]植物主要通过根吸收水分,吸收的水分如何运输到植物的茎、叶、花等器官? 听完预设的答案后,做小结,让学生以小组为单位选取“假设”,例如:水分是沿茎中输导组织运输到植物体的各部位。 3.参考书本109页观察与思考,根据本组假设设计探究实验,探究水分在茎中的运输。教师帮助解决小组设计实验时遇到的难题。 4.小组代表说出本组的实验设计的具体操作步骤,教师帮助完善。	2.依据预习报告情况,思考问题,预设答案不一。以小组为单位,初步确定水分如何运输,小组内讨论,老师给予指导。 3.本小组设计实验,在教师指导下,完善实验步骤。 4.仔细听,完善和修改本组的探究实验具体步骤。
利用安龙县荷花进行探究实验	1.教师取出1支荷花,将荷花的茎部切断,让学生观察植物茎中溢出的汁水,并分析原因。 2.根据本组设计和完善的实验具体步骤。(此过程中教师观察各组的实验情况,及时提醒学生观察与记录现象。) (1)取出实验用具和材料,检查白色和深粉色荷花的完整程度。 (2)分别在装有同等量的红墨水和纯净水中的塑料瓶中放1支白荷花和1只粉色荷花,进行试验,并启发学生思考。 (3)过一段时间后组员注意观察,记录实验前后荷花颜色。 (4)组员分享实验现象和记录的数据。 3.实验结果探讨,说明在荷花茎中一定有运输水分的通道。 4.学生讨论与分析实验结果。 5.小结实验过程中出现的主要问题。(例如,观察的认真程度等。)	1.分析原因。 2.根据本组的探究实验方案,进行实验。(注意观察荷花在实验中变化情况。) 3.小组汇报实验现象。 4.讨论与分析 5.听小结。明确自己探究实验过程中的不足。

续表

教学内容	教师活动	预设学生活动
导管解析	1.用自制茎的模型讲解运输水分的通道——导管。(讲解导管的形态、形成和作用。) 2.PPT图片展示导管电镜图,解析图片。 3.教材110页知识点归纳。 4.交流本节课收获,分享感受。	1.看教具认真听教师的讲解。 2.看图听解析。 3.勾画相应的知识点。 4.代表交流本节课收获,分享感受。
任务布置	水分运输到荷花的花瓣后,又到何处?需要通过哪些结构?完成本次实验探究报告。	记下本节课任务,收拾实验桌面。

9.板书设计

第一节　植物对水分的吸收和运输

一、植物对水分的主要吸收部位——根部成熟区

二、探究实验——植物茎对水分的运输

三、茎中运输水分的部位——导管

10.教学反思

本节的探究式实验给学生提供了一种直观的感受,提高了学习氛围。

在探究活动中,教师的教学设计采用PBL(基于问题式教学),通过参与探究活动"提出问题—做出假设—制订计划—实施计划—得出结论—表达与交流"过程,学生认同水分在植物体内运输和散失的事实。

笔者在教学设计中考虑到学生的认知规律,设计符合学生认知规律的教学情境,选用学生熟悉的安龙县荷花作为主要实验材料,充分发挥了安龙县的特色资源价值,成为本设计的一个亮点。

四、教学中使用当地课程资源的具体操作步骤

(一)教学中使用当地生物课程资源的具体操作步骤

步骤一:强化课程资源理论,增强开发意识。具体工作:借助文献查阅、网络资料收集,积极参与各级的课程资源的培训课程或远程培训等方式,努力提高自身对课程资源的认识,增强对课程资源的开发意识。

步骤二:考察并熟悉当地的生物课程资源。具体工作:借助教师队伍或学生的力量,调查校园内的生物资源状况,形成生物资源检索表;校园外的生物课程资源可在教师与社会各界的参与下,调查或实地探索,配合完成。

步骤三:分析当地生物课程资源是否有课堂使用价值。具体工作:教研活动或生物教师小组例会的过程中,可分组讨论当地校园内外生物课程资源的实用性以及在课堂上的价值,初步筛选,细化分类得出当地有实用价值的资源名录,以检索表的形式呈现。

步骤四:将确定的当地生物课程资源运用于教师的课堂教学设计。具体工作:研究和分析教材,熟悉教材中哪些材料或实例可在当地的生物课程资源中找到可替代的,最终将其贯

穿于整个课堂教学设计中，再结合生物课程标准的要求，制订合理的教学目标与教学过程。

步骤五：同组教师针对新课程资源的教学设计，预设课堂价值。具体工作：针对新课程运用于生物教学的案例，生物教研小组教师分别分析新课程资源在教学设计的每一步骤中是否符合学生的发展要求，是否符合学生知识、能力、情感的培养，进一步修改教学案例设计。

步骤六：根据教学案例设计，进行实践教学。具体工作：在教学过程中，积极引导学生利用所学的新理论知识结合新的生物课程资源进行分析，进一步深化感性与理性的认识。记录学生的反馈，及时调整课程实施的步骤，以便下一个班级的教学。

步骤七：新课程资源运用于生物学课堂的反思。具体工作：根据课堂实施的效果，做成相应的文字资料，生物教研组的老师再次进行生物新课程资源的筛选，形成统一的态度，集体实施于生物教学课堂，最终形成生物校本课程资源合集，提升整体生物教育水平。

步骤八：校际生物课程资源共享。具体工作：当地各个学校之间通过本校的生物课程资源的合集，可以校本课程的形式实现校际交流，实现当地生物课程资源的汇总，形成地方性特色生物课堂教学典范，为经济欠发达地区的生物学教育提供良好的平台。

（二）教学中使用当地生物课程资源的具体操作步骤流程图（图 5-10）

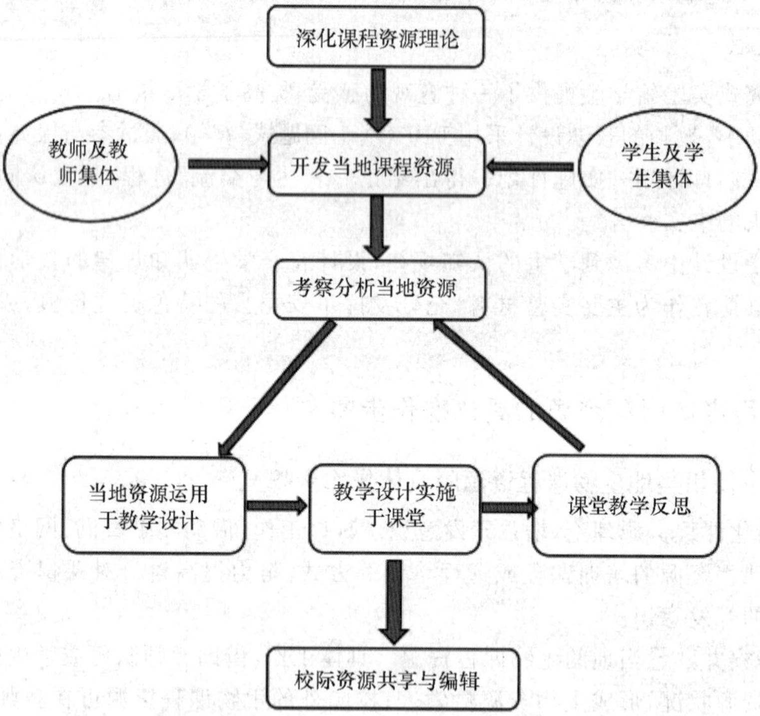

图 5-10　教学中使用当地生物课程资源的具体操作步骤流程图